COLLIN C. TIPPING

Ich vergebe

GOLDMANN

Alle Ratschläge in diesem Buch wurden vom Autor und vom Verlag sorgfältig erwogen und geprüft. Eine Garantie kann dennoch nicht übernommen werden. Eine Haftung des Autors beziehungsweise des Verlags und seiner Beauftragten für Personen-, Sach- und Vermögensschäden ist daher ausgeschlossen.

MIX
Papier | Fördert gute Waldnutzung
FSC® C014496
FSC www.fsc.org

Penguin Random House Verlagsgruppe FSC® N001967

3. Auflage
Deutsche Ausgabe Januar 2024

in der Penguin Random House Verlagsgruppe GmbH,
Neumarkter Straße 28, 81673 München
produktsicherheit@penguinrandomhouse.de
(Vorstehende Angaben sind zugleich Pflichtinformationen nach GPSR.)

Originalverlag: Global 13 Publication, Inc.
Titel der Originalausgabe: *Radical Forgiveness – Making Room for the Miracle*
Projektkoordination: Marianne Nentwig
Überarbeitung und Lektorat: Hina Fruh
Umschlag: KleiDesign, Cover nach Gesine Beran
Satz: Wilfried Klei
Druck und Bindung: GGP Media GmbH, Pößneck
Printed in Germany
ISBN 978-3-442-14070-1

www.goldmann-verlag.de

Collin C. Tipping

Ich vergebe

Der radikale Abschied
vom Opferdasein

Aus dem Englischen
von Matthias Schossig

Mit einem Vorwort von JoAnn Tipping

GOLDMANN

Illustrationen und Tabellen

Vorwort von JoAnn Tipping Juni 2023

Radikale Vergebung wurde geboren, als Colin und ich 1987 bei einem Freundestreffen waren.
Unser gemeinsamer Freund Paul veranstaltete eine Dinnerparty, um uns von seiner Idee für regelmäßige Treffen zu berichten. Er schlug vor, dass wir uns einmal im Monat in unserer Gruppe von zehn Menschen treffen sollten, um gemeinsam Atemsitzungen zu machen.
Seine Absicht war es, eine Supportgruppe zu gründen, in der wir uns gegenseitig unterstützen, unser Business aufzubauen und unsere spirituelle Entwicklung zu fördern. Zu dieser Zeit war Atemarbeit (Breathwork) oder Satori-Atmung, wie wir es später nannten, noch ziemlich unbekannt in den USA.

Wir kamen also alle in Pauls Wohnzimmer zusammen und stellten uns gegenseitig vor, während Paul und seine Partnerin in der Küche das Essen für uns zubereiteten.
Colin hatte zu diesem Zeitpunkt gerade einen Workshop zum Thema Vergebung mit zehn Teilnehmern beendet, ich hatte meine zweijährige Studiengruppe in „Ein Kurs in Wundern" abgeschlossen.
Es dauerte nicht lange, bis wir in der Gruppe über das Thema „Colins Ansatz zur Vergebung versus ein Kurs in Wundern" sprachen. Wir tauchten immer tiefer in dieses Thema ein. Nach einer Weile kam Paul wieder aus der Küche und bat uns ins Esszimmer. Während des Essens sprachen wir gemeinsam über Atemarbeit und acht von uns entschieden sich, sich regelmäßig für Austauschsessions zu treffen.

Während dieser frühen Zeit unserer Erfahrungen mit Atemarbeit besuchte Colin einen Workshop von Dr. Michael Rice mit dem Titel: Warum passiert mir das immer wieder? Colin mochte, was er sagte, fand aber sein Arbeitsblatt zu kopflastig, zu komplex und zu verwirrend. In der Absicht, die Arbeit von Dr. Rice zu unterstützen kreierte er eine vereinfachte Version davon und sendete es an ihn. Nachdem er von Dr. Rice nie eine Antwort bekam, begann er, dieses Arbeitsblatt zu nutzen, um die Menschen dabei zu unterstützen anderen zu vergeben.
Drei Jahre später waren Colin und ich verheiratet und arbeiteten daran, das Thema Vergebung in unsere Retreats für krebskranke Menschen und ihre Betreuer einzubinden. Während dieser Retreats kristallisierte sich immer mehr heraus, was dann als Radical Forgiveness bekannt wurde. Anders als im Kurs in Wundern wollte ich zur Integration von Körper, Geist und Seele mehr körperliche Übungen einsetzen. Wir nutzten Tanz, Kunsttherapie, Musik, Atemarbeit und Humor als Wege des Ausdrucks und der Integration. Unsere Absicht dabei war es, Vergebung mehr zu einem kinästhetischen Abenteuer werden zu lassen als zu einer mentalen Übung. Ich wollte die rechte Gehirnhälfte genauso in den Prozess integrieren wie die linke. Diese Kombination hat in unseren Retreats wunderbar funktioniert und gute Ergebnisse erzielt.
Auf der Basis unserer gesammelten Erfahrungen begann Colin 1997 sein Buch „Radical Forgiveness – Making Room for the Miracle“* zu schreiben.

Waren diese Jahre, die wir mit „Cancer-Retreats“ verbrachten, die Vorbereitung für Colins späteren Weg? Gab es vielleicht damals schon eine Ahnung auf der Seeleneben in ihm, dass seine finale Herausforderung Krebs sein würde?

---

* Deutsch: Ich vergebe – Der radikale Abschied vom Opferdasein

Ich weiß die Antwort darauf nicht, doch ich weiß, dass er am Ende seines Lebens, seine Vergebungsliste nochmals bearbeitete, verschiedene Themen klärte und mithilfe von Atemarbeit, dem Hören seiner Lieblingsmusik, gemeinsamem Lachen in seiner Männergruppe, Malen, bis er den Pinsel nicht mehr halten konnte, und andere Techniken, die wir in unseren Workshops nutzten, allen voran natürlich das Arbeitsblatt „Dem Wunder Raum geben", einen friedlichen Prozess des Abschiednehmens hatte.
Dann kam der Moment an dem Colin entscheiden musste, ob er Chemotherapie und Bestrahlungen wollte oder ob er seinen Körper seinen natürlichen Weg gehen lassen wollte. Er entschied sich für das Zweite. Er kreierte einen Online-Newsletter und Videointerviews, er schrieb sogar ein Buch über seine Erfahrungen mit dem Krebs, um die Menschen daran teilhaben zu lassen. Dies alles trug ihn durch die Prozesse, die auftauchten und er erkannte: Das Einzige, was wirklich zählt, ist die Liebe.

Ich freue mich sehr darüber und bin dankbar, dass unsere Forschungen und seine wertvolle Arbeit weiterleben durch die Coaches überall auf der Welt und durch die vielen Menschen, die die Radikale Vergebung für sich nutzen, und dadurch die geniale Einfachheit und die transformierende Wirkung der Radikalen Vergebung erfahren können.

> Wenn wir uns selbst mit allen Aspekten
> unseres Menschseins annehmen und lieben
> können, entfaltet sich unsere ganze Kraft.
>
> *Colin C. Tipping*

EINLEITUNG

In der Zeitung, im Fernsehen, in unserem persönlichen Umfeld – überall sehen wir Menschen, die auf schreckliche Art zum Opfer wurden. So lesen wir etwa, dass jeder und jede fünfte Erwachsene in den USA als Kind körperlich misshandelt oder sexuell missbraucht wurde. Und aus den Nachrichten erfahren wir, dass Vergewaltigung und Mord in unserer Gesellschaft an der Tagesordnung sind und Gewalt gegen Personen und Sachen allgegenwärtig ist; dass rund um die Welt Folter, Unterdrückung, Freiheitsberaubung, Völkermord und offene Kriegsführung herrschen.

Über einen Zeitraum von zwanzig Jahren, seit ich mit Workshops zur Radikalen Vergebung, Retreats für Krebskranke und Firmenseminaren begann, hörte ich so viele Horrorgeschichten von ganz normalen Menschen, dass ich zu der Überzeugung gelangte: Es gibt wohl keinen einzigen Menschen auf diesem Planeten, der nicht zumindest einmal in seinem Leben schwer und unzählige Male auf geringfügige Weise Opfer einer Verletzung wurde. Wer kann heute denn von sich sagen, er habe niemals andere für sein Unglück verantwortlich gemacht? Für die meisten von uns gehört dies einfach zum Lebensstil.

In der Tat ist der Opfer-Archetyp in unser aller Leben tief verwurzelt; sein Einfluss auf unser kollektives Bewusstsein ist immens. Seit undenklichen Zeiten agieren wir unser Opferdasein in allen Facetten unseres Lebens aus in der Überzeugung, es sei fundamentaler Bestandteil menschlichen Daseins.

Es ist an der Zeit, uns zu fragen, wie wir diese Art der Lebensgestaltung beenden können – wie wir den Opfer-Archetyp als Modell unseres Daseins aufgeben können.

Um uns von einem derart mächtigen Archetyp zu befreien, müssen wir ihn durch etwas radikal anderes ersetzen. Durch etwas, das so reizvoll und spirituell befreiend ist, dass es uns magisch anzieht – fort vom Opfer-Archetyp und einer Welt der Illusion. Wir brauchen etwas – jenseits des Dramas unseres Lebens – das uns Abstand gewinnen und jene Wahrheit erkennen lässt, die uns im Moment verborgen ist. Wenn wir zu dieser Wahrheit erwachen, werden wir die Ursache unseres Leidens begreifen und sehen, wie wir unser Leiden unmittelbar transformieren können.

In diesem Jahrtausend stehen uns große Schritte in der Evolution des Bewusstseins bevor. Wir müssen unser Leben ändern: von einem Dasein, das auf Angst, Kontrolle und Machtmissbrauch basiert, zu einem Leben, das auf echter Vergebung, bedingungsloser Liebe und Frieden beruht. Dies bezeichne ich mit *radikal*, und darum dreht sich dieses Buch. Es soll uns helfen, diese Schritte zu tun.

Um etwas zu transformieren, müssen wir es zunächst vollständig und tief erleben. Um den Opfer-Archetyp zu überwinden, werden wir intensiv die Erfahrung des Opfer-Seins durchleben müssen. Es gibt hier keine Abkürzung. Wir müssen daher jene Situationen in unserem Leben identifizieren, die uns zum Opfer machen, um dann diese Energie mit Hilfe von Radikaler Vergebung zu verwandeln.

Um ein so fundamentales Energiemuster wie den Opfer-Archetyp zu transformieren, müssen viele, viele Seelen dies als ihre spirituelle Mission begreifen – Seelen, die die für diese gewaltige Aufgabe erforderliche Weisheit und Liebe mitbringen. Vielleicht bist du selbst eine der Seelen, die diese Mission auf sich nehmen wollen. Ist es möglich, dass du dich deshalb für dieses Buch interessierst?

Jesus gab eine eindrucksvolle Demonstration für die Transformation des Opfer-Archetyps. Ich glaube daran, dass er nun geduldig und liebevoll auf uns wartet – darauf, dass wir seinem Vorbild folgen. Bis jetzt gelang es uns noch nicht, seinem Vorbild zu folgen; der Opfer-Archetyp übt nach wie vor seine unerbittliche Herrschaft über unsere Psyche aus.

Wir ignorieren die Lektion wahrhaftiger Vergebung, die Jesus uns lehrte. Wir ignorieren die Tatsache, dass es keine Opfer *gibt*. Stattdessen sitzen wir zwischen zwei Stühlen: auf der einen Seite versuchen wir zu vergeben, auf der anderen Seite halten wir fest an unserer Opferrolle. Jesus machen wir unterdessen zum Opfer schlechthin. Dies bringt uns jedoch in unserer spirituellen Evolution nicht weiter. Echte Vergebung beinhaltet das vollständige Loslassen des Opferbewusstseins.

Meine Absicht beim Schreiben dieses Buches war es, den Unterschied zwischen zwei Arten der Vergebung zu verdeutlichen: einer Vergebung, die den Opfer-Archetyp aufrechterhält, und *Radikaler Vergebung*, die uns von ihm befreit. Radikale Vergebung fordert uns heraus, unsere Wahrnehmung der Welt und unsere Deutung unserer Erlebnisse radikal zu ändern, sodass wir uns aus der Opferrolle lösen können. Ich habe mir vorgenommen, dir bei dieser Neuorientierung zu helfen.

Die hier dargestellten Ideen können für jemanden, der viel Leid erlebte und noch immer großen Schmerz in sich trägt, eine extreme Herausforderung sein. Ich bitte dich dennoch, dich auf dieses Buch einzulassen und abzuwarten, ob es dir helfen kann.

Dies ist nun die 20. Auflage des Buches, und ich erhielt bislang von meinen Lesern und den Teilnehmern meiner Workshops überwältigend positive Zuschriften. Selbst Menschen, die seit langem unter emotionalem Schmerz litten, empfanden das Buch als extrem befreiend und heilend – und die Workshops als transformierend.

Es war für mich eine große Überraschung und erfüllte mich mit Dank zu sehen, in welchem Ausmaß das erste Kapitel, „Jills Geschichte“, für viele Menschen eine sofortige heilende Wirkung hatte. Ursprünglich war es als nützliche Einführung in die Begriffe und Ideen der Radikalen Vergebung gedacht. Doch heute weiß ich, dass der göttliche Geist es besser wusste und meine Hand während des gesamten Prozesses führte. Ich bekomme zahlreiche Anrufe von Menschen, die mir – häufig unter Tränen – berichten, sie hätten sich selbst in dieser Geschichte wiedererkannt, und fühlten, dass ihre Heilung bereits begonnen habe.

Viele dieser Leser machten von der Möglichkeit Gebrauch, ihre Erfahrung anderen mitzuteilen, indem sie „Jills Geschichte“ direkt von unserer Website* aus an ihre Freunde, Verwandte und Arbeitskollegen mailten – welch eine wundervolle Kettenreaktion!

Ich werde meiner Schwester und meinem Schwager immer dankbar sein dafür, dass sie mir erlaubten, ihre Geschichte zu erzählen.

Die überwältigenden Reaktionen auf mein Buch beeindrucken mich sehr, und es wird mir zunehmend klarer, dass der göttliche Geist mich dazu benutzte, diese Botschaft zu verbreiten. Auf dass wir heilen, unsere Schwingungen auf eine höhere Ebene bringen und unsere innere Bestimmung finden. Ich bin dankbar dafür, dabei helfen zu können.

Namaste!
Colin Tipping

*** www.tipping-methode.de**

Teil I

Eine radikale Heilung

Anmerkung des Autors

Um dir, liebe Leserin, lieber Leser, eine Vorstellung davon zu geben, was ich unter Radikaler Vergebung verstehe, hielt ich die folgende wahre Geschichte fest. Sie beschreibt, wie der Prozess der Radikalen Vergebung die Ehe meiner Schwester rettete und ihr Leben von Grund auf veränderte. Seither hat Radikale Vergebung das Leben unzähliger Menschen positiv beeinflusst. Es zeigte sich, dass dieser Prozess als eine Hilfe eingesetzt werden kann, die sich erheblich von traditioneller Psychotherapie und Beziehungsberatung unterscheidet. Viele Coaches bieten mittlerweile überall auf der Welt in Einzelsitzungen und Workshops die Radikale Vergebung an. Dabei erfahren sie immer wieder, dass sich Probleme mehr oder weniger von selbst auflösen, wenn wir lernen, die Instrumente der Radikalen Vergebung in unserem Leben wirksam einzusetzen.

C. T.

1: JILLS GESCHICHTE

Als meine Schwester in der Ankunftshalle des Atlanta Hartsfield International Airport auf mich zukam, wusste ich sofort, dass etwas nicht stimmte. Sie konnte ihre Gefühle noch nie gut verbergen, und ich sah deutlich, wie sehr sie emotional litt.

Jill war mit meinem Bruder John, den ich seit sechzehn Jahren nicht mehr gesehen hatte, aus England in die USA geflogen. John war 1972 aus England nach Australien ausgewandert, ich ging 1984 in die USA. Jill war daher – und ist es noch heute – die einzige von uns drei Geschwistern, die noch in England lebt. John war nach Hause gereist, und sein Trip nach Atlanta war die letzte Etappe seiner Rückreise. Jill begleitete ihn nach Atlanta, sodass sie mich und meine Frau JoAnn für ein paar Wochen besuchen und John von dort nach Australien verabschieden konnte.

Wir umarmten uns zur Begrüßung, und nach einem Moment der Verlegenheit machten wir uns auf den Weg zum Hotel. Ich hatte für die Nacht Zimmer reserviert, sodass JoAnn und ich den beiden am nächsten Tag Atlanta zeigen konnten, bevor wir in unser Haus fahren würden.

Sobald sich eine Gelegenheit zu einem ernsten Gespräch ergab, sagte Jill: „Colin, es sieht nicht gut aus bei mir zu Hause. Jeff und ich werden uns wahrscheinlich trennen."

Obwohl ich gemerkt hatte, dass mit meiner Schwester etwas nicht stimmte, war ich überrascht. Ich war immer sicher gewesen, dass sie mit ihrem Mann Jeff eine glückliche Ehe führte.

Beide waren zuvor verheiratet gewesen, doch ihre Beziehung schien von Dauer zu sein. Jeff hatte aus vergangener Ehe drei Kinder, Jill hatte vier. Ihr jüngster Sohn Paul war der Einzige, der noch zu Hause wohnte.

„Was ist los?", fragte ich.

„Es ist seltsam, und ich weiß auch gar nicht, wo ich anfangen soll", erwiderte sie. „Jeff verhält sich sehr merkwürdig, und ich halte es nicht mehr viel länger aus. Wir sind an einem Punkt, an dem wir nicht mehr miteinander reden können. Es bringt mich um. Er hat sich vollkommen von mir abgewandt und sagt, alles sei meine Schuld."

„Sprich dich aus", sagte ich und sah zu John, der die Augen verdrehte. Er hatte die beiden vor seinem Flug nach Atlanta eine Woche lang besucht, und ich schloss aus seiner Miene, dass er von dem Thema vorerst genug hatte.

„Erinnerst du dich an Jeffs älteste Tochter Lorraine?", fragte Jill. Ich nickte. „Ihr Mann starb vor etwa einem Jahr bei einem Autounfall. Seitdem hat sich zwischen ihr und Jeff diese äußerst seltsame Beziehung entwickelt. Jedes Mal, wenn sie anruft, überschlägt er sich fast und umschmeichelt sie, nennt sie ‚Liebes' und tuschelt stundenlang mit ihr. Man könnte denken, sie seien verliebt – und nicht Vater und Tochter. Wenn er bei ihrem Anruf gerade beschäftigt ist, lässt er alles stehen und liegen, um mit ihr zu reden. Wenn sie zu uns nach Hause kommt, verhält er sich genauso – wenn nicht schlimmer. Sie hocken zusammen, flüstern nur miteinander und schließen alle anderen aus – besonders mich. Ich kann es kaum ertragen. Ich habe das Gefühl, sie ist das Wichtigste in seinem Leben geworden, und ich spiele so gut wie keine Rolle mehr. Ich fühle mich total ausgeschlossen und missachtet."

Sie erzählte weiter und schilderte mehr Details der seltsamen Familiendynamik, die sich da entwickelt hatte. JoAnn und ich hörten aufmerksam zu. Wir waren verständnisvoll und mitfühlend; wir erörterten mögliche Ursachen für Jeffs Verhalten und machten Jill Vorschläge, wie sie mit ihm darüber sprechen könnte. Kurz: Wir versuchten, Lösungsmöglichkeiten zu finden, wie dies ein besorgter Bruder und eine Schwägerin so tun. John half mit und bot ebenfalls seine Sicht der Situation dar.

Was mir seltsam und verdächtig vorkam, war das untypische Verhalten von Jeff. Der Jeff, den ich kannte, war liebevoll zu seinen Töchtern und sicherlich abhängig genug, um ihre Bestätigung und Liebe sehr zu brauchen. Doch ich hatte sein Verhalten niemals so gesehen, wie Jill es beschrieb. Ich kannte ihn als fürsorglich und liebevoll gegenüber Jill. Ich konnte kaum glauben, dass er sie nun so grausam behandelte. Es war für mich klar, dass diese Situation Jill unglücklich machte und Jeffs Beharren darauf, sie bilde sich alles nur ein, für sie alles noch verschlimmerte.

Die Unterhaltung setzte sich den ganzen nächsten Tag fort. Ich begann, eine Vorstellung davon zu bekommen, was sich aus der Perspektive der Radikalen Vergebung zwischen Jill und Jeff abspielte. Doch ich beschloss, dies nicht zu erwähnen – jedenfalls nicht sofort. Sie war zu befangen in dem Drama der Situation und wäre so nicht in der Lage gewesen, zu hören und zu verstehen. Radikale Vergebung basiert auf einer umfassenden spirituellen Perspektive, die damals, als wir noch zusammen in England lebten, ganz und gar nicht zu unserer gemeinsamen Lebenswirklichkeit gehörte. Ich war mir sicher, dass sie und John so gut wie nichts über meine Ideen und Vorstellungen bezüglich Radikaler Vergebung wussten. Ich hatte das bestimmte Gefühl, es sei noch nicht an der Zeit, einen so schwierigen Gedanken zu äußern wie: *dass alles so, wie es ist, vollkommen ist – und eine Gelegenheit zu heilen.*

Nachdem wir zwei Tage das Problem immer wieder gewälzt hatten, entschied ich, dass die Zeit reif sei, Radikale Vergebung anzusprechen. Dazu musste sich allerdings meine Schwester der

Möglichkeit öffnen, dass etwas in ihrem Leben geschah, das über das Offensichtliche hinausging – etwas Sinnvolles, von göttlicher Instanz geleitet und ihrem höheren Wesen dienend. Doch noch war sie überzeugt, das *Opfer* der Situation zu sein. So war fraglich, ob sie bereit war, eine Version von Jeffs Verhalten zu hören, die sie aus dieser Rolle befreien konnte.

Als meine Schwester jedoch begann, die Version vom Vortag zu wiederholen, entschloss ich mich, einzuschreiten. Vorsichtig sagte ich: „Jill, wärst du gewillt, die Situation aus einer neuen Perspektive zu betrachten? Könntest du mir zuhören, wenn ich dir eine völlig andere Deutung der Ereignisse vorstelle?"

Sie schaute mich an, als wollte sie sagen: *Wie soll es möglich sein, dass man die Dinge anders interpretieren kann? Es ist so, wie es ist.* Jill und ich haben jedoch eine gemeinsame Geschichte; in der Vergangenheit hatte ich ihr bei der Lösung eines Beziehungsproblems geholfen. Also vertraute sie mir genügend, um zu erwidern: „Meinetwegen. Was schwebt dir vor?"

Dies war das Stichwort, auf das ich gewartet hatte. „Was ich dir sagen will, klingt vielleicht etwas seltsam, aber warte bitte mit deinem Widerspruch, bis ich ausgeredet habe. Bleib einfach offen für die Möglichkeit, dass alles, was ich sage, stimmt; sieh, ob es für dich am Ende Sinn ergibt."

Bis zu diesem Zeitpunkt hatte John zwar versucht, Jill zuzuhören, doch das sich ständig wiederholende Gespräch über Jeff hatte ihn allmählich gelangweilt. Am Ende hörte er ihr überhaupt nicht mehr zu. Ich merkte jedoch, dass er nun plötzlich die Ohren spitzte.

„Was du uns beschrieben hast, Jill, entspricht sicher der Wahrheit, wie du sie siehst", begann ich. „Ich bezweifle nicht, dass alles so geschieht, wie du es erzählst. Außerdem hat John die Situation in den letzten drei Wochen mit eigenen Augen gesehen und bestätigt deine Version. Stimmt's John?", fragte ich meinen Bruder.

„Absolut", bestätigte John. „Es ist wirklich genau so, wie Jill sagt. Ich fand das auch recht seltsam, und ich fühlte mich ehrlich gesagt die ganze Zeit ziemlich fehl am Platz."

„Kein Wunder", sagte ich. „Jedenfalls sollst du wissen, Jill, dass nichts, was ich gleich sagen werde, deine Geschichte verneinen oder entkräften soll. Ich glaube, dass es genau so geschehen ist, wie du es sagst. Ich will dich nur darauf aufmerksam machen, dass unter der Oberfläche noch etwas anderes vor sich geht."

„Was meinst du mit ‚unter der Oberfläche'?", fragte Jill misstrauisch.

„Es ist völlig natürlich anzunehmen, dass das, was da draußen ist, die ganze Wirklichkeit darstellt", erklärte ich. „Doch möglicherweise spielt sich hinter dieser Realität noch viel mehr ab. Wir nehmen nur nichts weiter wahr, weil unsere fünf Sinne dazu einfach nicht ausreichen. Das heißt jedoch nicht, dass es nicht so ist.

Zum Beispiel in deinem Fall. Du und Jeff, ihr seid in dieses Drama verwickelt. So viel ist klar. Wie wäre es jedoch, wenn sich hinter diesem Drama etwas abspielen würde, das spiritueller ist – dieselben Menschen und dieselben Ereignisse – aber mit einer gänzlich anderen Bedeutung? Wie wäre es, wenn eure beiden Seelen denselben Tanz aufführen würden, jedoch zu einer völlig anderen Melodie? Wie wäre es, wenn dieser Tanz sich um deine Heilung drehen würde? Wir wäre es, wenn du das Ganze als eine Gelegenheit zur Heilung und zum Wachstum sehen könntest? Das wäre eine völlig andere Perspektive, oder?"

Beide, sie und John, sahen mich an, als käme ich von einem anderen Stern. Ich beschloss, die Situation nicht weiter zu erklären, sondern direkt zur Erfahrung überzugehen.

„Schau einmal auf die vergangenen drei Monate zurück, Jill", fuhr ich fort. „Was hast du hauptsächlich gespürt, als du sahst, wie sich Jeff so liebevoll gegenüber seiner Tochter Lorraine verhält?"

„Überwiegend Ärger", begann sie, dachte aber weiter nach. „Frustration", fügte sie hinzu. Dann, nach einer langen Pause: „Und Trauer. Ich bin wirklich traurig." Tränen stiegen ihr in die Augen.

„Ich fühle mich so allein und ungeliebt", sagte sie und begann, still zu schluchzen. „Es wäre alles nicht so schlimm, wenn ich annehmen würde, dass er keine Liebe zeigen kann. Aber er kann es, und er tut es – aber mit *ihr*!"

Die letzten Worte schrie sie fast, erregt und wütend. Zum ersten Mal seit ihrer Ankunft verlor sie die Beherrschung und begann zu schluchzen. Sie hatte vorher ein paar Tränen vergossen, aber sie hatte sich immer beherrscht und nicht richtig geweint. Nun konnte sie endlich loslassen. Ich freute mich, dass Jill so schnell Zugang zu ihren Gefühlen gefunden hatte.

Ganze zehn Minuten verstrichen, bis sie aufhörte zu weinen und ich das Gefühl hatte, dass sie sprechen konnte. An diesem Punkt fragte ich: „Jill, kannst du dich erinnern, ob du dich jemals so gefühlt hast, als du noch ein kleines Mädchen warst?" Ohne einen Moment zu zögern, sagte sie: „Ja." Sie sagte nichts weiter, also bat ich sie, es zu erklären. Sie brauchte eine Weile für die Antwort.

„Mein Daddy wollte mir auch keine Liebe geben!", platzte sie schließlich heraus und begann wieder zu weinen. „Ich wollte, dass er mich liebt, aber er wollte nicht. Ich dachte, er könne niemanden lieben! Dann kam deine Tochter, Colin. Er liebte sie. Aber warum konnte er *mich* nicht lieben? Verdammt noch mal!" Sie schlug hart mit der Faust auf den Tisch, als sie diese Worte herausschrie, und ließ ihren Tränen freien Lauf.

Jill bezog sich auf meine älteste Tochter Lorraine. Zufällig hatten sie und Jeffs älteste Tochter denselben Namen. Oder war es mehr als ein Zufall?

Zu weinen, tat Jill gut. Ihre Tränen lösten ihre Gefühle und waren möglicherweise ein Wendepunkt für sie. Ich dachte, ein echter Durchbruch könne nun nicht mehr weit entfernt sein. Ich musste ihr nur noch ein paar Anstöße geben.

„Erzähl von dem Vorfall mit meiner Tochter Lorraine und Vater“, sagte ich.

Jill raffte sich auf und sagte: „Ich fühlte mich von meinem Vater immer ungeliebt und hatte immer Sehnsucht nach seiner Liebe. Niemals hielt er meine Hand und nur selten nahm er mich auf den Schoß. Immer hatte ich das Gefühl, dass mit mir etwas nicht stimmt. Als ich älter war, sagte mir meine Mutter, mein Vater könne niemanden lieben, nicht einmal sie. In diesem Moment fand ich mich mehr oder weniger damit ab. Wenn er wirklich niemanden lieben konnte, war es vielleicht nicht mein Fehler, dass er mich nicht liebte. Er liebte einfach niemanden. Er machte sich nicht einmal viel aus meinen Kindern – seinen eigenen Enkelkindern – geschweige denn aus Menschen, die nicht zur Familie gehörten. Er war jedoch kein schlechter Vater. Er konnte nur nicht lieben. Er tat mir leid.“

Sie weinte ein wenig mehr und nahm sich diesmal etwas mehr Zeit. Ich wusste, was sie meinte, als sie von unserem Vater sprach. Er war ein freundlicher und zartfühlender Mann, sehr still und zurückgezogen. Er schien meist für niemanden emotional zugänglich zu sein.

Als Jill sich wieder etwas gefangen hatte, fuhr sie fort: „Ich erinnere mich an einen bestimmten Tag bei uns zu Hause. Deine Tochter Lorraine war etwa vier oder fünf Jahre alt. Mom und Dad waren aus Leicester zu Besuch, und wir alle kamen zu euch nach Hause. Ich sah, wie Lorraine Dad an der Hand nahm. Sie sagte: ‚Komm Opa, ich zeige dir den Garten und alle meine Blumen.‘ Er war wie Wachs in ihren Händen. Sie führte ihn überall hin und redete und redete und redete und zeigte ihm alle Blumen.

Sie umgarnte ihn. Ich beobachtete sie die ganze Zeit aus dem Fenster. Als sie wieder hereinkamen, setzte er sie auf seinen Schoß und war so verspielt und gut gelaunt, wie ich ihn niemals erlebt hatte.

Ich war völlig niedergeschlagen. *Also kann er doch lieben*, dachte ich. Wenn er Lorraine lieben konnte, warum dann nicht mich?" Die letzten Worte waren ein Flüstern, gefolgt von vielen Tränen voller Kummer und Trauer. Tränen, die sie all die Jahre aufgestaut hatte.

Ich hatte den Eindruck, wir hätten vorerst genug getan, und schlug vor, einen Tee zu machen. (Wir sind Engländer und trinken bei jeder Gelegenheit Tee.)

Vom Standpunkt der Radikalen Vergebung aus betrachtet war Jeffs seltsames Verhalten unbewusst darauf ausgerichtet, Jill zu helfen, die unverarbeitete Beziehung mit ihrem Vater zu heilen. Wenn sie dies sehen und die Vollkommenheit von Jeffs Verhalten erkennen könnte, würde ihre Verletzung heilen – und Jeffs Verhalten sich höchstwahrscheinlich ändern. Ich war mir jedoch nicht sicher, wie ich dies Jill auf eine ihr momentan einleuchtende Weise erklären konnte. Glücklicherweise brauchte ich es gar nicht erst zu versuchen. Sie kam ganz von selbst auf diesen offensichtlichen Zusammenhang.

Später an diesem Tag fragte sie mich: „Colin, findest du es nicht auch seltsam, dass Jeffs und deine Tochter denselben Namen haben? Und mehr noch: Beide sind blond und sind die ältesten Kinder. Ist das nicht ein seltsamer Zufall! Glaubst du, dass es da einen Zusammenhang gibt?"

Ich lachte und erwiderte: „Mit Sicherheit. Dies ist der Schlüssel zum Verständnis der gesamten Situation."

Sie sah mir lange tief in die Augen. „Was meinst du damit?"

„Das musst du schon selbst herausfinden", erwiderte ich. „Siehst du noch mehr Ähnlichkeiten zwischen dieser Situation mit Dad und meiner Lorraine und deiner gegenwärtigen Situation?"

„Mal sehen ...", sagte Jill. „Beide Mädchen haben denselben Namen. Beide scheinen in ihrem Leben das zu bekommen, was ich von den Männern in meinem Leben niemals bekam."

„Was ist das?", fragte ich nach.

„Liebe", flüsterte sie.

„Sprich weiter", forderte ich sie vorsichtig auf.

„Es scheint, dass deine Lorraine von Dad die Liebe bekommt, die ich nicht bekam. Und Jeffs Tochter Lorraine bekommt von ihrem Dad auch alle Liebe, die sie will – aber auf meine Kosten. O Gott!", rief sie aus. Anscheinend begann sie zu verstehen. „Aber warum? Ich sehe die Ursache nicht. Es ist etwas beängstigend. Was geht da vor?" fragte sie in Panik.

Es war Zeit, das Puzzle für sie zusammenzusetzen. „Lass mich erklären, wie es funktioniert", sagte ich. „Dies ist ein perfektes Beispiel dafür, dass – wie ich vorhin sagte – eine völlig andere Realität hinter dem Drama, das wir ‚Leben' nennen, steht. Glaub' mir, es gibt nichts, wovor du Angst haben müsstest. Wenn du siehst, wie es funktioniert, wirst du mehr Vertrauen, mehr Sicherheit und mehr inneren Frieden spüren, als du es jemals für möglich gehalten hättest. Du wirst erkennen, wie wir durch das Universum oder das Göttliche, wie auch immer du es nennen willst, getragen werden, in jedem Moment jeden Tages, ganz gleich, wie schlimm uns die Lage erscheinen mag", sagte ich so zuversichtlich, wie ich konnte.

„Aus spiritueller Perspektive betrachtet, ist unsere Unzufriedenheit mit einer gegebenen Situation ein Zeichen dafür, dass wir spirituell aus dem Gleichgewicht geraten sind und sich uns eine Gelegenheit bietet, etwas zu heilen. Es kann ein echter Schmerz sein oder auch ein vergifteter Gedanke, der uns davon abhält, unser wahres Selbst zu sein. Wir sehen es jedoch häufig nicht aus dieser Perspektive. Stattdessen beurteilen wir die Situation und machen andere für das verantwortlich, was geschieht. Dies hält uns davon ab, die Botschaft zu verstehen und unsere Lektion zu lernen. Es verhindert unsere Heilung. Wenn wir nicht heilen, was geheilt werden will, bleibt uns nichts anderes übrig, als weitere Unzufriedenheit zu erzeugen, bis wir buchstäblich gezwungen sind, uns zu fragen: *Was geht hier eigentlich vor?* Manchmal muss die Botschaft sehr laut sein oder der Schmerz unerträglich, bevor wir anfangen hinzuschauen. Eine lebensbedrohliche Krankheit etwa ist eine deutliche Botschaft. Doch manche Menschen sehen den Zusammenhang zwischen dem aktuell Geschehenden und der Chance zur Heilung selbst im Angesicht des Todes nicht.

In deinem Fall ist das zu Heilende dein alter Schmerz hinsichtlich deines Vaters und der Tatsache, dass er dir niemals Liebe zeigte. Darum geht es bei deinem aktuellen Schmerz und deiner Unzufriedenheit. Dieser Schmerz entstand immer wieder, in den verschiedensten Situationen. Aber da du die Gelegenheit nicht erkanntest, konnte die Verletzung nicht heilen. Daher ist es ein Geschenk, wenn der Schmerz nun wiederkommt und dir Gelegenheit gibt, hinzusehen und Gesundung zu ermöglichen."

„Ein Geschenk?", fragte Jill. „Du meinst, es ist ein Geschenk, weil darin eine Botschaft für mich enthalten ist? Eine Botschaft, die ich schon vor langer Zeit hätte erhalten sollen, wenn ich sie nur verstanden hätte?"

„Genau", sagte ich. „Hättest du es damals verstanden, wäre deine Unzufriedenheit geringer gewesen, und du müsstest nicht durch das gegenwärtige Leiden gehen. Doch es spielt keine Rolle. Jetzt ist es auch gut. Es ist perfekt. Du brauchst keine lebensbedrohliche Krankheit wie so viele Menschen, um es zu begreifen du beginnst, es zu verstehen – und zu heilen.

Lass mich dir einmal genau erklären, was geschehen ist und wie es dein Leben bis heute beeinflusst hat", sagte ich. Ich wollte, dass sie die Dynamik ihrer gegenwärtigen Situation klar vor Augen hatte.

„Als kleines Mädchen fühltest du dich verlassen und ungeliebt von deinem Dad. Dies ist eine niederschmetternde Erfahrung. Aus entwicklungspsychologischer Sicht ist es notwendig für ein junges Mädchen, sich vom Vater geliebt zu fühlen. Da du diese Liebe nicht gefühlt hast, hast du daraus geschlossen, dass etwas mit dir nicht stimmt. Du begannst, wirklich daran zu glauben, dass du nicht liebenswert und *nicht gut genug* bist. Dieser Glaube verankerte sich tief in deinem Unterbewusstsein und begann später – als es zu Beziehungen kam –, dein Leben zu ruinieren. In gewisser Weise kam es immer wieder zur Bestätigung dieser unbewussten Überzeugung: Es gab in deinem Leben genügend Situationen, die dir vorspiegelten, du seist in der Tat *nicht gut genug*. Unser Leben wird immer unsere Überzeugungen bestätigen.

Für dich als Kind war der Schmerz, die Liebe deines Vaters nicht zu bekommen, mehr, als ein Kind ertragen konnte. Also hast du einen Teil des Schmerzes – und damit noch viel mehr – unterdrückt. Wenn man ein Gefühl unterdrückt, weiß man, dass es da ist, aber man frisst es in sich hinein. Verdrängte Gefühle werden so tief im Unterbewusstsein vergraben, dass man sich ihrer nicht mehr bewusst ist.

Später, als du merktest, dass dein Vater von Natur aus kein liebevoller Mensch ist und wahrscheinlich niemanden lieben konnte, begannst du, dich etwas davon zu erholen, nicht von ihm geliebt zu werden. Du begannst zu heilen. Wahrscheinlich hast du begonnen, einen Teil des unterdrückten Schmerzes loszulassen und einen Teil deiner Überzeugungen aufzugeben, dass du nicht liebenswert bist. Wenn er wirklich niemanden lieben konnte, war es vielleicht doch nicht dein Fehler, dass er dich nicht liebte.

Doch dann platzte die Bombe, die dich wieder ganz zum Anfang zurückwarf. Als du beobachtetest, wie er meine Lorraine liebte, löste dies in dir deine ursprüngliche Überzeugung wieder aus. Du sagtest dir, *mein Vater kann doch lieben, aber er liebt nicht mich. Es ist offensichtlich doch mein Fehler. Ich bin meinem Vater nicht gut genug und ich werde niemals für einen Mann gut genug sein.* Von diesem Zeitpunkt an führtest du immer wieder Situationen herbei, die dich in der Überzeugung bekräftigten, *nicht gut genug* zu sein."

„Wie habe ich das gemacht?", unterbrach mich Jill. „Ich kann nicht erkennen, wie ich es geschafft habe, in meinem Leben *nicht gut genug* zu sein."

„Wie war deine Beziehung zu Henry, deinem ersten Mann?", erwiderte ich. Sie war mit Henry, dem Vater ihrer vier Kinder, 15 Jahre lang verheiratet gewesen.

„In vieler Hinsicht nicht schlecht, doch er war so untreu. Er suchte immer nach Gelegenheiten, mit anderen Frauen Sex zu haben, und ich fand das furchtbar."

„Genau. Und du sahst ihn als den Bösen und dich als das Opfer in der Situation. Die Wahrheit ist jedoch, dass du ihn genau deshalb in deinem Leben angezogen hast, weil du auf einer bestimmten Ebene wusstest, dass er deine Überzeugung, nicht gut genug zu sein, bestätigen würde. Indem er untreu war, bekräftigte er dich in dieser Selbsteinschätzung."

„Willst du damit sagen, dass er mir einen Gefallen getan hat? Das kaufe ich dir so nicht ab!", sagte sie lachend, aber gleichzeitig mit einer Spur unübersehbaren Ärgers.

„Zumindest hat er dich in deinem Glauben bestärkt, oder nicht?", erwiderte ich. „Du warst so deutlich *nicht gut genug*, dass er sich immer nach anderen, *besseren* Frauen umschaute. Wenn er das Gegenteil getan und dich ständig so behandelt hätte, als seiest du vollkommen genug, hättest du in deinem Leben ein *anderes* Drama erschaffen, um deine Überzeugung zu bekräftigen. Deine Überzeugungen über dich selbst, selbst wenn sie völlig unzutreffend waren, machten es dir unmöglich, gut genug zu sein.

Ebenso hätte Henry wahrscheinlich sofort aufgegeben, sich an deine Freundinnen heranzumachen, wenn du damals deine Überzeugung geändert hättest, indem du deinen ursprünglichen Schmerz um deinen Vater geheilt und dein Selbstwertgefühl in *gut genug* geändert hättest. Wenn er es nicht aufgegeben hätte, dann hättest du wahrscheinlich überhaupt kein Problem damit gehabt, ihn zu verlassen – um jemand anderen zu finden, der dich so behandelt, als seist du gut genug. Wir erzeugen uns immer unsere eigene Realität gemäß unseren Überzeugungen. Wenn du deine Glaubensmuster kennenlernen möchtest, dann schau dir an, was du in deinem Leben hast. Unser Leben ist immer ein Spiegelbild unserer Überzeugungen."

Jill schien ein wenig verwundert, also beschloss ich, einiges noch etwas genauer zu beschreiben. „Jedes Mal, wenn Henry dich betrog, gab er dir die Gelegenheit, deinen alten Schmerz zu heilen. Dein alter Schmerz war der, von deinem Vater nicht geliebt zu werden. Henry stellte deine Überzeugung, niemals gut genug für einen Mann zu sein, unter Beweis und agierte sie für dich aus. Die ersten Male, als dies geschah, warst du wahrscheinlich so wütend und aufgeregt, dass du leicht mit deinem alten Schmerz hättest in Kontakt kommen und mit deinen Überzeugungen über dich selbst vertraut werden können. Als Henry dich die ersten Male betrog, waren dies die ersten Gelegenheiten, Radikale Vergebung zu üben und deine alte Verletzung zu heilen. Doch du hast diese Chancen verpasst. Du hast ihn jedes Mal beschuldigt und bist in die Opferrolle geschlüpft. So wurde Heilung unmöglich."

„Was meinst du mit Vergebung?“, fragte Jill sehr besorgt. „Meinst du, ich hätte ihm verzeihen sollen, als er meine beste Freundin und alle möglichen anderen Frauen verführte?“

„Ich meine, er gab dir damals eine Gelegenheit, mit deinem alten Schmerz in Kontakt zu kommen und zu sehen, dass eine bestimmte Überzeugung über dich selbst dein Leben beherrscht. Indem er dies tat, gab er dir die Gelegenheit, deine Überzeugungen zu verstehen und zu verändern und damit deine ursprüngliche Verletzung zu heilen. Das meine ich mit Vergebung. Kannst du erkennen, dass Henry deine Vergebung verdient?“

„Ja, ich glaube, ich kann“, sagte sie. „Er spiegelte jene Überzeugung wider, in die ich mich geflüchtet hatte, weil ich mich von Dad ungeliebt fühlte. Er bestätigte mir, dass ich nicht gut genug war. Ist es das, was du meinst?“

„Ja, und dafür, dass er dir diese Gelegenheit gab, verdient er Anerkennung – mehr, als dir im Augenblick bewusst ist. Wir wissen nicht, ob er sein Verhalten geändert hätte, wenn du dein Problem mit deinem Dad damals hättest auflösen können. Oder ob du ihn vielleicht verlassen hättest. In jedem Fall wäre er dir eine große Hilfe gewesen. In diesem Sinn verdient er nicht nur deine Vergebung, sondern sogar deine Dankbarkeit. Und – weißt du was? Es war nicht sein Fehler, dass du die wahre Botschaft hinter seinem Verhalten nicht erkanntest.

Es ist sicher nicht leicht für dich, es so zu sehen: dass er versuchte, dir ein großes Geschenk zu machen. Wir haben nicht gelernt, es so zu sehen. Wir haben nicht gelernt, auf das Geschehen zu schauen und zu sagen: ‚Sieh mal an, was ich in meinem Leben erschaffen habe. Ist das nicht interessant?‘ Stattdessen haben wir gelernt, zu urteilen, zu beschuldigen und anzuklagen. Wir haben gelernt, Opfer zu sein und Vergeltung zu suchen. Nicht erworben haben wir den Glauben daran, dass unser Leben von Kräften gelenkt wird, die über unser bewusstes Denken hinausgehen. Nicht erworben haben wir das Wissen darum, was in Wirklichkeit der Fall ist.

Tatsächlich war es nämlich Henrys *Seele*, die versucht hat, dich zu heilen. An der Oberfläche hat Henry nur seine sexuelle Leidenschaft ausgelebt. Doch seine Seele – die mit deiner Seele zusammenarbeitete – setzte diese Leidenschaft für dein spirituelles Wachstum ein. Diese Erkenntnis ist Radikale Vergebung. Der Sinn der Radikalen Vergebung liegt darin, die Wahrheit unter der Oberfläche der jeweiligen Lebensumstände zu sehen und jene Liebe zu erkennen, die dort jederzeit herrscht."

Ich spürte, dass Jill die beschriebenen Prinzipien besser verstehen würde, wenn wir eine Beziehung zur aktuellen Situation herstellten. Also forderte ich sie auf: „Lass uns noch einmal auf Jeff zurückkommen und sehen, wie diese Prinzipien in deiner gegenwärtigen Beziehung aktiv sind. Am Anfang ist Jeff extrem liebevoll mit dir umgegangen. Er schwärmte für dich, tat alles für dich, kommunizierte mit dir. An der Oberfläche schien das Leben mit Jeff ziemlich gut zu sein.

Denk jedoch daran, dass dies nicht zu dem Bild passte, das du von dir selbst hattest – deinem Glauben über dich selbst. Danach durftest du keinen Mann haben, der dir so viel Liebe entgegenbringt. Schließlich bist du ja nicht *gut genug*."

Jill nickte zustimmend, aber wirkte noch immer unsicher und ziemlich perplex.

„Deine Seele weiß, dass du diese Überzeugung heilen musst, also verbündet sie sich mit Jeffs Seele, um es dir deutlich zu machen. An der Oberfläche scheint es, als würde Jeff anfangen, sich seltsam und ungewöhnlich zu verhalten. Dann verhöhnt er dich, indem er eine andere Lorraine liebt und so dasselbe Theater veranstaltet, das du vor vielen Jahren mit deinem Vater durchlitten hast. Er scheint dich gnadenlos zu verfolgen, und du fühlst dich vollkommen hilflos und als Opfer. Beschreibt dies mehr oder weniger deine gegenwärtige Situation?", fragte ich.

„Ich glaube schon", sagte Jill leise. Sie runzelte etwas die Stirn, als versuche sie, das neue Bild ihrer Situation allmählich klar zu sehen.

„Nun, es ist mal wieder so weit. Du hast die Wahl. Du kannst dich entscheiden, zu heilen und zu wachsen – oder recht zu haben", sagte ich und lächelte sie an.

„Wenn du die Wahl triffst, die Leute normalerweise treffen, wirst du dich dafür entscheiden, lieber das Opfer zu sein und Jeff zu beschuldigen. Das ermöglicht es dir, im Recht zu sein. Schließlich scheint sein Verhalten ziemlich grausam und ungerecht. Es gibt zweifellos viele Frauen und Männer, die dich dabei unterstützen würden, solltest du als Reaktion darauf drastische Schritte einleiten. Haben nicht die meisten deiner Freunde gesagt, du solltest ihn verlassen?"

„Ja. Alle meinen, ich solle diese Ehe beenden, wenn er sich nicht ändert. Ich hatte eigentlich gedacht, du würdest das auch sagen", sagte sie mit einem enttäuschten Unterton.

„Vor ein paar Jahren hätte ich es wahrscheinlich auch getan", sagte ich und lachte. „Seit meiner Einführung in diese spirituellen Prinzipien hat sich meine Sichtweise solcher Situationen jedoch geändert, wie du sehen kannst", erklärte ich und lächelte John verschmitzt an. Er lächelte zurück, schwieg aber.

Ich fuhr fort: „Du hast es sicher bereits vermutet. Die Alternative besteht darin, anzuerkennen, dass unter der Oberfläche des Geschehens noch etwas weitaus Bedeutenderes – und möglicherweise sehr Nützliches – vor sich geht. Die Alternative besteht also darin, anzuerkennen, dass Jeffs Verhalten eine andere Botschaft beinhaltet, eine andere Bedeutung und Absicht; und dass sich in der Situation ein Geschenk für dich verbirgt."

Jill dachte eine Weile nach und sagte dann: „Jeffs Verhalten ist so daneben, dass man sich schon ziemlich anstrengen muss, um eine vernünftige Erklärung dafür zu finden. Vielleicht geht da ja noch etwas vor sich, das ich momentan nicht sehe. Ich nehme an, es ist so ähnlich wie damals mit Henry. Doch es fällt mir schwerer, es bei Jeff zu sehen, weil ich im Moment so verwirrt bin. Ich kann nicht über das Geschehen hinaussehen."

„Das ist in Ordnung", versicherte ich ihr. „Du musst es nicht unbedingt herausfinden. Es reicht, wenn du bereit bist zuzugestehen, dass da noch etwas anderes stattfindet. Das ist schon ein großer Schritt. Die Bereitschaft, die Situation aus einer anderen Perspektive zu sehen, ist der Schlüssel zu deiner Heilung. 90 Prozent der Heilung geschehen in dem Moment, da du bereit bist, den Gedanken zuzulassen, dass deine Seele diese Situation in liebender Absicht für dich erzeugt hat. Durch diese Bereitschaft gibst du die Kontrolle ab an das Göttliche. Es übernimmt die restlichen zehn Prozent. Wenn du auf einer tiefen Ebene die Einsicht, dass das Göttliche dies für dich übernimmt, wirklich zulässt, dann brauchst du überhaupt nichts mehr zu tun. Die Lösung der Situation und deine Heilung werden sich automatisch ergeben."

„Du kannst jedoch bereits vor diesem Schritt einen anderen, völlig rationalen Schritt machen. Er ermöglicht dir, die Dinge sofort in einem anderen Licht zu betrachten. Dies beinhaltet, dass du die Tatsachen von der Fantasie unterscheidest. Es beinhaltet die Erkenntnis, dass deine Überzeugung keinerlei wirkliche, auf Tatsachen gründende Basis hat. Deine Überzeugung ist nichts anderes als eine von dir erfundene Fantasie – basierend auf einigen wenigen Erfahrungen und vielen Interpretationen.

Wir tun dies die ganze Zeit. Wir erleben ein Ereignis und stellen unsere Interpretationen an. Dann fügen wir beides zusammen und erfinden eine größtenteils unzutreffende Geschichte des Geschehens. Die Geschichte wird zum Glaubensmuster, und wir verteidigen es, als sei es die Wahrheit. Natürlich ist es dies niemals.

In deinem Fall waren die Tatsachen: Dad hat dich nicht umarmt, nicht mit dir gespielt, dich nicht festgehalten, dich nicht auf den Schoß genommen. Er ist deinen Bedürfnissen nach Zuneigung nicht entgegengekommen. Das waren die Fakten. Auf der Basis dieser Fakten hast du eine wesentliche Schlussfolgerung getroffen: *Dad liebt mich nicht.* Stimmt's?" Sie nickte.

„Die Tatsache, dass er deine Bedürfnisse nicht erfüllt hat, bedeutet jedoch nicht, dass er dich nicht geliebt hat. Das ist eine Interpretation, nicht die Realität. Er war ein sexuell verklemmter Mann, und Intimität war für ihn etwas Beängstigendes. Wir wissen das. Vielleicht wusste er nicht, wie er seine Liebe so zeigen konnte, wie du es gern gehabt hättest. Erinnerst du dich an das tolle Puppenhaus, das er dir einmal zu Weihnachten gebaut hat? Ich erinnere mich, wie er unzählige Stunden jeden Abend daran bastelte, wenn du schon im Bett lagst. Vielleicht war dies die einzige Möglichkeit für ihn, dir seine Liebe zu zeigen.

Ich will nicht etwa sein Verhalten entschuldigen oder das, was du gesagt und gefühlt hast, verneinen. Ich versuche nur zu verdeutlichen, dass wir alle einen Fehler machen: Wir denken, unsere Interpretation entspreche der Wahrheit.

Deine nächste schwerwiegende Annahme", fuhr ich fort, „basierte auf den Fakten und deiner ursprünglichen Interpretation, dass *Dad dich nicht liebte.* Sie lautete: *Es ist mein eigener Fehler. Es muss an mir etwas nicht in Ordnung sein.* Dies war eine noch größere Lüge als die ursprüngliche, findest du nicht?" Sie nickte.

„Ist es nicht erstaunlich, dass du zu dieser Schlussfolgerung kommst? Kinder denken so. Nach ihrer Wahrnehmung dreht sich die ganze Welt nur um sie. Wenn irgendetwas nicht in Ordnung ist, glauben sie immer, es sei ihre Schuld. Wenn ein Kind dies zum ersten Mal denkt, ist es sehr schmerzhaft. Um den Schmerz zu lindern, unterdrückt das Kind ihn, wodurch es jedoch noch schwieriger wird, diese Überzeugung wieder loszuwerden. Sogar als Erwachsene glauben wir noch: *Es ist meine Schuld, und irgendetwas ist mit mir nicht in Ordnung*.

Jedes Mal, wenn in unserem Leben die Erinnerung an diesen Schmerz oder den damit verbundenen Gedanken ausgelöst wird, gehen wir emotional in unsere Kindheit zurück. Wir fühlen und verhalten uns wie ein kleines Kind, das zum ersten Mal den Schmerz empfindet. Genau das passierte, als du sahst, wie meine Lorraine bei unserem Vater das Gefühl von Liebe weckte. Du warst 27 Jahre alt, aber in diesem Moment wurdest du wieder zur Zweijährigen, die sich ungeliebt fühlt. In diesem Moment hast du deine ganze kindliche Bedürftigkeit ausgelebt. Und du tust es noch immer, aber dieses Mal mit deinem Mann.

Die Überzeugung, auf die du all deine Beziehungen gegründet hast, basiert auf der Interpretation einer Zweijährigen. Sie hat keinerlei faktische Grundlage", schloss ich. „Kannst du das sehen, Jill?", fragte ich sie.

„Ja, ich sehe das", erwiderte sie. „Ich habe anscheinend aufgrund dieser unbewussten Annahmen einige ziemlich alberne Entscheidungen getroffen, oder?"

„Ja, das hast du. Aber du hast sie getroffen, als du unter Schmerzen littest und noch zu jung warst, um es besser zu wissen. Obwohl du die Schmerzen unterdrückt hast, um sie loszuwerden, blieb die Überzeugung auf einer unterbewussten Ebene in deinem Leben aktiv. An diesem Punkt entschloss sich deine Seele, einige Dramen in dein Leben zu bringen, damit du dir deine Überzeugung zu Bewusstsein bringen kannst und die Gelegenheit bekommst, dich einmal mehr für die Heilung zu entscheiden.

Du hast in deinem Leben die Menschen angezogen, die dich direkt mit deinem eigenen Schmerz konfrontieren und dich die ursprüngliche Erfahrung erneut erleben lassen", fuhr ich fort.

„Genau das tut Jeff jetzt. Ich sage natürlich nicht, dass er das bewusst macht. Das ist nicht der Fall. Er ist wahrscheinlich über sein eigenes Verhalten ebenso verwundert wie du. Denk daran, es ist eine Interaktion von Seele zu Seele. Seine Seele weiß um deinen ursprünglichen Schmerz und darum, dass du ihn nicht heilen wirst, ohne noch einmal durch die Erfahrung zu gehen."

„Wow!", sagte Jill und atmete tief durch. Zum ersten Mal, seit wir über die Situation sprachen, konnte sie ihren Körper entspannen. „Es ist sicher eine völlig andere Art, die Dinge zu sehen, aber weißt du was? Ich fühle mich irgendwie erleichtert. Es ist, als sei ein Gewicht von meinen Schultern genommen – einfach durch das Gespräch mit dir."

„Das liegt daran, dass sich deine Energie verschoben hat", erwiderte ich. „Stell dir vor, wie viel Lebensenergie du aufbringen musstest, um die Geschichte von Dad und Lorraine aufrechtzuerhalten. Außerdem war unendlich viel Energie nötig, um die Gefühle von Trauer und Ablehnung zu unterdrücken, die sich um diese Geschichte rankten. Die Tränen, die du gerade vergossen hast, haben dir ermöglicht, viel davon loszulassen. Du hast gemerkt, dass es sich ohnehin nur um eine Fantasie, eine Geschichte handelte. Welche Erleichterung das sein muss! Zusätzlich hast du noch viel Energie auf Jeff konzentriert – du musstest ihn anklagen, dich selbst anklagen, Opfer sein und Ähnliches. Die Bereitschaft, die Situation neu und anders zu sehen, ermöglicht dir das Loslassen all dieser Energien. Sie durch dich hindurchgehen zu lassen. Kein Wunder, dass du dich leichter fühlst!", lachte ich sie an.

„Und wenn ich Jeff einfach verlassen hätte, statt zu verstehen, was hinter der Situation mit ihm vor sich geht?" fragte Jill.

„Deine Seele hätte jemand anderes in dein Leben gebracht, der dir helfen kann, zu heilen", erwiderte ich sofort. „Doch du hast ihn nicht verlassen, oder? Du bist stattdessen hierher gekommen. Du musst verstehen, dass dein Treffen mit mir kein Zufall ist. In diesem System gibt es keine Zufälle. Du – oder vielmehr deine Seele hat diese Reise und damit die Gelegenheit, die Dynamik der Situation mit Jeff zu begreifen, herbeigeführt. Deine Seele hat dich hierhergeführt. Und Johns Seele stiftete zu diesem Zeitpunkt diese spezielle Reise an, sodass ihr gemeinsam hierherkamt. "

„Und was ist mit den zwei Lorraines?", fragte sich Jill. „Wie ist das vor sich gegangen? Das ist doch sicherlich auch kein Zufall."

„In diesem System gibt es auch keine Zufälle. Stell dir einfach vor, deine Seele und die Seelen einiger anderer Menschen haben sich verabredet, um diese Situation zu erzeugen. Nun schau dir an, wie perfekt es passte, dass an der ursprünglichen Situation ebenso wie am aktuellen Konflikt jeweils eine Person namens Lorraine beteiligt war. Einen deutlicheren, vollkommeneren Hinweis hätte man sich kaum vorstellen können. Es ist nur schwer vorstellbar, das Ganze sei keine sinnvolle Fügung, findest du nicht?"

„Und was soll ich jetzt damit anstellen?", fragte Jill. „Es ist wahr, ich fühle mich leichter. Doch was soll ich tun, wenn ich wieder nach Hause komme und Jeff treffe?"

„Es gibt nur sehr wenig, das du tun musst", antwortete ich. „Von diesem Punkt an ist es eher eine Frage dessen, wie du dich fühlst. Spürst du, dass du nun kein Opfer mehr bist? Dass Jeff nicht mehr dein Peiniger ist? Siehst du, dass du exakt diese Situation brauchtest und wolltest? Spürst du, wie sehr dich dieser Mann liebt – auf der seelischen Ebene?"

„Was meinst du damit?", fragte Jill.

„Er war gewillt, alles zu tun, was nötig war, um dich an diesen Punkt zu bringen. Dahin, dass du deine Überzeugungen über dich selbst infrage stellst und erkennst, dass sie falsch sind. Er hat viel auf sich genommen, um dir zu helfen. Er ist von Natur aus kein grausamer Mensch, also muss es sehr hart für ihn gewesen sein. Nur wenige Männer hätten das für dich getan – auf die Gefahr hin, dich dabei zu verlieren. Jeff – oder vielmehr Jeffs Seele – ist ein wahrer Engel für dich. Wenn du das wirklich verstehst, wirst du ihm sehr dankbar sein. Außerdem wirst du nicht mehr länger für ihn ausstrahlen, du seiest nicht liebenswert. Du wirst vielleicht zum ersten Mal in deinem Leben imstande sein, Liebe zuzulassen. Du kannst Jeff vergeben, weil du dir klar darüber bist, dass nichts falsch gelaufen ist. Es war in jeder Hinsicht vollkommen.

Und ich verspreche dir", fuhr ich fort, „dass Jeff sich in diesem Augenblick bereits verändert und sein seltsames Verhalten aufhört. Seine Seele spürt bereits, dass du ihm vergeben und deine falsche Wahrnehmung deiner selbst aufgelöst hast. Wenn du deine Energie änderst, ändert sich auch seine Energie. Ihr seid energetisch miteinander verbunden. Die physische Entfernung ist irrelevant."

Ich kam dann auf ihre Frage zurück: „Du brauchst nichts Besonderes zu tun, wenn du nach Hause kommst. Ich möchte sogar, dass du mir versprichst, erst einmal überhaupt nichts zu tun. Auf keinen Fall solltest du Jeff von deiner neuen Sicht der Dinge berichten. Ich möchte, dass du siehst, wie sich alles allein schon durch deine Wahrnehmung eurer Situation ändert.

Du wirst außerdem das Gefühl haben, dass du dich selbst geändert hast", fügte ich hinzu. „Du wirst dich innerlich ruhiger, mehr in dir selbst und entspannter fühlen. Du wirst eine innere Gewissheit ausstrahlen, die Jeff eine Zeit lang möglicherweise etwas seltsam vorkommt. Es wird eine Zeit brauchen, bis sich deine Beziehung zu ihm einrenkt. Möglicherweise ist es am Anfang noch etwas schwierig, doch das Problem wird sich nun lösen", schloss ich voller Überzeugung.

Jill und ich sprachen noch häufig über die Einzelheiten ihrer Situation, bevor sie wieder nach England zurückkehrte. Es ist immer schwierig für jemanden, die Perspektive der Radikalen Ver gebung anzunehmen, wenn er emotional stark belastet ist. Um so weit zu kommen, dass Radikale Vergebung wirklich stattfinden kann, muss man sich damit häufig erst einmal gründlich befassen und sich diese neue Perspektive immer wieder vor Augen führen. Zur Unterstützung zeigte ich meiner Schwester einige Atemtechniken, die ihr dabei helfen würden, Gefühle freizusetzen und neue Lebensmöglichkeiten zu integrieren. Außerdem bat ich sie, ein Arbeitsblatt zur Radikalen Vergebung auszufüllen (siehe Teil IV: Werkzeuge zur Radikalen Vergebung).

An dem Tag, als Jill abreiste, war sie offensichtlich etwas unsicher bei der Aussicht, in ihre alte Lebenssituation zurückzukehren. Nachdem sie sich am Flugsteig verabschiedet hatte, schaute sie noch einmal zurück und versuchte, so zuversichtlich wie möglich zu winken. Doch ich wusste, sie hatte große Angst, ihr neu gefundenes Verständnis wieder zu verlieren und erneut in die Dramatik der Situation verwickelt zu werden.

Offensichtlich verlief das Wiedersehen mit Jeff dann zufriedenstellend. Jill bat ihn, sie nicht sofort darüber zu befragen, was mit ihr während ihrer Reise geschehen sei. Außerdem erbat sie sich während der nächsten Tage etwas Distanz, um sich einzufinden. Sie stellte jedoch sofort einen Unterschied bei Jeff fest. Er war aufmerksam, freundlich und einfühlsam – eher wie der Jeff, den sie aus der Zeit vor der traurigen Episode kannte.

Während der nächsten Tage sagte Jill Jeff, sie mache ihn nicht mehr länger für irgendetwas verantwortlich. Ebenso wenig wolle sie, dass er sich in irgendeiner Weise ändere. Sie habe herausgefunden, dass sie selbst für ihre Gefühle verantwortlich sei. Sie werde mit allem, was geschehe, auf ihre eigene Weise fertig werden, ohne ihm Vorwürfe zu machen. Sie ging nicht näher ins

Detail und versuchte auch nicht, sich für irgendetwas zu rechtfertigen.

Die Dinge liefen für einige Tage gut, und Jeffs Verhalten gegenüber seiner Tochter Lorraine änderte sich dramatisch. Tatsächlich schien in Hinblick auf ihre Beziehung alles wieder so zu werden wie früher. Doch die Atmosphäre zwischen Jeff und Jill war nach wie vor gespannt, und ihre Kommunikation blieb sehr eingeschränkt.

Etwa zwei Wochen später spitzte sich die Situation zu. Jill schaute Jeff an und sagte leise: „Ich habe das Gefühl, ich habe meinen besten Freund verloren."

„Ich auch", erwiderte er.

Zum ersten Mal seit Monaten verstanden sich die beiden. Sie umarmten einander und weinten. „Lass uns reden", sagte Jill.

„Ich muss dir sagen, was ich mit Colin in Amerika gelernt habe. Es mag sich für dich vielleicht zuerst etwas seltsam anhören, aber ich möchte es dir erzählen. Du musst es mir nicht glauben. Willst du es hören?"

„Auf jeden Fall", erwiderte Jeff. „Ich weiß, dass da etwas Wichtiges mit dir passiert ist. Ich möchte wissen, was! Du hast dich sehr zu deinem Vorteil verändert. Du bist nicht mehr derselbe Mensch, der damals mit John ins Flugzeug stieg. Erzähle mir, was geschehen ist."

Jill redete und redete. Sie erklärte die Dynamik der Radikalen Vergebung, so gut sie konnte – und so, dass Jeff sie verstand. Sie fühlte sich stark und aktiv. Sie war ihrer selbst sicher und zuversichtlich, dass sie alles richtig begriffen hatte. Sie war klar in dem, was sie darüber dachte.

Jeff, ein Praktiker, der allem, was nicht rational erklärbar ist, skeptisch begegnet, sträubte sich dieses Mal nicht. Im Gegenteil, er war sehr zugänglich. Er zeigte sich sehr offen für die Vorstellung, dass sich hinter der alltäglichen Realität noch eine spirituelle Welt befindet. Auf dieser Basis erschien ihm das Konzept der Radikalen Vergebung einleuchtend. Er akzeptierte es zwar nicht vollständig, war aber bereit zuzuhören und es zu überdenken. Und zu sehen, wie dieses Konzept Jill verändert hatte.

Nach ihrem Gespräch spürten beide, wie ihre Liebe wieder erwachte. Sie hatten das Gefühl, ihre Beziehung habe eine neue Chance. Sie machten einander jedoch keine Versprechungen und kamen überein, miteinander zu reden und zu sehen, wie ihre Beziehung sich entwickeln werde.

Tatsächlich entwickelte sich ihre Beziehung sehr gut. Jeff behandelte seine Tochter Lorraine noch immer sehr fürsorglich, aber nicht so sehr wie vorher. Jill merkte, dass sie sich kaum noch etwas daraus machte – selbst wenn Jeff sich so benahm wie früher. Sie fühlte sich nicht mehr wie ein Kind, und sie ließ sich nicht mehr von ihrem alten Glauben über sich selbst leiten.

Innerhalb eines Monats nach ihrem Gespräch über Radikale Vergebung endeten Jeffs alte Verhaltensmuster Lorraine gegenüber. Lorraine wiederum rief nicht mehr so häufig an und kam nicht mehr so oft zu Besuch. Sie führte wieder ihr eigenes Leben. Alles renkte sich allmählich wieder ein, und ihre Beziehung wurde sicherer und liebevoller als je zuvor. Jeff war der zuvorkommende und einfühlsame Mann, der er von Natur aus ist. Jill war weniger bedürftig, und Lorraine war viel glücklicher.

Im Nachhinein bin ich sicher: Jill und Jeff hätten sich scheiden lassen, wenn Jills Seele sie nicht nach Atlanta geführt hätte, um unser Gespräch zu ermöglichen. In einem großen Zusammenhang wäre dies sicherlich auch in Ordnung gewesen. Jill wäre jemand anderem begegnet, mit dem sie das Drama ihres Lebens inszeniert und eine weitere Gelegenheit zur Heilung gefunden hätte. So hat sie die Chance zu heilen wahrgenommen und ist in ihrer Beziehung geblieben.

Heute, viele Jahre nach dieser Krise, sind die beiden noch immer zusammen und führen eine glückliche Ehe. Wie wir alle inszenieren auch die beiden weiterhin dramatische Situationen. Doch sie wissen, wie sie diese als Gelegenheit zur Gesundung nutzen und so schnell und leicht wie möglich auflösen können.

PS: Das Diagramm auf der folgenden Seite zeigt Jills Geschichte in grafischer Form. Sie fand diese Sichtweise sehr hilfreich. Das Diagramm zeigt die Entwicklung des ursprünglichen Schmerzes, sich vom Vater nicht geliebt zu fühlen, zur Überzeugung, nicht gut genug zu sein. Und zeigt weiterhin, wie diese Wahrnehmung sich in ihrem Leben niederschlug. Du kannst diese Darstellungstechnik auf deinen eigenen Lebensweg anwenden, falls du Parallelen oder Ähnlichkeiten erkennst.

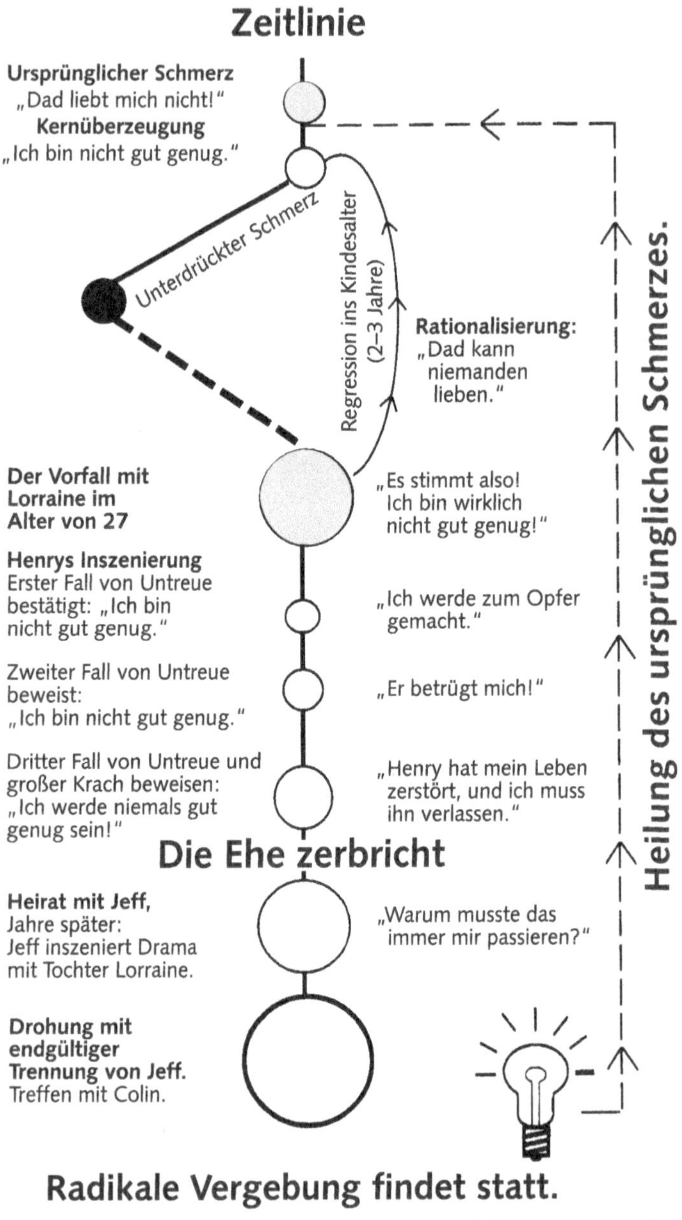

Abb. 1: Jills heilende Reise

Teil II

Gespräche über Radikale Vergebung

2: GRUNDANNAHMEN

Alle Theorien basieren auf gewissen Grundannahmen. Deshalb ist es entscheidend, die spirituellen Grundlagen der Theorie und Praxis der Radikalen Vergebung zu kennen und zu verstehen.

Bevor wir jedoch diese Grundannahmen näher betrachten, ein wichtiger Hinweis: Selbst weit verbreitete und allgemein akzeptierte Theorien beruhen auf Grundannahmen, für die wenig eindeutige Beweise vorliegen. Wusstest du beispielsweise, dass es für die Darwin'sche Evolutionstheorie nicht die Spur eines Beweises gibt? Diese Theorie zählt historisch gesehen sicherlich zu den einflussreichsten überhaupt. Sie ist eine zentrale Grundannahme der heutigen Biologie und bildet die Basis eines Großteils der wissenschaftlich anerkannten *Wahrheit*. Die Tatsache, dass es keinen Beweis für diese Grundannahme gibt, bedeutet noch lange nicht, dass die Theorie falsch oder nutzlos wäre.

Wir können dasselbe über jene Grundannahmen sagen, die sich – durch die Jahrhunderte – über das Göttliche, die menschliche Natur und die spirituellen Ebenen herausbildeten. Obwohl es nur wenige direkte Beweise für sie gibt, werden solche Annahmen als *allgemeingültige Wahrheiten oder Prinzipien* überliefert und bilden die Basis vieler großer spiritueller Traditionen auf der ganzen Welt. Ganz sicher sind sie auch die Grundlage für Radikale Vergebung.

Im folgenden Kapitel findest du einen kurzen Überblick über die Grundannahmen der Radikalen Vergebung. Dieser Überblick sollte reichen, um die Zusammenhänge der nachfolgenden Kapitel zu verstehen. Auf jede dieser Grundannahmen wird später an anderer Stelle im Buch ausführlicher eingegangen.

Grundannahmen:

Entgegen der allgemeinen Auffassung westlicher Religionen sind wir keine Menschen, die gelegentlich spirituelle Erfahrungen haben, sondern wir sind *spirituelle Wesen, die eine menschliche Erfahrung machen* – ein wichtiger und *radikaler* Unterschied.

Wir haben einen sterblichen Körper. Aber wir haben eine unsterbliche Seele, die den Tod überwindet.

Unser Körper und unsere Sinne machen uns vor, wir seien getrennte Individuen. Doch in Wirklichkeit sind wir alle *eins*. Jeder von uns schwingt als Teil eines Ganzen.

Wir leben und schwingen gleichzeitig in zwei Welten:

1. Der Welt der göttlichen Wahrheit.
2. Der Welt des Menschlichen.

Wir haben uns entschieden, die Energie der menschlichen Welt in ihrer ganzen Fülle zu erleben, um die Wunden unserer Seele zu heilen – insbesondere jene Wunde, die durch die Vorstellung, vom Göttlichen getrennt zu sein, entstand.

Als unsere Seele noch mit dem Göttlichen vereint war, spielten wir mit dem Gedanken einer möglichen Trennung. Wir waren so von diesem Gedanken fasziniert, dass er sich zu einer Illusion entwickelte, die wir nun leben. Es ist eine Illusion; in Wirklichkeit fand keine Trennung statt. Wir nehmen dies nur an. Die Heilung von dieser Illusion – vom Glauben, wir seien vom Göttlichen getrennt – ist der Grund unseres Daseins. Deshalb sind wir hier.

Mithilfe von Unterdrückung und Projektion schützt uns unser Ego vor der überwältigenden Schuld und der Angst vor Gottes Zorn; vor Gefühlen, die wir empfanden, als wir uns die Trennung vorstellten (siehe Kapitel 7).

Als wir uns entschieden, das Experiment einer physischen Inkarnation (unsere Art der Trennung) einzugehen, gab uns das

Göttliche vollkommen *freien Willen*. So können wir dieses Experiment auf jede beliebige Weise leben und uns selbst auf dem Weg nach Hause finden.

Die Mission unseres physischen Lebens besteht darin, ein bestimmtes Energiemuster in seiner ganzen Fülle zu erleben, sodass wir die für dieses Muster typischen Gefühle spüren und dann diese Energie durch Liebe transformieren (siehe Kapitel 11).

Das Leben ist kein Zufallsereignis. Es hat ein Ziel und einen Sinn; es bietet die Grundlage für die Entfaltung eines göttlichen Plans. Dieser Plan beinhaltet, dass wir in jedem Augenblick unseres Lebens die Wahl haben und uns für oder gegen etwas entscheiden können.

Wir erzeugen unsere Realität durch das Gesetz von Ursache und Wirkung. Gedanken sind Ursachen; sie zeigen sich in unserer Welt als physische Wirkungen. Die Realität entsteht durch das Spiel des Bewusstseins. Unsere Welt spiegelt das Bild unserer Überzeugungen (siehe Kapitel 9).

Wir bekommen im Leben genau das, was wir wollen. Unser Urteil über das, was wir bekommen, bestimmt, wie wir unser Leben empfinden: ob als schmerzhaft oder erfreulich.

Wir wachsen in unseren Beziehungen. Sie heilen uns und machen uns wieder ganz. Wir brauchen andere Menschen, die uns unsere Missverständnisse und Projektionen aufzeigen. Andere Menschen helfen uns, Unterdrücktes bewusst zu machen und so zu heilen.

Durch das Gesetz der Resonanz ziehen wir jene Menschen an, die mit unseren Problemen harmonieren. So wird Heilung ermöglicht. Wenn unser Problem beispielsweise „Verlassenwerden" ist, begegnen wir Menschen, die uns verlassen. In dieser Hinsicht sind sie unsere Lehrer (siehe Kapitel 8).

Die physische Realität ist eine durch unsere fünf Sinne erzeugte Illusion. Materie besteht aus zusammenhängenden Energiefeldern, die auf verschiedenen Frequenzen schwingen (siehe Kapitel 13).

3: GETRENNTE WELTEN

Was können wir aus Jills Geschichte lernen? Vielleicht, dass die Dinge nicht immer so sind, wie sie scheinen. Was uns als grausames und hässliches Verhalten erscheint, ist möglicherweise genau das, was wir brauchen und selbst hervorgerufen haben. Situationen, die uns wie das Schlimmste vorkommen, das uns überhaupt passieren kann, bergen möglicherweise Gutes: den Schlüssel zur Heilung von tief in uns Verborgenem, das uns von innerem Wachstum und Glück abhält. Die Menschen, die uns als die schwierigsten und unsympathischsten Zeitgenossen erscheinen, können so unsere wichtigsten Lehrer sein.

Falls ich damit Recht habe, bedeutet dies: Was immer zu passieren scheint, ist nur selten das, was wirklich geschieht. Unter der Oberfläche des Geschehens gibt es in jedem Moment noch eine völlig andere Wirklichkeit – eine völlig andere Welt, zu der wir gewöhnlich keinen Zugang haben. Es sei denn, für einen gelegentlichen kurzen Einblick.

Jills Geschichte stellt dies auf wunderbare Weise unter Beweis. An der Oberfläche gab es das unschöne Drama ihrer Beziehung zu Jeff und seiner Tochter Lorraine. Es sah ganz so aus, als sei Jeff grausam und gefühllos. Es war leicht, in dieser Situation Jill als Opfer und Jeff als den Bösewicht zu identifizieren. Dennoch gab es genügend Hinweise dafür, dass noch etwas anderes geschah: etwas Liebevolleres. Und dieses Geschehen wurde auf einer spirituellen Ebene inszeniert.

Im Lauf der Zeit wurde deutlich, dass Jills Seele eine Art Tanz mit Jeffs und Lorraines Seele vollführte, und dass das Drama sich ausschließlich zum Zweck ihrer Heilung entfaltete. Zudem war Jeff ganz und gar kein Schuft, sondern vielmehr ein Held. Aus dieser spirituellen Perspektive hatte er nichts falsch gemacht. Er hatte lediglich seinen Part in dem Drama gespielt, wie er von seiner Seele vorgegeben war – um auf dieser Ebene Jills Heilung zu unterstützen.

Wenn wir unseren Blick für diese Möglichkeit öffnen, werden wir uns mit dem Gedanken anfreunden: Es ist nichts Schlechtes passiert und es muss im Grunde nichts vergeben werden. Genau das ist die Definition von Radikaler Vergebung. Dies macht sie *radikal*.

Wenn wir Jill gebeten hätten, in dieser Situation herkömmliche Vergebung walten zu lassen, wären wir dieser „spirituellen" Möglichkeit nicht auf die Spur gekommen. Wir hätten die Beweise unserer fünf Sinne akzeptiert und verstandesmäßig folgende Schlussfolgerung gezogen: Jeff hat ihr Unrecht getan und sie schlecht behandelt; sie muss nun, um ihm zu vergeben, sein Verhalten akzeptieren und alles versuchen, um es „loszulassen" und „die Vergangenheit ruhen zu lassen".

Dies macht deutlich, dass herkömmliche Vergebung als gegeben hinnimmt, dass etwas Schlechtes passiert ist. Radikale Vergebung hingegen geht davon aus, dass *nichts* Schlechtes geschehen ist und es daher auch nichts zu vergeben gibt. Wir können es so formulieren:

> *Bei* ***herkömmlicher Vergebung*** *ist sowohl die Bereitschaft zu vergeben als auch ein Rest von Schuldzuweisung vorhanden. Das Opferdenken wird aufrechterhalten, und nichts* ändert *sich.*
>
> *Bei* ***Radikaler Vergebung*** *ist die Bereitschaft zu vergeben, jedoch* ***keine*** *Schuldzuweisung vorhanden. Daher wird das Opferdenken beendet, und alles wird anders.*

Opferdenken ist die Überzeugung, dass jemand dir etwas Schlimmes zugefügt hat und folglich für den mangelnden Frieden und das Unglück in deinem Leben verantwortlich ist.

Andere Welten – andere Perspektiven

Herkömmliche Vergebung sollte der Radikalen Vergebung gegenüber nicht als unterlegen betrachtet werden. Sie ist nur anders. Im Kontext eines gewissen Glaubenssystems, das seine Wurzeln in der materiellen Welt und im menschlichen Alltag hat, kann Vergebung nur auf herkömmliche Weise geschehen. Sie ist hier sehr wertvoll und hat durchaus ihre Berechtigung. Diese Art der Vergebung erfordert die höchsten menschlichen Tugenden: Mitgefühl, Großzügigkeit, Toleranz, Bescheidenheit und Freundlichkeit. Joan Borysenko nennt Vergebung die „Praxis des Mitgefühls".*

Radikale Vergebung unterscheidet sich von herkömmlicher Vergebung; sie ist in der metaphysischen Realität der spirituellen Welt verwurzelt, die ich die „Welt der göttlichen Wahrheit" nenne.

Dies macht den Unterschied zwischen Radikaler Vergebung und herkömmlicher Vergebung sehr deutlich, denn es bedeutet eine völlig neue Sicht auf die Dinge. Die Brille, durch die wir auf eine Situation blicken, wird bestimmen, ob wir herkömmliche oder Radikale Vergebung walten lassen. Beide liefern uns völlig unterschiedliche Perspektiven.

Doch wir sollten dabei nicht in die Falle tappen, in Entweder-oder-Kategorien zu denken. Beide Welten sind jederzeit wirksam. Als spirituelle Wesen, die eine menschliche Erfahrung machen, leben wir gleichsam mit jeweils einem Fuß in beiden Welten. Daher können wir Situationen entweder durch eine Brille oder

* **Guilt is the Teacher; Love is the Lesson** (Schuld ist der Lehrer, Liebe die Lektion), Warner Books 1990

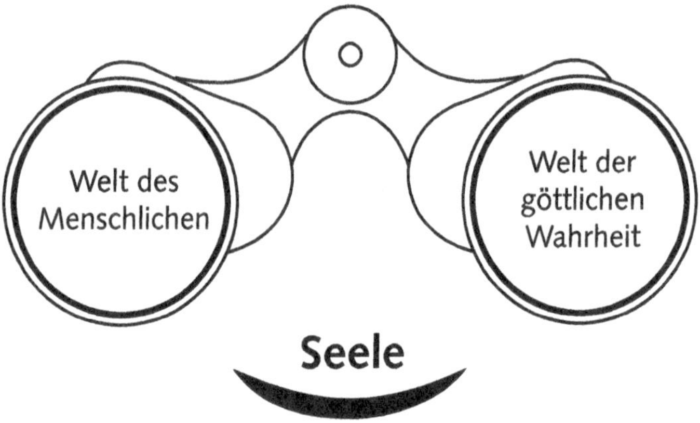

Abb. 2: Perspektiven auf zwei Welten

durch beide Brillen gleichzeitig betrachten. Wir sind zugleich in der Welt der Menschen verwurzelt und durch unsere Seele mit der Welt der göttlichen Wahrheit verbunden.

Die Bedeutung des Unterschiedes dieser beiden Welten kann nicht genug betont werden, und einige weitergehende Erläuterungen sind hier angebracht.

Die Welt des Menschlichen und die Welt der göttlichen Wahrheit stellen die extremen Enden einer Schwingungsskala dar. Wenn wir auf einer niedrigen Frequenz schwingen, wird unser Körper dichter, und wir existieren nur in der Welt des Menschlichen. Wenn wir auf einer höheren Ebene schwingen, wird unser Körper lichter, und wir existieren gleichzeitig auch in der Welt der göttlichen Wahrheit. Entsprechend unserer jeweiligen Schwingung bewegen wir uns auf der Schwingungsskala auf- und abwärts – in Richtung der einen oder der anderen Welt.

Die Welt des Menschlichen umfasst die Welt der objektiven Realität, wie wir sie *außerhalb unserer selbst* sehen. Sie ist die Welt der Formen: die Bühne, auf der wir unser tägliches Leben

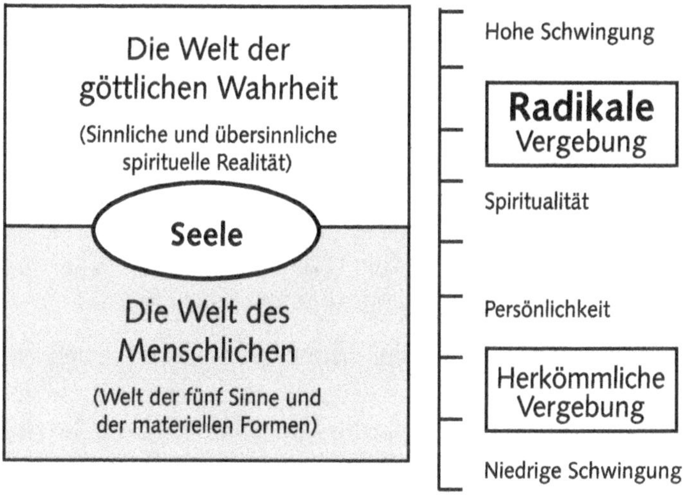

Abb. 3: Das existenzielle Spektrum des Seins

leben – die Realität, wie wir sie dank unserer fünf Sinne wahrnehmen. Sie umfasst die Energiemuster von Tod, Wandel, Angst, Beschränkung und Dualität. Diese Welt ist die Umwelt, in der wir als spirituelle Wesen die menschliche Erfahrung durchleben können. Wir haben einen physischen Körper und arbeiten mit einem bestimmten Energiemuster (transzendieren es möglicherweise); dieses Energiemuster ist mit der Menschenwelt assoziiert, in die wir „kamen", um daran zu arbeiten.

Die Welt der göttlichen Wahrheit hat keine materielle Form und birgt in sich bereits das Energiemuster des ewigen Lebens, der Unwandelbarkeit, des unendlichen Überflusses, der Liebe und der Einheit mit dem Göttlichen. Obwohl wir diese Welt nicht mit unseren Sinnen wahrnehmen und nur selten geistig erfassen können, erfahren wir genug von ihr, um zu wissen, dass sie real ist. Aktivitäten wie Gebet, Meditation oder Radikale Vergebung gewähren uns einen Zugang zur Welt der göttlichen Wahrheit. Denn sie erhöhen unsere Schwingung.

Diese *existenziellen Ebenen* unterscheiden sich nicht bezüglich Raum und Zeit, sondern ausschließlich in Bezug auf ihre Schwingungsebene. Aus der Quantenphysik ist bekannt, dass die Gesamtheit der Realität ausschließlich aus Energiemustern besteht, die durch Bewusstsein aufrechterhalten werden. Die Welt der Formen besteht daher aus dichten Energiekonzentrationen, die wir mit unseren physischen Sinnen wahrnehmen können. Auf der anderen Seite erfahren wir die Welt der göttlichen Wahrheit als inneres Wissen und als übersinnliche Wahrnehmungen.

Da diese beiden Welten innerhalb desselben Kontinuums existieren, leben wir nicht etwa gelegentlich in der einen und gelegentlich in der anderen. Wir leben gleichzeitig in beiden Welten. Welche der beiden wir jeweils wahrnehmen, hängt von unserem Bewusstsein ab. Natürlich sind wir als Menschen in erster Linie mit der Menschenwelt in Resonanz. Unsere Sinne ziehen uns in diese Welt und überzeugen uns von ihrer Realität. Obwohl einige Menschen weniger der Welt der „objektiven Realität" verbunden sind als andere, sind wir doch generell sehr fest in diesem Ende des Kontinuums verwurzelt. Und das hat durchaus seine Richtigkeit.

Unser Gewahrsein der Welt der göttlichen Wahrheit ist beschränkt, und das scheint „konstruktionsbedingt" zu sein. Unsere Seele tritt in diese Welt ein, um die Erfahrung als Mensch zu machen. Um Platz für unsere vollständige menschliche Erfahrung zu schaffen, muss unsere Erinnerung an die und unser Gewahrsein der Welt der göttlichen Wahrheit beschränkt sein. Wir wären nicht imstande, die Energien von Wandel, Furcht, Tod, Beschränkung und Dualität in ihrer ganzen Fülle anzunehmen, wüssten wir, dass sie Illusionen sind. Wären wir mit diesem Wissen inkarniert worden, hätten wir keine Chance zur Entwicklung. Keine Chance, diese Zustände zu überwinden und zu *merken*, dass sie in der Tat Illusionen sind. Sobald wir einen physischen Körper annehmen, ermöglicht nur das Vergessen dessen, wer wir sind, die Erinnerung daran, dass wir spirituelle Wesen sind, die durch physische Erfahrungen gehen.

Während einer Konferenz in Atlanta im Jahr 1990 hörte ich Gerald Jampolsky, einen bekannten Experten und Autor von „Ein Kurs in Wundern", wie er die wahre Geschichte eines Paares schilderte, das nach der Geburt seines zweiten Kindes aus der Klinik nach Hause zurückkehrt. Die Geschichte zeigt, dass wir eine innere Gewissheit über unsere Verbindung mit dem Göttlichen und unserer Seele haben. Und sie zeigt, wie schnell wir dies vergessen, wenn wir einen Körper angenommen haben. Das Paar wusste, wie wichtig es war, die dreijährige Tochter in die Feier der Geburt des neuen Kindes einzubeziehen. Doch beide waren beunruhigt, als die Tochter darauf bestand, mit dem Neugeborenen alleine zu sein. Um ihrem Wunsch nachzukommen, aber dennoch die Kontrolle zu behalten, schalteten sie das Babyfon ein. So konnten sie zumindest hören, was in dem Raum vor sich ging. Was sie dann hörten, erstaunte sie sehr. Das kleine Mädchen ging geradewegs zu dem Bettchen, schaute durch die Gitterstäbe auf das Neugeborene und sagte: „Baby, erzähl' mir von Gott, ich vergesse es allmählich."

Die Seele kennt gewöhnlich keine Beschränkungen. Wenn sie inkarniert, erzeugt sie jedoch eine Persönlichkeit, ein Ego. Dieses Ego trägt den jeweils für seine Heilungsreise nötigen Charakter; und es entscheidet sich dafür, die Verbindung zur Welt der göttlichen Wahrheit zu vergessen.

Trotz des Schleiers, den wir über unsere Erinnerung an unsere Einheit mit dem Göttlichen legen und der, wie wir gesehen haben, im Alter von drei Jahren bereits vollständig „blickdicht" sein kann, ist uns als Menschen die Verbindung zur Welt der göttlichen Wahrheit keineswegs verwehrt. Unsere Seele schwingt in einer Frequenz, die mit der Welt der göttlichen Wahrheit in Resonanz steht und uns mit ihr verbindet.

Wir können diese Verbindung mit Übungen wie Meditation, Gebet, Yoga, Atem, Tanz oder Gesang unterstützen. Dadurch erhöhen wir unsere Schwingungsrate bis zu jenem Punkt, an dem wir mit der Welt der göttlichen Wahrheit mitschwingen.

Es gibt Anzeichen dafür, dass auch dies sich schnell ändert. In jedem meiner Workshops stelle ich den Teilnehmern die Frage:

„Wer von Ihnen ist sich der Beschleunigung unserer spirituellen Evolution bewusst? Wer spürt, dass wir spirituell vor der Herausforderung stehen, immer schneller unsere Lektionen zu lernen, um uns auf tiefgreifende Veränderungen vorzubereiten?“ Fast immer gibt es einhellige Zustimmung. Mehr und mehr Menschen sprechen offen und frei über ihre innere „Führung“ und die Bereitschaft, ihr täglich immer mehr zu vertrauen. Der Schleier zwischen den beiden Welten wird spürbar dünner. Radikale Vergebung trägt zu dieser Entwicklung bei – sowohl auf der individuellen Ebene als auch auf der Ebene des kollektiven Bewusstseins.

Dennoch sind die beiden Arten von Vergebung buchstäblich meilenweit voneinander entfernt. Sie erfordern verschiedene Sichtweisen der Welt und des Lebens. Herkömmliche Vergebung zählt dabei sicherlich eher zum *weltlichen Leben*, während Radikale Vergebung nichts weniger als *ein spiritueller Pfad* ist.

Neben der Chance der Heilung und spirituellen Entwicklung bietet uns die Radikale Vergebung ein außerordentliches Potenzial zur Transformation des Bewusstseins, das die Möglichkeiten der herkömmlichen Vergebung bei weitem übersteigt.

Dennoch: Wir leben noch immer in der Menschenwelt und wir werden gelegentlich unser spirituelles Ideal verfehlen. Wenn wir etwa unter großen Schmerzen leiden, dürfte es uns beinahe unmöglich sein, die Haltung der Radikalen Vergebung einzunehmen. Wenn wir noch unter dem Eindruck einer Misshandlung durch andere stehen – wie beispielsweise nach einer Vergewaltigung – kann man kaum von uns erwarten, dass wir dieses Erlebnis als etwas akzeptieren, das wir wollten und das Bestandteil der Entfaltung eines göttlichen Plans ist. Wir werden nicht die Offenheit besitzen, uns mit solchen Gedanken anzufreunden. Dies kann nur in Momenten der Stille geschehen – nicht in der Hitze des Gefechts, im Sog von Gefühlen wie Zorn und frischen, tiefen Verletzungen.

Doch auf der anderen Seite müssen wir uns ständig daran erinnern: das, was wir in unserem Leben inszenieren, ist das spirituelle Ideal; die Lebensumstände, die wir erzeugen, helfen uns, innerlich zu wachsen und zu lernen. Die Lektionen, die wir lernen müssen, sind im Geschehen enthalten – die einzige Möglichkeit, aus der Erfahrung zu lernen, besteht darin, *durch sie hindurchzugehen*.

Wir haben kaum Einfluss darauf, ob wir unsere Erfahrungen erleben oder nicht (der göttliche Geist entscheidet dies für uns). Wir können aber darüber entscheiden, wie lange wir in der Opferrolle verharren wollen. Wenn wir unser Opferdasein schnell beenden wollen, ist es gut zu wissen, dass es eine Methode dafür gibt. Herkömmliche Vergebung hat in dieser Hinsicht wenig zu bieten.

Zusammenfassung:

- **Herkömmliche Vergebung** ist fest in der Welt des Menschlichen verwurzelt. Ebenso wie es in der Welt des Menschlichen die Dualität gibt, polarisiert und beurteilt herkömmliche Vergebung alles entweder als gut oder schlecht. ***Radikale Vergebung nimmt den Standpunkt ein, dass es kein Gut/Schlecht, Falsch/Richtig gibt. Nur unser Denken macht es dazu.***

- **Herkömmliche Vergebung** beginnt immer mit der Annahme, dass etwas Falsches passiert ist und dass jemand einem anderen etwas „angetan" hat. Der Opfer-Archetyp bleibt wirksam. ***Radikale Vergebung beginnt mit der Annahme, dass nichts Falsches geschehen ist und dass es keine Opfer gibt.***

- **Herkömmliche Vergebung** ist wirksam, weil sie an die höchsten menschlichen Tugenden appelliert: Mitgefühl, Toleranz, Freundlichkeit, Großzügigkeit und Bescheidenheit. Diese Eigenschaften weisen auf Vergebung hin und bergen heilsames Potenzial. Sie bewirken jedoch – allein für sich – noch keine Vergebung. ***Radikale Vergebung ist in dieser Hinsicht nicht anders, da sie, um wirken zu können, an dieselben Tugenden appelliert.***

- **Herkömmliche Vergebung** hängt vollkommen von unserer eigenen Fähigkeit des Mitgefühls ab. Deshalb unterliegt sie einer Beschränkung. Gleichgültig, wie viel Mitgefühl wir für jemanden wie Adolf Hitler aufbringen und wie viel Verständnis für die Schmerzen seiner Kindheit; wir werden ihm niemals (mittels herkömmlicher Vergebung) den Massenmord an sechs Millionen Juden vergeben können. ***Radikale Vergebung unterliegt keinerlei Einschränkungen und ist vollkommen bedingungslos. Wenn Radikale Vergebung Hitler nicht vergeben kann, kann sie niemandem vergeben. Wie bedingungslose Liebe – ist sie alles oder nichts.***

- **Bei herkömmlicher Vergebung** haben Ego und Persönlichkeit das Sagen. Das Problem erscheint daher immer „außerhalb“: bei einem anderen. ***Bei Radikaler Vergebung zeigt der Finger in die andere Richtung – das Problem liegt „innerhalb“, bei mir selbst.***
- **Herkömmliche Vergebung** glaubt an die Wirklichkeit der materiellen Welt und baut auf das, was „passiert“. Sie versucht, die Dinge zu „lösen“ und dadurch die Situation zu beherrschen. ***Radikale Vergebung erkennt die Illusion; sie sieht, dass das Geschehen nur eine Geschichte ist, und reagiert mit Hingabe an die Vollkommenheit der Situation.***
- **Herkömmliche Vergebung** ignoriert die Möglichkeit einer spirituellen Mission; sie glaubt an den Tod und hat Angst vor ihm. ***Radikale Vergebung betrachtet den Tod als eine Illusion und nimmt den Standpunkt ein, dass das Leben ewig ist.***
- **Für herkömmliche Vergebung** ist das Leben ein Problem, das gelöst werden muss, und Strafe gilt als unbedingt zu vermeiden. Herkömmliche Vergebung erfährt das Leben als zufällige, beliebige Aneinanderreihung von Umständen. ***Radikale Vergebung betrachtet das Leben als von Sinn erfüllt und von Liebe motiviert.***
- **Herkömmliche Vergebung** akzeptiert die angeborene Unvollkommenheit des Menschen, nicht aber die „Vollkommenheit in der Unvollkommenheit“. Sie kann dieses Paradoxon nicht lösen. ***Radikale Vergebung ist ein Beispiel für dieses Paradoxon.***
- **Herkömmliche Vergebung** kann ebenso wie Radikale Vergebung eine sehr hohe Schwingung haben, wenn sie auf einigen der höchsten menschlichen Tugenden wie Freundlichkeit, Bescheidenheit, Mitgefühl, Geduld und Toleranz beruht. Das Tor, durch das wir unsere Reise in eine höhere Schwingung antreten, um mit der Welt der göttlichen Wahrheit in Verbindung zu kommen und **Radikale Vergebung** zu erfahren, ist ein offenes Herz.

- **Herkömmliche Vergebung** akzeptiert auf einer sehr hohen Schwingungsebene die tiefe spirituelle Einsicht, dass wir *alle* unvollkommen sind und Unvollkommenheit in der Natur des Menschen liegt. Wenn wir aus dieser Perspektive auf einen Missetäter schauen, können wir in aller Bescheidenheit, mit Toleranz und Mitgefühl sagen: „Dies könnte genauso gut auch ich sein." Wir sind uns dessen bewusst, dass wir durchaus fähig wären, dasselbe zu tun. Wenn wir mit unserer dunklen Seite vertraut sind, wissen wir, dass wir alle dazu fähig wären: andere zu verletzen, zu töten, zu vergewaltigen; Kinder zu misshandeln und sechs Millionen Menschen zu vernichten. Dank dieses Wissens sind wir bescheiden und haben Mitgefühl – nicht nur mit dem Missetäter, sondern auch mit uns selbst. Denn in ihm erkennen wir unsere eigene Unvollkommenheit, unsere eigene dunkle Seite. Dieses Erkennen hilft uns, das, was wir auf den anderen projiziert haben, zurückzunehmen – der erste Schritt zur Radikalen Vergebung. ***Radikale Vergebung betrachtet ebenfalls die dem Menschen eigene Unvollkommenheit liebevoll, doch sie sieht auch die Vollkommenheit in der Unvollkommenheit.***
- **Radikale Vergebung** ist sich bewusst, dass Vergebung nicht willentlich bewirkt oder gewährt werden kann. Wir müssen *bereit sein,* zu vergeben und die Situation einer höheren Macht zu überlassen. Jegliche Vergebung entsteht nicht aus bewusster Bemühung, sondern aus der Offenheit, sie zu erfahren.

Herkömmliche Vergebung	Radikale Vergebung
Welt des Menschlichen *(Ego)*	Welt der göttlichen Wahrheit *(göttlicher Geist)*
Niedrige Schwingungsebene	Hohe Schwingungsebene
Etwas Falsches ist passiert	Nichts Falsches ist passiert
Basiert auf Urteil	Frei von Urteilen und Beschuldigungen
Vergangenheitsorientiert	Gegenwartsorientiert
Muss alles erklären	Gibt sich dem Geschehen hin
Opferbewusstsein	Bewusstsein der Gnade
Beurteilt menschliche Unvollkommenheit	Nimmt menschliche Unvollkommenheiten an
Was geschehen ist, zählt *(wahr)*	Symbolische Bedeutung zählt *(Wahrheit)*
Nur physische Realität	Metaphysische Realitäten
Das Problem ist immer noch da „draußen"	Das Problem liegt in mir
Groll loslassen	Groll akzeptieren
Du und ich sind getrennt	Du und ich sind eins
Unglücke passieren	Es gibt keine Zufälle
Das Leben ist eine Aneinanderreihung zufälliger Ereignisse	Das Leben hat einen sinnvollen Ablauf
Persönlichkeit *(Ego)* hat die Kontrolle	Die Seele folgt einem göttlichen Plan
Die Wirklichkeit ist das, was passiert	Die Wirklichkeit ist das, was wir erzeugen
Der Tod ist eine Realität	Der Tod ist eine Illusion

Siehe Kapitel 15: „Glaubensgrundsätze"
für weitere Erläuterungen zu diesen Gegenüberstellungen.

Abb. 4: Unterschiede zwischen herkömmlicher und Radikaler Vergebung

Was Vergebung *nicht* ist

Wenn wir über Definitionen sprechen, sollten wir auch eindeutig klären, was Vergebung *nicht* ist. Vieles von dem, was als Vergebung bezeichnet wird, würde ich „Pseudo-Vergebung" nennen.

Pseudo-Vergebung mangelt es an Authentizität. Sie ist nicht mehr als ein nett verpacktes negatives Urteil – nicht mehr als eine versteckte Ablehnung, die sich als Vergebung *verkleidet*. Es gibt keine Bereitschaft zur Vergebung; das Opferdenken wird nicht verringert, sondern sogar noch gesteigert. Die Grenze zwischen Pseudo-Vergebung und herkömmlicher Vergebung ist jedoch nicht immer leicht auszumachen.

Beispiele für Pseudo-Vergebung

Die folgenden Beispiele sind in der Reihenfolge ihrer Klarheit aufgelistet: von offensichtlich verlogenen Beispielen bis zu Beispielen, die herkömmlicher Vergebung nahekommen.

- *Vergebung aus einem Gefühl der Verpflichtung* – Dies ist vollkommen unecht, obwohl es für viele Menschen ein Grund für Vergebung ist. Wir halten Vergebung für *richtig* oder sogar *spirituell*. Wir meinen, wir seien verpflichtet zu vergeben.
- *Vergebung aus dem Gefühl, im Recht zu sein* – Dies ist das Gegenteil von Vergebung. Wenn du jemandem vergibst, weil du meinst, du hättest letztlich doch Recht und der andere sei dumm – oder weil du ihn bemitleidest – dann bist du lediglich arrogant.
- *Vergebung gewähren oder Gnade walten lassen* – Dies ist pure Selbsttäuschung. Es liegt nicht in unserer Macht, irgendjemandem Vergebung zu gewähren. Wenn wir jemanden begnadigen, *spielen wir Gott*. Vergebung ist nicht bewusst kontrollierbar. Sie geschieht einfach, wenn wir bereit sind.

- *Vergebung vortäuschen* – Vorzugeben, wir seien nicht erbost über etwas, das uns in Wirklichkeit zutiefst wurmt, ist weniger eine Gelegenheit zu vergeben als vielmehr eine Gelegenheit, unseren Ärger zu unterdrücken. Dies ist eine Form von Selbsterniedrigung. Wir erlauben damit anderen, uns wie einen Fußabtreter zu behandeln. Solch ein Verhalten entstammt gewöhnlich der Angst, verlassen zu werden, oder dem Glauben, es sei nicht angebracht, Ärger zum Ausdruck zu bringen.
- *Vergeben und vergessen* – Dies erzeugt lediglich Leugnung. Vergebung ist niemals Auslöschen. Weise Menschen vergeben, *aber vergessen nicht*. Sie streben danach, das in der Situation enthaltene Geschenk zu würdigen und die gelernte Lektion nicht zu vergessen.
- *Entschuldigungen* – Wenn wir vergeben, verbinden wir dies häufig mit Erklärungen oder Entschuldigungen für die Person, der wir vergeben. So könnten wir beispielsweise über unsere Eltern sagen: „Mein Vater hat mich misshandelt, weil er selbst von seinen Eltern misshandelt wurde. Er hat sein Bestes getan." Vergebung lässt die Vergangenheit los und beruht auf der Weigerung, sich von ihr beherrschen zu lassen. Wenn eine Erklärung das Loslassen erleichtert, ist sie vielleicht hilfreich. Obwohl eine Erklärung nicht den Gedanken verschwinden lässt, dass etwas Schlechtes passiert sei. Daher kann sie bestenfalls zu herkömmlicher Vergebung beitragen. Außerdem beinhalten Erklärungen häufig ein gewisses Maß von Selbstgerechtigkeit, hinter der verdrängter Ärger steht. Auf der anderen Seite können Einfühlsamkeit und Verständnis für die Taten anderer uns mit unserer eigenen Unvollkommenheit in Kontakt bringen und uns so jenes Mitgefühl ermöglichen, das zu einer höheren Form von herkömmlicher Vergebung führt. Diese besitzt jedoch nicht die Qualität Radikaler Vergebung.

- *Der Person vergeben, jedoch das Verhalten nicht akzeptieren* – Dieser weitgehend intellektuelle Ansatz ist nur maskierte Vergebung, urteilend und selbstgerecht. Er birgt außerdem praktische und semantische Probleme: Wie trennt man die Person des Mörders von der Handlung des Mordes?

Der letzte Punkt leitet hinüber zum Gegenstand des folgenden Kapitels – zum Themenkomplex Zuverlässigkeit und Verantwortung.

4: VERANTWORTLICHKEIT

Es muss deutlich darauf hingewiesen werden: Radikale Vergebung entbindet uns nicht von unserer Verantwortung in dieser Welt. Wir sind spirituelle Wesen, die eine menschliche Erfahrung in einer Welt machen, die durch Naturgesetze und durch von Menschen gemachte Gesetze regiert wird. Als solche sind wir für all unsere Taten verantwortlich. Dies ist integraler, unumgänglicher Bestandteil der menschlichen Erfahrung.

Wenn wir Umstände herbeiführen, die andere Menschen verletzen, müssen wir in der Welt des Menschlichen akzeptieren, dass solches Handeln Konsequenzen hat. Aus der Perspektive der Radikalen Vergebung würden wir sagen, dass alle an der Situation Beteiligten das bekommen, was sie brauchen. Doch ist es ebenso zutreffend, dass die Konsequenzen – ins Gefängnis zu kommen, Strafe zu bezahlen, beschämt und verurteilt zu werden – ebenso Bestandteil der Lektion und im spirituellen Kontext ebenfalls vollkommen sind.

Ich werde häufig Folgendes gefragt: Würde ein vergebender Mensch in einer Situation, in der ihm jemand Schaden zugefügt hat und in der man normalerweise vor Gericht geht, dies tun? Die Antwort lautet: „Ja." Wir leben in der Welt des Menschlichen, die innerhalb des Rahmens des Gesetzes von Ursache und Wirkung funktioniert. Dies bedeutet, es gibt für jede Aktion eine entsprechend gleichwertige Reaktion. Wir lernen daher schon frühzeitig, dass unsere Handlungen Folgen haben. Wären wir niemals für von uns angerichteten Schaden verantwortlich gemacht worden, wäre Vergebung bedeutungslos und wertlos.

Ohne Verantwortlichkeit scheint es völlig gleichgültig, was wir tun, und niemand würde sich darum scheren. Ein solches Handeln und eine solche Einstellung sind völlig ohne Mitgefühl. Kinder beispielsweise deuten eine gerechte elterliche Disziplinierung als Anteilnahme und Liebe. Auf der anderen Seite deuten sie es als Achtlosigkeit, wenn ihre Eltern ihnen völlig freie Wahl lassen. Kinder wissen.

Das Maß, in dem wir auf die Handlungen anderer mit selbstgerechter Entrüstung, Beschwerde, Rachegelüsten und Ablehnung reagieren statt mit dem echten Bedürfnis nach Fairness, Freizügigkeit und Respekt, bestimmt unsere Ebene der Vergebung. Selbstgerechtigkeit und Rache senken unsere energetische Schwingung. Auf der anderen Seite erhöhen das Einsetzen für Prinzipien und das integre Handeln unsere Schwingung. Je höher die Schwingung ist, desto näher sind wir der göttlichen Wahrheit, und desto eher sind wir imstande, radikal zu vergeben.

Kürzlich hörte ich den Bestsellerautor Alan Cohen eine Geschichte erzählen, die dies gut verdeutlicht. Einer seiner Freunde wurde in Umstände verwickelt, in deren Folge ein Mädchen ums Leben kam. Für ihren Tod kam er für viele Jahre ins Gefängnis. Er akzeptierte die Verantwortung für das Geschehen und wurde ein in jeder Beziehung vorbildlicher Gefängnisinsasse. Der Vater des Mädchens – ein reicher und einflussreicher Mann mit Freunden in hohen Ämtern – schwor jedoch, dafür zu sorgen, dass dieser Mann so lange wie möglich hinter Gittern blieb. Jedes Mal, wenn die Zeit kam, dass er auf Bewährung hätte entlassen werden können, brachte der Vater des Mädchens viel Zeit und Geld auf und ließ jede mögliche politische Beziehung spielen, um eine Entlassung auf Bewährung zu verhindern. Cohen fragte seinen Freund daraufhin, wie er darüber denke, dass dieser Mann alles daran setzte, ihn im Gefängnis zu halten. Sein Freund erwiderte: Er vergebe dem Vater des Mädchens jeden Tag seines Lebens aufs Neue und bete für ihn.

Denn er habe erkannt, dass in Wirklichkeit dieser im Gefängnis sei und nicht er selbst.

Der Vater des Mädchens war nicht in der Lage, seinen Zorn, seine Trauer und seinen Verlust zu überwinden, und ließ sich von seinem Bedürfnis nach Rache beherrschen. Er konnte dem Gefängnis seines Opferdenkens nicht entkommen. Selbst herkömmliche Vergebung überstieg seine Fähigkeiten. Cohens Freund jedoch weigerte sich, weiterhin Opfer zu sein, und sah Liebe als seine einzige Möglichkeit. Er erhöhte seine Schwingung und war imstande, Radikale Vergebung zu üben.

Um jemandem zu vergeben, müssen wir ihn nicht unbedingt auch mögen. Selbst wenn wir mit jemandem eine Auseinandersetzung vor Gericht führen und ihn für sein Tun verantwortlich machen, können wir Radikale Vergebung üben. Mit anderen Worten: Wir übergeben die Angelegenheit einer höheren Macht. Wir können erkennen, dass göttliche Liebe in jeder Situation wirksam ist und dafür sorgt, dass jeder in seinem Leben genau das bekommt, was er braucht. Wir erkennen, dass irgendwo in dieser Situation Vollkommenheit zu finden ist, selbst wenn sie nicht auf den ersten Blick sichtbar wird.

Ich selbst hatte Gelegenheit, dies zu erfahren: Nach Beenden des Buches *Radikale Vergebung* suchte ich nach jemandem, der mir half, es zu vermarkten. Ein Freund empfahl mir eine Frau. Meine Frau JoAnn und ich suchten sie auf; sie schien in Ordnung zu sein, und ich hatte keinen Grund, an ihren Fähigkeiten oder ihrer Integrität zu zweifeln. Wie das Schicksal so spielt, war jedoch der letzte Termin, um in das Verzeichnis lieferbarer Bücher in den USA eingetragen zu werden, der nächste Tag. Sonst hätten wir ein Jahr warten müssen, um in dieses Verzeichnis – die Grundlage für alle Buchhändlerbestellungen – aufgenommen zu werden. Dies bedeutete, ich musste den Vertrag mit der Frau nun schnell unterzeichnen und ihr 4.000 Dollar überweisen, die sie im Voraus neben dem Anteil von 15 Prozent an den Verkaufserlösen für ihre Dienste verlangte. Wir hatten zu dem Zeitpunkt nicht die 4.000 Dollar, aber JoAnn trieb irgendwie 2.900 Dollar auf. Den Rest wollten wir in monatlichen Raten bezahlen. Also unterschrieben wir. Obwohl das Ganze etwas hektisch verlief, war ich froh, ihr diesen Teil des Projektes übergeben zu können.

Die Monate vergingen. Und lange, nachdem mein Buch auf den Markt gekommen war, merkte ich, dass ich noch immer vieles von dem, was ich dachte, an sie weitergegeben zu haben, selbst erledigen musste. Ich organisierte meine eigenen Autogrammstunden, versandte Bücher für Buchbesprechungen und so weiter. Ich sah keinerlei Ergebnisse ihrer Arbeit. Ich beobachtete das Ganze noch eine Weile, bis ich sie schließlich zur Rede stellte. Es stellte sich heraus, dass sie fast überhaupt nichts getan hatte. Natürlich leugnete sie und verteidigte sich. Doch als ich Briefe oder irgendwelche Beweise für ihre Aktivitäten sehen wollte, hatte sie nichts vorzuweisen. Ich kündigte den Vertrag wegen Nichteinhaltung und verlangte mein Geld zurück. Natürlich weigerte sie sich. Also setzte ich ein Mahnverfahren in Gang, um mein Geld zurückzubekommen.

Wie du dir vorstellen kannst, war ich ziemlich wütend. Ich war dort angelangt, wo jedes vermeintliche Opfer ist: im „Opferland". Und ich war mir dessen völlig unbewusst. Ich war in meiner Opfergeschichte und nutzte jede Gelegenheit, um sie allen, die es hören wollten, zu erzählen. Soweit ich sehen konnte, hatte sie mir mein Geld gestohlen, und ich musste sie zur Rechenschaft ziehen. Ich steckte fest und blieb es mehrere Wochen lang. Und ich dachte, die Vergebung in Person zu sein!

Glücklicherweise besuchte mich eines Tages eine Freundin zum Dinner, die vor vielen Jahren zu einem meiner ersten Workshops gekommen war. Als ich ihr meine Geschichte erzählte, war ihre Reaktion: „Hast du schon ein Arbeitsblatt über die Angelegenheit ausgefüllt?" Natürlich hatte ich dies nicht getan. Es war das

Letzte, was ich hätte tun wollen. „Nein, ich habe kein Arbeitsblatt darüber ausgefüllt", erwiderte ich mit Wut im Bauch. „Meinst du nicht, dass es dir helfen könnte?", fragte Lucie. „Nein. Ich will kein verdammtes Arbeitsblatt ausfüllen!", schrie ich.

Dann mischte sich auch noch meine Frau JoAnn ein. „Es ist *dein* Arbeitsblatt. Du solltest das, was du predigst, auch selbst praktizieren." Das versetzte mir den letzten Stoß. Ich stampfte in mein Büro, um ein Arbeitsblatt zu holen. Aber ich war wütend, und ich wusste – ebenso wie sie – dass ich es nur unter Protest ausfüllen würde. Es war das Letzte, was ich in dieser Situation tun wollte, aber man ließ mich nicht in Ruhe damit. So füllte ich widerwillig und ohne wirkliche innere Beteiligung das Arbeitsblatt aus. Plötzlich, als ich etwa zur Hälfte damit durch war, las ich den Satz: „Ich befreie mich von dem Bedürfnis, jemanden zu beschuldigen und Recht haben zu wollen." Es traf mich wie ein Blitz. *Das Bedürfnis, Recht zu haben!* Plötzlich war mir klar, in welcher Beziehung ich Recht haben wollte. Ich war in dem Glauben, dass ich immer alles selbst machen müsse! Ich sah, dass diese Situation eine weitere Inszenierung dieses Glaubens war. All die verschiedenen Lebenslagen, in denen ich unbewusst dafür gesorgt hatte, dass ich enttäuscht werden würde, fielen mir wieder ein. Dann erkannte ich: Diese Frau half mir dabei, meine vergiftete Überzeugung zu erkennen, mich von ihr zu befreien und mich für eine größere Fülle zu öffnen.

Plötzlich war mein Ärger vollständig verflogen. Ich erkannte, dass ich mich selbst den Dingen, an die ich glaubte und die ich lehrte, verschlossen hatte. Und ich schämte mich sehr. Doch wenigstens war ich wieder bewusst. Ich konnte sehen, dass die Frau mein „heilender Engel" war, und ich konnte zulassen, dass meine Gefühle von Ärger und Widerwillen der tiefen Dankbarkeit und Liebe für sie Platz machten.

Dies war für mich nicht nur eine wundervolle Heilung, sondern auch eine intensive und demütige Lektion darin, wie leicht es ist, die spirituellen Gesetze zu vergessen, uns in das Drama unseres Ego zu verwickeln und dort gefangen zu bleiben. Es war eine beängstigende Demonstration der Macht meines Egos, mich von meiner eigenen Quelle und meiner Wahrheit zu trennen.

Außerdem war es ein deutlicher Hinweis: Wir brauchen spirituelle Freunde, die uns unterstützen, indem sie uns unsere Opfergeschichte nicht abnehmen und uns herausfordern.

Jetzt wirst du dich wahrscheinlich fragen, ob ich nun – nachdem ich erkannt hatte, dass die Frau mein heilender Engel war – das Gerichtsverfahren einstellte. Es war eine sehr schwere Entscheidung.

Mir wurde klar: Obwohl ich nun die Wahrheit aus der Perspektive der Welt der göttlichen Wahrheit sehen konnte, war die Situation gleichzeitig noch immer tief in der Welt des Menschlichen verwurzelt. Also bot ich der Frau zweimal an, sich außergerichtlich zu einigen. Beide Male lehnte sie ab.

Ich fuhr daher mit dem Gerichtsverfahren fort. In der Annahme, dass ihre Seele wohl die Erfahrung brauche; sonst hätte sie sicher eingelenkt, als ich ihr eine Einigung anbot. Doch ich ging mit offenem Herzen in das Verfahren, zuversichtlich, dass die richtige und vollkommene Lösung am Ende stehen werde. Das Gericht entschied zu meinen Gunsten und sprach mir einen Großteil der 4.000 Dollar zu. Letztlich bekam ich von dem Geld nichts, aber das spielte keine Rolle. Wichtig war, dass wir dem Prozess vertraut hatten und taten, was zu dem Zeitpunkt notwendig erschien.

In Wirklichkeit hätte es keine Rolle gespielt, wie auch immer ich mich entschieden hätte. Der göttliche Geist hätte es auf eine andere Weise geregelt, und alles wäre am Ende gut ausgegangen – wie es immer geschieht. Die Vorstellung, unsere Entscheidungen würden letztendlich den Lauf der Dinge beeinflussen, entsprießt lediglich unserem Ego. Es will uns das Gefühl geben, wir seien etwas Eigenständiges und Besonderes. Das Universum hat alles unter Kontrolle, ganz gleich, wie wir uns entscheiden. Doch wie wir unsere Entscheidungen treffen – ob aus Liebe oder Angst, Gier oder Großzügigkeit, falschem Stolz oder Bescheidenheit, Unaufrichtigkeit oder Integrität – spielt durchaus eine Rolle für uns persönlich. Denn jede von uns getroffene Entscheidung beeinflusst unsere Schwingung.

Eine andere Situation, zu der ich häufig um Rat gebeten werde: Was ist, wenn jemand herausfindet, dass ein Kind misshandelt wird? Eine Frage taucht hier immer wieder auf: Angenommen, das spirituelle Wachstum des Kindes wird durch diese Erfahrung gefördert, sollten wir dann überhaupt eingreifen? Schließlich würden wir dadurch dem Kind diese Förderung verweigern. Meine Antwort ist, dass wir als Menschen gemäß unserem gegenwärtigen Bewusstsein immer das – nach menschlichem Ermessen – „Richtige" tun müssen. Wir handeln also dementsprechend, obwohl wir wissen, dass es – nach spirituellem Ermessen – nichts „Falsches" gibt. Natürlich würden wir in einem solchen Fall eingreifen. Als Menschen können wir gar nicht anders. Doch unsere Intervention ist ebenfalls weder richtig noch falsch, denn der göttliche Geist regelt es in jedem Fall auf seine Weise.

Mein Gedanke dabei ist, dass der göttliche Geist es verhindern würde, wenn es wirklich im Interesse der Seele des Kindes wäre, dass niemand eingreift. Anders gesagt: Wenn ich nicht eingreifen sollte, würde der göttliche Geist dafür sorgen, dass ich erst gar nicht davon erfahre. Wenn der göttliche Geist andererseits dafür sorgt, dass mir diese Misshandlung zu Bewusstsein kommt, gehe ich davon aus, dass er kein Problem mit meinem Eingreifen hat. Am Ende ist es nicht einmal meine Entscheidung.

Wenn ich jedoch eingreife, dann tue ich dies frei von Urteilen und frei von dem Bedürfnis, jemanden zu beschuldigen. Ich tue es einfach – in dem Wissen, dass das Universum die Situation aus einem bestimmten Grund so gestaltet hat und dass irgendwo in ihr eine Vollkommenheit zu finden ist.

5: RADIKALE VERGEBUNG ALS THERAPIE

Nur wenig an Jills Geschichte ist wirklich ungewöhnlich. Tatsächlich könnte dies die Geschichte eines Jeden sein. Jedenfalls haben mir seit der Veröffentlichung der ersten Ausgabe dieses Buches im Jahr 1997 Tausende von Menschen geschrieben, mich angerufen oder mir gemailt. Sie identifizieren sich so sehr mit der Geschichte, dass sie das Gefühl haben, es sei ihre eigene. Für viele Leser stand diese ungewöhnliche Geschichte am Beginn ihres eigenen persönlichen Heilungsprozesses, ebenso wie dies für Jill der Fall war.

Da die Geschichte typisch ist für viele Beziehungsprobleme, zeigt sie sehr schön, wie Radikale Vergebung im Alltag angewandt werden kann. Radikale Vergebung ist eine fundamentale Alternative zu traditionellen Beratungs- und Therapieformen.

Radikale Vergebung unterscheidet sich jedoch von traditionellen Therapieformen. Sie geht davon aus, dass entgegen der gewöhnlichen Sicht der Dinge nichts Falsches geschehen ist und es daher nichts zu verändern gibt. Kann es dann eine Therapie sein? Eines der wesentlichen Prinzipien der Radikalen Vergebung besteht darin, *dass ausnahmslos alles, was uns zustößt, vom Göttlichen gewollt und sinnvoll ist und auf ein höheres Ziel hin geschieht.*

Zum Wesen jeder herkömmlichen Therapie gehört es jedoch, von einem Mangel auszugehen und auf Veränderungen hinzuarbeiten. Wenn wir einen Therapeuten aufsuchen, erwarten wir, dass er sich drei essenzielle Fragen stellt:

1. Was stimmt nicht an dieser Person oder dieser Situation?
2. Was hat dazu geführt, dass diese Person so wurde?
3. Wie kann ihr/sein Problem gelöst werden?

Da keine dieser Fragen auf Radikale Vergebung passt, wie kann es sich dann dabei um eine Therapieform handeln?

Erinnere dich daran, wie ich zu Beginn der Geschichte Jill darin zustimmte, dass sie tatsächlich ein Problem habe, Jeff die Hauptursache sei und die einzige Möglichkeit darin bestehe, nach einer Lösung zu suchen? Unser Gespräch verlief für eine ganze Weile auf dieser traditionellen Schiene. Erst als ich merkte, dass die Zeit dafür gekommen war, empfahl ich einen anderen Ansatz: Radikale Vergebung (RV).

An diesem Punkt musste ich ihr klar machen, dass sich unser Gespräch in eine völlig andere Richtung bewegen würde, auf völlig anderen Voraussetzungen beruhend. Vor allem stellte ich nun völlig andere Fragen. Diese Fragen lauteten folgendermaßen:

1. Was ist vollkommen an dem, was ihr passiert?
2. Worin zeigt sich diese Vollkommenheit?
3. Wie kann sie ihre Sicht so verändern, dass sie bereit ist, die Möglichkeit einer gewissen Vollkommenheit der Situation zu akzeptieren?

Ich kann dir versichern, dass Jill ursprünglich ihre Beziehung mit Jeff ebenso wie die Beziehung zu ihrem ersten Mann mit Sicherheit nicht für vollkommen hielt. Im Gegenteil, sie hatte das Gefühl, dass das, was geschehen war, *offensichtlich* falsch und schlecht war. Und kaum jemand hätte ihr widersprochen.

Der Heilungsprozess konnte jedoch, wie wir gesehen haben, für sie erst mit der Erkenntnis einsetzen, dass es in Wirklichkeit in sämtlichen Situationen kein Gut und Schlecht gegeben hatte, sie eindeutig nicht das Opfer von irgendjemandem und Jeff weit davon entfernt war, ihr Feind zu sein – sondern vielmehr ihr heilender Engel. Allmählich sah sie, wie ihr in jedem Moment die göttliche Führung half, frühere Fehlwahrnehmungen und daraus resultierende falsche Überzeugungen aufzulösen, die sie jahrelang von ihrem wahren Selbst abgehalten hatten. Jede Situation, einschließlich der mit Jeff, war auf dieser Basis ein Geschenk der göttlichen Gnade.

Dieser Prozess macht RV weniger zu einer Therapie als vielmehr zu einem Lernprozess. Der Therapeut oder „Coach", wie ich ihn lieber nenne, handelt nicht so sehr aus dem Bedürfnis heraus, jemanden in Ordnung zu bringen, sondern eher aus dem Wunsch, zu einer Erkenntnis beizutragen. Radikale Vergebung ist eine spirituelle Philosophie, die im Leben praktische Anwendung findet. Sie bietet eine spirituelle Perspektive, die man als Selbsthilfe für jedes Problem und jede Situation anwenden kann.

Der göttliche Plan ist nichts, das ein für alle Mal feststeht. An jedem Punkt der Entfaltung des eigenen Plans hat man die Wahl. Radikale Vergebung hilft uns, unsere Perspektive zu verschieben und neue Entscheidungen zu treffen, die auf unseren neuen Einsichten beruhen.

Jills Geschichte zeigt, wie schwierig es sein kann, diese neue Sichtweise anzunehmen. Trotz der deutlichen Hinweise erforderte es ein langwieriges Gespräch und die eingehende Verarbeitung der emotionalen Schmerzen, bis Jill sich für eine andere Deutung öffnen konnte. Besonders schwierig schien dies in Hinsicht auf die Untreue ihres früheren Mannes zu sein.

Stelle dir vor, wie schwer es sein muss, den Gedanken der Radikalen Vergebung beispielsweise einem Holocaust-Opfer oder dem Opfer einer Vergewaltigung oder körperlichen Misshandlung zu vermitteln. Ein Großteil der Vorbereitung für RV besteht daher in der Arbeit an der Bereitschaft, wenigstens die *Möglichkeit* sehen zu wollen, dass das Geschehene etwas Vollkommenes in sich hat. Selbst dann kann die Entwicklung einer solchen Offenheit je nach den Umständen sehr lange dauern. Außerdem erfordert sie zu Beginn fast immer eine umfassende Verarbeitung der Gefühle. Doch sie ist möglich. Ich kann dies sagen, weil ich mit eigenen Augen gesehen habe, wie Menschen mit furchtbaren Lebensgeschichten in sehr kurzer Zeit unglaubliche Veränderungen durchmachen konnten.

Doch manche Menschen kommen möglicherweise niemals an den Punkt, an dem sie sich für die neue Perspektive öffnen können. Sie können niemals ihr Gefühl überwinden, zum Opfer gemacht worden zu sein. Auf der anderen Seite haben all jene, die in der Lage sind – wenn auch nur für einen Moment – die Vollkommenheit in ihrer Situation zu sehen, die reale Möglichkeit, ihre Opferrolle zu überwinden und frei zu werden. Jill zählte zu diesen Menschen. Sie und Jeff blieben zusammen und sind bis heute glücklich verheiratet.

Darin liegt die Wirksamkeit dieser Arbeit. Denn das Loslassen der Opferrolle liefert, wie wir in den folgenden Kapiteln sehen werden, den Schlüssel zu Gesundheit, Leistungsfähigkeit und spiritueller Evolution. Seit undenklichen Zeiten sind wir der Opferrolle verfallen. Nun, im Wassermann-Zeitalter (die nächsten 2.000 Jahre spiritueller Evolution) müssen wir dem Ruf folgen, die Vergangenheit loszulassen, den Opfer-Archetyp aufzugeben und uns des Lebens, wie es sich in der Gegenwart entfaltet, bewusster zu werden.

Einige Voraussetzungen müssen dafür jedoch erfüllt sein. Als Erstes erfordert die Öffnung unserer Wahrnehmung, von der Radikale Vergebung letztlich abhängt, dass wir die Dinge aus spiritueller Perspektive sehen. Dies steht in keiner Beziehung zu irgendeiner Religion, schließt aber auch keine Religion aus. Jedoch setzt es den Glauben an eine höhere Macht oder eine höhere Intelligenz sowie die Vorstellung einer spirituellen Realität jenseits unserer materiellen Welt voraus. Ein streng atheistischer

Standpunkt könnte keine Radikale Vergebung zulassen, und RV könnte nicht funktionieren. Um Radikale Vergebung in unserem Leben zu realisieren, müssen wir uns mit dem Gedanken vertraut machen, dass wir uns in beiden Welten gleichzeitig bewegen können.

Weitere Voraussetzungen gibt es nicht. Radikale Vergebung kann auf eine Weise beschrieben werden, die alle Glaubensrichtungen respektiert. Niemand braucht sich in seiner Religion oder seinem Glauben bedroht zu fühlen. Die Radikale Vergebung setzt, um wirksam zu werden, keine besonderen mystischen oder esoterischen Ideen voraus. Unterdrückung, Ablehnung und Projektion sind sehr geläufige Begriffe aus der Psychologie. Daher können diese Mechanismen auf wissenschaftliche Weise vollständig erklärt werden.

Ich kann jedoch eines nicht genug betonen: eine Vermischung von traditioneller Therapie mit Radikaler Vergebung funktioniert nicht. Die Fragestellungen und Grundannahmen der beiden Therapieformen sind zu unterschiedlich. Jeder Therapeut, der Radikale Vergebung in sein Repertoire aufnehmen will, muss sich der Unterschiede beider Therapien bewusst sein und sie dem Klienten verdeutlichen können. Außerdem muss er immer bemüht sein, traditionelle Therapie und Radikale Vergebung auseinander zu halten.

Radikale Vergebungstherapie ist im Wesentlichen für Menschen gedacht, die zwar geistig völlig gesund sind, aber ein wenig Hilfe bei der Bewältigung täglicher Probleme brauchen. Für Personen jedoch mit tiefgreifenden Problemen, unverarbeiteten, schmerzvollen Störungen und komplexen Schutzmechanismen empfiehlt es sich, einen qualifizierten Psychotherapeuten aufzusuchen, der auch RV anwendet.

Die Technik der Radikalen Vergebung ist überraschend einfach und dennoch als seelische Therapie erstaunlich wirksam – für den Einzelnen, für Gruppen, für ethnische Gemeinschaften und für ganze Länder. Ich habe beispielsweise Workshops für jüdische und andere Bevölkerungsgruppen abgehalten, die unterdrückt und verfolgt wurden und den Schmerz ihrer ethnischen oder religiösen Zugehörigkeit in sich trugen. Diese Menschen erlebten erstaunliche Bewusstseinsveränderungen. Sie konnten ihren kollektiven Schmerz loslassen, und ich bin davon überzeugt, dass sie dadurch dazu beitrugen, auf das kollektive Bewusstsein ihrer Gruppe über Generationen rückwirkend heilend einzuwirken. Ich wende gegenwärtig diese Methode an, um die 200-jährige Geschichte heilen zu helfen, die begann, als die ersten britischen Strafgefangenen in Australien ankamen und mit der systematischen Ausrottung der australischen Ureinwohner begannen. Es gibt gegenwärtig in der weißen Bevölkerung Australiens ein großes Bedürfnis, sich zu entschuldigen, und bei den Aborigines ein großes Bedürfnis, zu verzeihen. Sodass beide Gruppen sich aufeinander zubewegen und sich gemeinsam zu einem Australien entwickeln können. In meinem Buch *Reconciliation Through Radical Forgiveness* (Versöhnung durch Radikale Vergebung), das nur in Australien erschien, vertrete ich die These, dass nur eine spirituelle Arbeit wie Radikale Vergebung zur Versöhnung führen kann, und stelle die Methoden vor, um dies Realität werden zu lassen. Ich habe vor, diese Methode auch an anderen Orten der Welt einzuführen, an denen es ethnische und rassische Reibungspunkte gibt.

Die Tipping-Methode* bietet eineAusbildung zum Tipping-Coach für professionelle Therapeuten sowie für interessierte Laien an, die anderen bei der Anwendung von Radikaler Vergebung in ihrem täglichen Leben helfen wollen. Auch im Geschäftsleben ist Radikale Vergebung anwendbar und hat sich als sehr hilfreiches Werkzeug bewährt. Etwa, um herauszufinden, an welchen Stellen innerhalb eines Unternehmens oder einer Institution Energien festsitzen, und um diese Energien dann zu lösen. Die

Auswirkung auf die Effizienz des Betriebes kann sehr beeindruckend ausfallen. Aus diesem Grund haben bereits einige Unternehmensberater das Training absolviert.

*** www.tipping-methode.de**

6: EGO-MECHANISMEN

Wenn sich ein Gespräch um spirituelle Themen dreht, dauert es häufig nicht lange, bis man über die Eigenarten des Egos redet. Bei Radikaler Vergebung ist dies nicht anders, da das Ego eine zentrale Rolle zu spielen scheint. Woraus besteht nun das Ego, und welche Rolle spielt es bei Radikaler Vergebung?

Es gibt mindestens zwei verschiedene Möglichkeiten, diese Frage zu beantworten. Die erste beschreibt das Ego als unseren Feind, die zweite als unseren Freund.

Die Perspektive „Ego als Feind" macht das Ego dafür verantwortlich, dass wir von unserem Ursprung getrennt bleiben – aus Eigeninteresse für sein eigenes Überleben. Folglich ist das Ego unser spiritueller Widersacher, mit dem wir in permanentem Streit liegen. Viele spirituelle Richtungen haben dies als zentralen Gedanken und verlangen, man müsse das Ego fallen lassen oder überwinden, um spirituelles Wachstum zu erlangen.

Die Perspektive „Ego als Freund" sieht das Ego als Bestandteil unserer Seele – einen Teil von uns, der uns als unser liebevoller Führer durch die menschliche Erfahrung dient.

Ich denke, dass in beiden Vorstellungen ein wahrer Kern zu finden ist, selbst wenn sie auf den ersten Blick unvereinbar erscheinen.

Im Folgenden werde ich die beiden Standpunkte, so wie ich sie verstehe, detailliert vorstellen, damit du dir selbst ein Urteil bilden kannst.

Das Ego als Feind

In diesem Modell existiert das Ego als eine tief verwurzelte Ansammlung von Vorstellungen darüber, wer wir im Verhältnis zum göttlichen Geist sind. Diese Vorstellungen entstanden, als wir mit dem Gedanken der Trennung von unserem göttlichen Ursprung experimentierten. Man kann sagen, das Ego definiert sich durch die Überzeugung, dass diese Trennung tatsächlich stattgefunden hat.

Es heißt, das Ego ließ uns im Moment der Trennung glauben, dass Gott über unser Experiment sehr erzürnt sei. Dies erzeugte sofort enorme Schuld in uns. Das Ego spann dann seine Geschichte noch weiter aus. Es sagte uns, Gott werde uns irgendwann richten und für unsere große Sünde bestrafen. Die Schuld und die Furcht, die durch den Glauben an diese Geschichte in uns erzeugt wurden, waren so groß, dass uns nichts anderes übrig blieb, als diese Gefühle tief in unseren unbewussten Geist zu verdrängen. Dadurch konnten wir verhindern, uns dieser Schuld bewusst zu werden.

Diese Strategie hat hervorragend funktioniert, und dennoch hatten wir große Angst, diese Gefühle könnten einst wieder an die Oberfläche kommen. Um dies zu verhindern, entwickelte das Ego eine neue Glaubensvorstellung: Ein anderer trägt die Schuld und nicht wir selbst. Wir begannen, unsere Schuld auf andere Menschen zu projizieren, um sie endgültig loszuwerden. Wir machten unsere Mitmenschen zum *Sündenbock*. Um sicherzustellen, dass die Schuld bei ihnen blieb, wurden wir zornig auf sie und griffen sie ständig an. (Weitere Details über Leugnung und Projektion findest du in Kapitel 7.)

Hier liegt die Ursache des Opfer-Archetyps und des ständigen Bedürfnisses der Menschen, sich gegenseitig anzugreifen und voreinander zu verteidigen. Nachdem wir die Menschen, auf die wir unsere Schuld projizieren, angegriffen haben, fürchten wir

Die Ego-Struktur

Abb. 5: Die Struktur des Egos

die Gegenattacke. Also bauen wir eine starke Verteidigung auf, um uns und unsere vermeintliche Unschuld vor ihnen zu schützen. Auf einer bestimmten Ebene wissen wir, dass wir schuldig sind, also verstärken wir mit gesteigerten Verteidigungsanstrengungen auch unsere Schuld. Wir müssen ständig Menschen zum Hassen, Kritisieren, Beurteilen, Angreifen und Widersprechen finden, sodass wir uns selbst besser fühlen. Diese Dynamik bestätigt permanent das Glaubenssystem des Egos. Auf diese Weise sichert das Ego sein eigenes Überleben.

Wenn wir dieses Verhaltensmuster zugrundelegen, können wir verstehen, warum die Menschen im Laufe der Geschichte so viel in ihre Wut investiert haben und woher ihr starkes Bedürfnis rührt, die Welt in Opfer und Täter, Bösewichte und Helden, Sieger und Besiegte, Gewinner und Verlierer aufzuteilen.

Die Wahrnehmung einer Welt, aufgeteilt in „Wir" und „die anderen", spiegelt unsere innere Spaltung in Ego auf der einen Seite – Glaube an Trennung, Furcht, Sühne und Tod – und göttlichen Geist auf der anderen Seite – der Erkenntnis von Liebe und ewigem Leben. Wir projizieren diese Spaltung auf die materielle Welt, indem wir immer den Feind „da draußen" anstatt in uns selbst sehen.

Glaubenssysteme werden mit der Zeit starr und ziemlich unempfänglich für Veränderungen. Das Ego ist in dieser Beziehung nicht anders. Es ist *extrem* unempfänglich für Veränderungen. Es übt einen ungeheuren Einfluss auf unser Unbewusstes und unser Selbstbild aus. Dieses Glaubenssystem ist so mächtig, dass es scheinbar ein eigenständiges Wesen entwickelt hat. Dieses Wesen nennen wir „Ego".

Wir sind in unserem Glauben an die Trennung so gefangen, dass er zu unserer Realität wurde. Wir leben seit undenklichen Zeiten den Mythos der Trennung; wir machen die Idee, dass wir die Trennung, die wir „Erbsünde" nennen, gewählt haben, zur Realität.

In Wirklichkeit hat niemals eine Trennung stattgefunden. Wir sind ein Teil des Göttlichen und waren es von Anfang an. Wir sind spirituelle Wesen, die eine menschliche Erfahrung machen

– erinnerst du dich noch? Folglich gibt es in diesem Sinn keine Erbsünde.

Helen Schucman schreibt in dem Buch *Ein Kurs in Wundern*, in dem sie die Worte von Jesus channelt, dass Jesus selbst uns die Wahrheit über unsere Illusionen offenbarte. In diesem Buch findet sich eine Erläuterung des Irrtums, dem unser Ego unterliegt, und die Beschreibung des Weges nach Hause zum Göttlichen mittels Vergebung. (Helen Schucmann war interessanterweise ein sehr ungläubiges Medium, das selbst kein Wort von dem, was sie durchgab, glaubte.) Entgegen der geläufigen christlichen Theologie finden zahlreiche bibelkundige Gelehrte in der Bibel dieselben Ideen zum Ausdruck gebracht.

Im Gegensatz zu dem, was das Ego uns glauben machen will, ist die Wahrheit die, dass wir durch den Segen des Göttlichen und seiner bedingungslose Liebe auf der materiellen Ebene inkarniert wurden. Das Göttliche wird immer unseren freien Willen und unsere freie Wahlmöglichkeit auf höchster Ebene respektieren und nicht eingreifen – es sei denn, wir bitten darum.

Glücklicherweise ist Radikale Vergebung das perfekte Mittel, um diese Hilfe zu erbitten, da man durch diesen Prozess dem Göttlichen zu erkennen gibt, dass man über das Ego hinausgeschaut und einen Blick auf die Wahrheit bekommen hat. Die Wahrheit, dass nur die Liebe wirklich ist und dass wir alle eins sind mit dem Göttlichen, einschließlich der Menschen, die als unsere Feinde erscheinen.

Das Ego als liebevolle Führung

Die andere, freundlichere Betrachtungsweise des Egos – die ich ebenso einleuchtend finde – besagt: Das Ego ist weit entfernt davon, unser Feind zu sein. Es ist vielmehr ein Bestandteil unserer Seele; ein Teil, der sich selbstständig machte, um eine führende Rolle in der Welt des Menschlichen zu spielen, und sich in absichtliche und sinnvolle Opposition zum höheren Selbst begab.

Diese Rolle besteht darin, uns in der Welt des Menschlichen zu verankern und unsere Fähigkeit, ein spirituelles Wesen mit einer menschliche Erfahrung zu sein, gründlich auf die Probe zu stellen. Der einzige Wert einer menschlichen Erfahrung besteht darin, dass man die Dinge erleben kann, die das Ego bewirkt: Glaube an Dualität, Trennung und Furcht. Außerdem zeigt uns das Ego, dass wir diese Dinge vollständig auf der Gefühlsebene erfahren müssen, um aufzuwachen und uns daran zu erinnern, dass die Gegensätze tatsächlich existieren (wenngleich nur in der Welt des Egos).

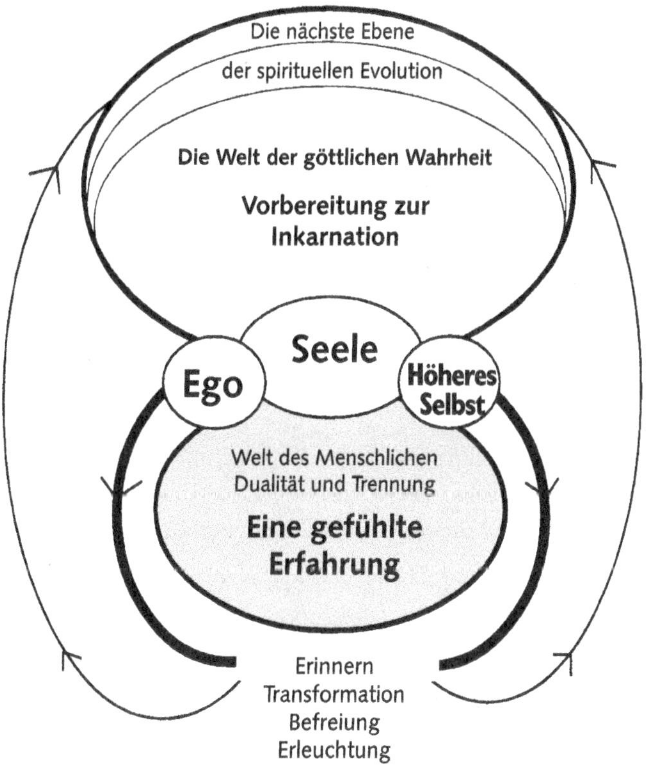

Abb. 6: Die Reise der Seele

Unser Ego ist in diesem Modell der Führer, der uns auf all diesen Reisen in die Welt der Illusion begleitet und versucht, uns viele falsche Dinge zu lehren, die uns in der Illusion gefangen halten. Doch das Ego tut dies nicht aus Böswilligkeit und nicht einmal um seines eigenen Überlebens willen, sondern weil es uns liebt und weiß, dass wir diese Erfahrung für unser spirituelles Wachstum machen müssen.

Doch das Ego tut dies nicht allein. Das Höhere Selbst ist ein weiterer Führer, der geduldig auf uns wartet, während wir uns mit dem Ego auf der Reise durch die Welt der Illusion befinden. Es wartet auf uns, bis wir bereit sind, die Wahrheit zu hören. Durch die behutsamen Einflüsterungen des Höheren Selbst werden wir allmählich aufgeweckt, bis wir uns schließlich erinnern, wer wir sind, und zu unserem Ursprung zurückkehren. Darum dreht es sich bei Transformation und Erleuchtung.

Dies ist die Reise unserer Seele in der materiellen Gestalt. Auf dieser Reise gibt es keine Abkürzung. Ohne dass das Ego und das Höhere Selbst ihre Magie ausüben, werden wir niemals ankommen.

Ich lade dich ein, dich mit dem Gedanken vertraut zu machen, dass beides zugleich wahr ist. Mein Verständnis ist, dass die erste Annahme insofern zutrifft, als sie unseren ursprünglichen Abstieg in die materielle Form und unsere (falsche) Sicht der Dinge im Rückblick erklärt. Die zweite Annahme ist hingegen in einer tieferen Wahrheit verwurzelt: Dass es keinerlei Trennung gibt.

Möglicherweise handelt es sich um zwei verschiedene Dinge, ich weiß es nicht. Es ist aber nicht wichtig. Jede der beiden Definitionen hilft mir, der menschlichen Erfahrung in Bezug auf spirituelle Wahrheit einen Sinn zu geben. Und ich hoffe, es geht dir ähnlich.

7: VERSTECKSPIELE UND SÜNDENBÖCKE

Ein zentraler Bestandteil der Radikalen Vergebung ist das Verständnis der Rolle, die der doppelte Verteidigungsmechanismus des Egos von Unterdrückung und Projektion bei der Heilung unserer Beziehungen spielt. Eine genauere Betrachtung der beiden Mechanismen kann daher sehr hilfreich sein.

Die Kombination von Projektion und Unterdrückung richtet in unseren Beziehungen und in unserem Leben schweren Schaden an. Gemeinsam erzeugen sie den Opfer-Archetyp und erhalten ihn aufrecht. Das Verständnis ihrer Funktionen ermöglicht uns, etwas gegen jenen Missbrauch zu unternehmen, den das Ego mit ihnen treibt und der uns voneinander und vom Göttlichen getrennt hält.

1. Unterdrückung

Unterdrückung ist ein normaler psychischer Verteidigungsmechanismus für Zeiten, in denen die Gefühle von Angst, Schuld oder Zorn so überwältigend werden, dass wir mit diesen nicht umgehen können.

Unterdrückung findet statt, wenn wir *bewusst* Gefühle zurückweisen, die wir nicht fühlen oder zum Ausdruck bringen wollen. Obwohl wir wissen, dass die Gefühle da sind, versuchen wir, sie wegzuschieben oder abzulegen. Wir weigern uns, mit ihnen umzugehen. Fortgesetzte Leugnung über einen langen Zeitraum hinweg kann zu einer Abstumpfung führen, die einer Verdrängung der Gefühle gleichkommt.

Verdrängung

Unterdrückung darf jedoch nicht mit einer anderen, ausschließlicheren Form von mentalem Schutz verwechselt werden, der Verdrängung. Verdrängung findet statt, wenn unser Bewusstsein überfordernde Gefühle völlig ausblendet. Dies macht Verdrängung zu einem hoch wirksamen mentalen Schutz, ohne den wir leicht unseren Verstand verlieren könnten. Er ist dermaßen wirksam, dass keinerlei Erinnerung an die auslösenden Gefühle oder Ereignisse zurückbleibt; sie sind vollkommen aus dem Bewusstsein gelöscht – tagelang, wochenlang oder jahrelang – manchmal sogar für den Rest des Lebens.

Unterdrückte Schuld und Scham

Schuld ist eine allgemeine menschliche Erfahrung. Tief in unserem Unbewussten fühlen wir uns schuldig und schämen uns dafür, uns vom Göttlichen getrennt zu haben – egal, ob dies wahr ist oder nicht. Uns bleibt nichts anderes übrig, als dieses Gefühl zu verdrängen. Wir wären völlig außerstande, diese Gefühle auf andere Weise zu verarbeiten.

Beachte, dass Schuld und Scham nicht das Gleiche sind. Wir fühlen Schuld, wenn wir spüren, dass wir etwas falsch *gemacht* haben. Scham hingegen bringt uns auf eine tiefere Ebene von Schuld, auf der wir das Gefühl haben, falsch zu *sein*. Mittels Scham bewirkt unser Ego, dass wir uns im innersten Kern unseres Wesens schlecht fühlen. Keine Scham und keine Schuld greifen so tief wie die Scham der Erbsünde, die zentrale – aber völlig unzutreffende – Stütze des Ego-Glaubenssystems.

Scham blockiert Energie

Kleine Kinder können leicht beschämt werden, wenn sie beispielsweise ins Bett machen, eine Erektion bekommen, zornig werden, schüchtern sind und so weiter. Obwohl dies völlig natürliche Reaktionen sind, fühlt das Kind dennoch Scham, und eine wiederholte Anhäufung dieser Gefühle kann einen überwältigenden Einfluss haben. Also unterdrückt das Kind seine Scham, doch sie verbleibt im Unbewussten und setzt sich im Körper fest. Sie schließt sich innerhalb des Systems auf zellulärer Ebene ein und wird eine Energieblockade im Körper. Wenn Scham zu lange unerlöst bleibt, führt diese Blockade entweder zu mental-emotionalen oder zu körperlichen Problemen oder zu beidem. Unterdrückte und verdrängte Gefühle werden mittlerweile in der Forschung häufig als eine der Hauptursachen für Krebs gesehen.

Verdrängte Gefühle

Ein tiefgreifendes traumatisches Erlebnis wie beispielsweise der Tod von Mutter oder Vater kann ein Kind dazu bringen, Gefühle zu verdrängen. Ebenso kann etwas scheinbar Unbedeutendes wie eine beiläufige kritische Bemerkung oder ein Ereignis, von dem man fälschlicherweise glaubt, es verschuldet zu haben, zur Unterdrückung von Gefühlen führen. So deuten etwa Kinder die Scheidung ihrer Eltern fast immer als etwas, an dem sie selbst schuld sind. Forschungen zeigen, dass Kinder sich an Gespräche ihrer Eltern während der Schwangerschaft erinnern können. Eine Diskussion über eine unerwünschte Schwangerschaft vor der Geburt kann deshalb beim Kind zu dem Gefühl führen, unerwünscht zu sein, und zur Angst, verlassen zu werden. Solche Gefühle werden häufig bereits im frühen Kindesalter verdrängt.

Generationenschuld

Gruppen und sogar Nationalitäten verdrängen aufgestaute Schuldgefühle häufig über Generationen hinweg. Dies ist beispielsweise offensichtlich der Fall bei weißen und schwarzen Amerikanern bezüglich der Sklaverei. Die Rassenprobleme, die wir heute in Amerika erleben, haben alle ihren Ursprung in verdrängten und ungelösten Schuldgefühlen der Weißen sowie in ungelöstem und unterdrücktem Zorn der Schwarzen.

Die Schattenseite

Ebenso schämen wir uns über Teile unseres Selbst, die wir verabscheuen und daher nicht annehmen können. C. G. Jung, der berühmte Schweizer Psychiater, nannte dies die „Schattenseite", die dunkle Seite unserer Persönlichkeit – der Teil, den wir nicht sehen wollen und der auch von anderen nicht gesehen werden soll. Dieser Teil unseres Selbst könnte ein Mörder sein. Er weiß, dass wir an der Tötung von sechs Millionen Juden teilgenommen haben könnten, wenn wir damals in Deutschland gelebt hätten. Er weiß, dass wir Sklaven besessen und misshandelt haben könnten, wenn wir während des amerikanischen Bürgerkrieges in den Südstaaten geboren worden wären. Der Schatten könnte jemanden verletzen oder jemanden vergewaltigen. Der Schatten ist gierig, neidisch, wütend und rachsüchtig, in jeder Hinsicht abartig und inakzeptabel. Derartige Wesensmerkmale oder Bereiche unseres Lebens, derer wir uns schämen, ordnen wir unserem Schatten zu und unterdrücken sie.

Der Tanz auf dem Vulkan

Diese Energien zu unterdrücken, kommt einem Tanz auf dem Vulkan gleich. Wir wissen niemals, wann unser Widerstand nachlässt und die heiße Lava (der Schatten) an die Oberfläche kommt, um in unserer Welt Unheil zu stiften. Deshalb brauchen wir Sündenböcke, auf die wir all unsere Scham projizieren können. Auf diese Weise können wir uns – zumindest vorübergehend – von ihr befreien.

2. Projektion

Selbst wenn wir Gefühle und Erinnerungen an ein Ereignis in unserem Leben verdrängt haben, wissen wir auf einer unbewussten Ebene, dass die damit verbundene Scham, die Schuld und die Selbstbezichtigung bleiben werden. Also versuchen wir, uns von

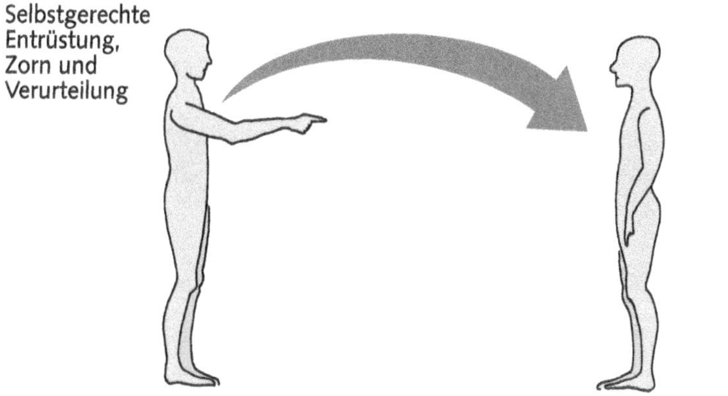

Abb. 7: Projektion unserer unterdrückten Scham

diesem Schmerz zu befreien, indem wir ihn aus uns entfernen und ihn auf jemand oder etwas anderes außerhalb von uns projizieren. Diese Projektion gestattet uns zu vergessen, dass wir jemals solche Gefühle hatten.

Sobald wir das, was wir nicht wollen, auf jemand anderes projizieren, sehen wir diese Eigenschaften beim anderen statt bei uns. Wenn wir also unsere Schuld unterdrücken und dann projizieren, beschuldigen wir die andere Person. Wenn wir unsere Wut unterdrücken und dann projizieren, sehen wir den anderen als wütend. Wir können dem anderen alles vorwerfen, von dem wir fürchten, dass man es uns selbst vorwerfen könnte. Kein Wunder, dass wir so erleichtert sind, wenn wir projizieren. Wenn wir das tun, machen wir eine andere Person für all das Schreckliche verantwortlich, das uns geschieht oder das wir als negativ an uns sehen. Dann verlangen wir, dass diese Person bestraft wird oder sich verändert. Und können uns so noch selbstgerechter fühlen und sicherer vor weiteren Angriffen.

Dies erklärt unsere Vorliebe für Nachrichten und Krimis. Diese geben uns die Gelegenheit, all unsere Schuld und Scham auf Mörder, Vergewaltiger, korrupte Politiker und andere *schlechte* Menschen zu projizieren. Nach den Nachrichten können wir dann mit einem guten Gefühl zu Bett gehen. Solche Sendungen – all die Fernsehprogramme, die schlechte Menschen und schreckliche Geschehnisse zeigen – bieten uns ein unendliches Reservoir an Sündenböcken, auf die wir unsere Schuld und Scham projizieren können.

Erkennen, wann wir projizieren

Sobald wir merken, dass wir über jemanden urteilen, wissen wir, dass wir projizieren. Ärger ist ein ständiger Begleiter der Projektion. Denn das Ego setzt diese Emotion ein, um die Projektion von Schuld zu rechtfertigen. Wann immer wir wütend werden, wissen wir, dass wir unsere eigene Schuld projizieren.

Was wir an einer anderen Person auszusetzen haben, ist die Reflexion des Teils von uns, den wir zurückweisen und verleugnen (unsere Schattenseite) und auf eine andere Person projizieren. Wenn dies nicht so wäre, wären wir nicht wütend.

Was wir bei anderen angreifen und verurteilen, ist in Wirklichkeit das, was wir in uns selbst verdammen. Diese Einsicht ist der zentrale Gedanke der Radikalen Vergebung und der Schlüssel zu unserer Heilung auf der seelischen Ebene.

Resonanz

Wir fühlen uns als Opfer anderer, weil sie mit unserer eigenen Schuld, Wut, Angst oder unserem Ärger in Resonanz kommen (siehe folgendes Kapitel). Wir haben das Gefühl, *sie tun uns etwas an*, was uns ärgert. Wenn wir uns klar machen, dass diese Gefühle bei uns selbst anfangen und nicht bei ihnen, können wir das Bedürfnis loslassen, uns als Opfer zu fühlen.

Der Kreislauf von Angriff und Verteidigung

Obwohl Unterdrückung und Projektion nur zur kurzfristigen psychischen Erleichterung dienen sollten, macht das Ego sie sich zu eigen, um sich selbst zu stützen. Das Ego besteht aus nichts anderem als einer Ansammlung von Überzeugungen, von denen die wichtigste der Glaube an die Trennung vom Göttlichen ist. Aus dieser Überzeugung resultiert die Annahme, dass das Göttliche uns „verfolgt", und uns schwer bestrafen wird, wenn es uns „erwischt". Das Ego setzt die Dynamik von Unterdrückung und Projektion ein, um diese Überzeugungen vor unserem Bewusstsein zu verbergen – samt der dazugehörigen Schuld und Angst. Unterdrückung und Projektion sind unsere ständigen Begleiter. Unser gesamtes Leben ist geprägt von Unterdrückung, Verdrängung, Abwehr und Projektion. Sie werden durch den nie endenden Kreislauf von Angst/Angriff und Angriff/Verteidigung aufrechterhalten – das perfekte Rezept für einen dauerhaften inneren und äußeren Konflikt.

Das Streben nach Ganzheit

Glücklicherweise ist unser inneres von unserer Seele ausgehendes Streben nach Ganzheit stärker als unser Ego, trotz der unglaublichen Effizienz von Unterdrückung und Projektion. Dieses Streben hat seinen Ursprung in dem Teil von uns, der die Wahrheit kennt und nicht damit zufrieden ist, sie zu verneinen und zu projizieren. Dieser Teil – unsere Seele, die verzweifelt nach einer Rückkehr zur Liebe sucht – birgt dieselbe Energie, die in uns Gelegenheiten zum Lernen und Heilen erzeugt: die Energie der Radikalen Vergebung.

Angst vor Nähe

Jeder Mensch, dem wir begegnen, gibt uns die Gelegenheit, zwischen Projektion oder Vergebung, Trennung oder Einheit zu wählen. Je näher wir einander und je näher der andere unserem wahren Selbst kommt, desto wahrscheinlicher wird es, dass unser Gegenüber die schuldbeladene Wahrheit über uns herausfindet. Diese Möglichkeit, erkannt zu werden, macht uns Angst. Und die Versuchung, auf unser Gegenüber zu projizieren, wird fast unwiderstehlich. An diesem Punkt sind unsere Flitterwochen beendet. Die Angst vor Nähe wird so stark, dass unsere Beziehung, wie so viele andere, leicht zerbrechen kann.

Alle Beziehungen dienen der Heilung

Um in einer Beziehung weiterzukommen und Erfolg zu haben, müssen wir dies erkennen und Radikale Vergebung nutzen, um die Beziehung aufrechtzuerhalten und ihren spirituellen Sinn zu erfüllen, die Beteiligten zu heilen.

Wie wir in Jills Geschichte gesehen haben, kann Radikale Vergebung Ehen retten! Dies ist jedoch nicht unbedingt das Ziel. Wenn der Sinn einer Beziehung erfüllt ist und die Beteiligten ihren Heilungsprozess abgeschlossen haben, kann sich die Beziehung natürlich und friedlich lösen.

8: ANZIEHUNG UND RESONANZ

Wie wir im vergangenen Kapitel gesehen haben, projizieren wir unsere Schuld und Wut auf andere Menschen, die mit unseren Gefühlen in Resonanz kommen können. Solche Menschen sind gut geeignet, für uns den Sündenbock zu spielen.

Ebenso wie ein Rundfunksender eine bestimmte Frequenz nutzt, um sein Programm auszustrahlen, schwingen auch unsere Gefühle (Energie in Bewegung) mit einer bestimmten Frequenz. Personen, die in Resonanz mit unseren Gefühlen sind, schwingen im gleichen Rhythmus und haben häufig ähnliche emotionale Muster wie wir – entweder gleich oder entgegengesetzt –, die sie uns dann zurückspiegeln.

Unsere fundamentalen Überzeugungen haben ebenfalls eine bestimmte Frequenz. Indem wir sie laut aussprechen, geben wir unseren Überzeugungen mehr Energie, und sie erhalten eine kausale Qualität im Universum. Unsere ausgesprochenen Überzeugungen bewirken in unserer Welt bestimmte Veränderungen. Darüber hinaus kommen andere Menschen mit der energetischen Frequenz dieser Überzeugungen in Resonanz. Sie schwingen „sympathisch" mit derselben Frequenz. Wenn dies geschieht, werden sie in unser Leben magisch hereingezogen, um uns unsere Überzeugungen widerzuspiegeln. Dies gibt uns die Chance, sie anzuschauen und gegebenenfalls zu ändern. Es sind nicht nur die negativen Überzeugungen, die uns so verdeutlicht werden. Wenn wir beispielsweise liebevoll und vertrauensvoll sind, werden wir dazu neigen, Menschen anzuziehen, die ebenfalls vertrauensvoll und liebevoll im Umgang sind.

Erinnerst du dich an meine Schwester, die davon überzeugt war, dass sie niemals gut genug für einen Mann sein könnte? Dieser Glaube kam in Resonanz mit einem Mann, der sexsüchtig war. Er war der ideale Partner für sie. Er bestätigte ihre Überzeugung, indem er ständig Sex mit anderen Frauen hatte und ihr so zeigte, dass sie *nicht gut genug* für ihn war. Sie stellte in ihrer Beziehung diese Verbindung jedoch nicht her und konnte folglich auch nicht die Chance wahrnehmen, ihren alten Schmerz zu heilen. Also fand sie einen anderen Mann (Jeff), der mit ihren Überzeugungen in Resonanz war. Er bekräftigte ihre Überzeugung auf andere Weise – mit dem eigenen Thema der Co-Abhängigkeit von seiner Tochter Lorraine als Katalysator. In dieser Situation sah sie die Verbindung und erkannte, dass er ihren Glauben, sie sei nicht gut genug, reflektierte. So konnten beide geheilt werden.

Wenn du wissen willst, was du an dir selbst nicht magst und zu welchen deiner Seiten du den Kontakt verloren hast, dann schau dir an, was dich an den Menschen, die in dein Leben gekommen sind, am meisten stört. Schau in den Spiegel, den sie dir bieten. Wenn du viele zornige Menschen in deinem Leben anziehst, hast du wahrscheinlich einiges an Zorn in dir selbst zu verarbeiten. Wenn dir Menschen ihre Liebe entziehen, wird sicherlich ein Teil von dir nicht bereit sein, Liebe zu geben oder zu empfangen. Wenn dir Menschen Dinge zu stehlen scheinen, wird sich ein Teil von dir unehrlich verhalten oder fühlen. Wenn andere dich betrügen, dann habst du möglicherweise in der Vergangenheit selbst jemanden betrogen oder glaubst, dass du es nicht verdient hast, besser behandelt zu werden.

Schaue dir die Themen an, über die du dich am meisten aufregst. Wenn du ein vehementer Abtreibungsgegner bist, dann ist es möglich, dass ein Teil deiner selbst auf einer anderen Ebene wenig Respekt vor dem Leben hat; oder dass ein Teil von dir weiß, dass er selbst ein Kind misshandeln könnte. Wenn du gegen Homosexualität eingestellt bist, kannst du vielleicht den

Teil in dir nicht akzeptieren, der eine Neigung zur Homosexualität hat.

Das Spiegelkabinett

Die Widerspiegelung deiner Eigenschaften ist jedoch nicht immer so überschaubar und einfach strukturiert. So identifizieren wir uns manchmal nicht so sehr mit dem spezifischen Verhalten als vielmehr mit der darunter liegenden Bedeutung, die es für uns hat. Ein Mann, der wütend ist, weil seine Frau zu viel isst und dick wird, befindet sich möglicherweise nicht in Resonanz mit ihrer Tendenz, sich zu überessen. Sondern er korrespondiert vielleicht mit ihrer Neigung, durch Essen emotionale Probleme zu kompensieren. Ihr Verhalten spiegelt seine eigene Tendenz, vor seinen Problemen davonzulaufen. Klar zu sehen, was andere uns widerspiegeln, kann zu einer Art innerem Spiegelkabinett werden, in dem wir unzählige verzerrte Spiegelbilder unseres Selbsts sehen.

Automatische Umkehr der Projektion

Das Wunderbare an der Radikalen Vergebung liegt darin, dass es nicht einmal nötig ist, genau zu erkennen, was wir projizieren. Wir vergeben lediglich der Person für das, was jeweils geschieht. Indem wir dies tun, lösen wir automatisch die Projektion auf, wie verwickelt die Situation auch immer sein mag. Der Grund dafür ist einfach, dass die Person jenen ursprünglichen Schmerz repräsentiert, der unsere Projektion in Gang gesetzt hat. Wenn wir ihr vergeben, heilen wir den Schmerz in uns. Ganz gleich, was wir als unsere Probleme sehen. Im Grunde gibt es nur ein einziges Problem für uns – unsere Schuld infolge unserer Trennung vom Göttlichen. Alle anderen Probleme ergeben sich aus diesem.

Ironischerweise scheinen uns gerade die Menschen sehr zu schaffen zu machen, die uns auf der Seelenebene am meisten lieben und unterstützen. Fast immer versuchen diese Menschen, uns etwas über uns selbst zu lehren und zu unserer Heilung beizutragen – häufig auf Kosten ihrer eigenen Bequemlichkeit. Wir sollten dabei bedenken, dass es sich nicht um einen Austausch zwischen zwei Personen handelt. Auf der Ebene der Persönlichkeit gibt es wahrscheinlich eher einen Riesenkrach. Stattdessen fädeln die Seelen der Beteiligten ihre Geschichte so ein, dass die andere Person irgendwann mitbekommt, worum es geht. Und heilen kann.

Nimm dein Leben nicht so persönlich!

Im Grunde ist es gleichgültig, wer in unser Leben kommt, um diese Aufgabe zu erfüllen. Wenn eine bestimmte Person es nicht leistet, dann wird es eine andere tun. Das Tragische dabei ist, dass wir als Betroffene dies nur selten verstehen. Wir bilden uns ein, ausgerechnet wir seien das unglückliche Opfer des schädlichen Verhaltens eines bestimmten Menschen geworden. Es kommt uns nicht in den Sinn, dass wir (auf der Seelenebene) die Person und die Situation aus einem bestimmten Grund angezogen haben; dass, wenn es nicht dieser Mensch gewesen wäre, jemand anderes diese Rolle übernommen hätte. Wir gehen irrtümlicherweise davon aus, dass es das Problem ohne diese Person nicht gäbe. Wir sehen das Problem vollständig mit der anderen Person verbunden und meinen, ein Anrecht darauf zu haben, die Person zurückzuweisen und wütend auf sie zu sein. Denn sie hat ja unseren Schmerz und unser Unglück verursacht.

„Die Eltern sind schuld!"

Oft hören wir diese Anschuldigung, wenn jemand über seine Eltern spricht: „Wenn ich andere Eltern gehabt hätte, dann wäre ich heute ein ganz anderer Mensch." Falsch. Du könntest dir durchaus andere Eltern ausgesucht haben. Doch auch die anderen Eltern hätten dir exakt dieselbe Lebenserfahrung vermittelt, denn das hat deine Seele gewollt.

Beziehungsmuster wiederholen

Wenn wir uns selbst als Opfer sehen, machen wir den Überbringer für die schlechte Nachricht verantwortlich, und die Nachricht selbst entgeht uns. Das erklärt, warum so viele Menschen eine Ehe nach der anderen eingehen, nur um jedes Mal dieselbe Beziehungsdynamik herzustellen. Sie verstehen die Botschaft bei ihrem ersten Partner nicht, also suchen sie sich einen anderen, der jedoch nichts anderes tut, als dieselbe Botschaft zu vermitteln.

Co-Abhängigkeit und gegenseitige Projektion

Häufig finden wir Menschen, die unseren auf sie projizierten Selbsthass nicht nur annehmen, sondern verstärken, indem sie ihn auf uns zurückprojizieren. Ein solches Verhältnis nennen wir „Co-Abhängigkeit". Es ist vergleichbar mit einem Suchtverhalten. Der Partner erfüllt die Funktion, den Mangel in uns zu kompensieren, indem er ständig wiederholt, dass wir in Ordnung sind. So vermeiden wir das Schamgefühl, dass wir so sind, wie wir sind. Wir tun im Gegenzug dasselbe. Beide lernen, sich gegenseitig durch eine stark an Bedingungen geknüpfte Liebe, die auf den darunter liegenden Schuldgefühlen beruht, zu manipulieren. In dem Moment, in dem uns die andere Person ihre Bestätigung entzieht, sehen wir uns wieder mit unserem Schuldgefühl und unseren Minderwertigkeitsgefühlen konfrontiert. Dann bricht alles in sich zusammen. Liebe verwandelt sich unmittelbar in Hass, und jeder Partner greift den anderen an. Das erklärt die vielen bröckelnden Beziehungen, die einst den Eindruck machten, sie seien von gegenseitiger Zuneigung und Liebe gestützt, und an einem bestimmten Punkt fast über Nacht zu einem Hexenkessel aus Hass und Wut werden.

9: URSACHE UND WIRKUNG

Das Gesetz von Ursache und Wirkung ist der Kerngedanke bei der Vorstellung, dass wir selbst unsere Realität erschaffen. Nach diesem Gesetz hat jede Aktion eine entsprechende Reaktion. Daher muss jede Ursache eine Wirkung und jede Wirkung eine Ursache haben. Da Gedanken kausaler Natur sind, hat jeder Gedanke eine Wirkung in der Welt. Wir erzeugen daher mit unseren Gedanken – wenn auch meist unbewusst – unsere Welt, die Welt des Menschlichen.

Wenn wir mit einer hohen Frequenz schwingen, wie beispielsweise beim Gebet, bei der Meditation oder in Kontemplation, können wir bewusst und absichtlich durch Gedanken Realität erzeugen. Die meiste Zeit jedoch tun wir dies eher unbewusst. Individuelle zufällige Gedankenabläufe haben nicht viel Energie, also können sie auch nur wenig bewirken. Gedanken, die von einer höheren Energie getragen sind, besonders von emotionaler oder kreativer Energie, haben eine weitaus größere Wirkung in der Welt. Sie spielen daher bei der Erschaffung unserer Realität eine größere Rolle.

Wenn ein Gedanke genügend Energie ansammelt, um zu einer Überzeugung zu werden, ist er sogar noch mächtiger. Er wird zu einem wirksamen Prinzip in unserem Leben, und wir erzeugen damit Umstände, Situationen, sogar physische Geschehnisse, die diese Überzeugung bekräftigen. Unsere Welt wird immer so sein, wie wir glauben, dass sie ist.

Die Annahme, dass Gedanken etwas Kreatives sind, ist grundlegend für das Verständnis der Radikalen Vergebung. Denn sie erlaubt uns zu sehen, dass das, was sich in unserem Leben entfaltet, genau das ist, was wir durch unsere Gedanken und Überzeugungen erschaffen haben. Sie erlaubt uns zu sehen, dass wir all unsere Gedanken und Überzeugungen, *wie die Dinge sind*, in die Welt projizieren.

Projektion der Illusion

Eine treffende Metapher für unsere Realität ist ein Kinofilm: Wir projizieren unsere persönliche Realität mit unseren Gedanken als Projektor in die Welt.

Abb. 8: Projektion unserer persönlichen Realität

Sobald wir verstehen, dass die sogenannte Realität aus unseren Projektionen entsteht, können wir anfangen, für das von uns erzeugte Geschehen die Verantwortung zu übernehmen, statt andere dafür verantwortlich zu machen. Wenn wir unsere Wahrnehmung verändern und unsere Überzeugung aufgeben, was auf der Leinwand erscheint, sei die Realität, erleben wir Radikale Vergebung.

Das Bewusstsein bestimmt das Geschehen

Selbst wenn es nicht ganz einfach ist, die Wirkung des Prinzips von Ursache und Wirkung in unserem Leben zu sehen, wird dies doch ganz offenbar, wenn wir unser Leben zurückverfolgen. Wenn du wissen willst, was deine Überzeugungen sind, schaue dir an, was in deinem Leben passiert. Das wird dir zeigen, was du projizierst. Wenn du beispielsweise angegriffen wirst oder dir immer wieder katastrophale Ereignisse zustoßen, glaubst du wahrscheinlich, dass die Welt ein unsicherer Ort ist. Wenn du dies glaubst, erzeugst du entsprechende Ereignisse, um zu beweisen, dass du im Recht bist. Deine Mitmenschen unterstützen dich in deinem Glauben, indem sie sich dir gegenüber auf bedrohliche oder gefährliche Weise verhalten.

Freunde von mir betreiben ein spirituelles Konferenzzentrum in den Bergen von North Carolina. Werner, von eher vorsichtiger Natur, meinte, er und seine Frau Jean sollten eine Versicherung abschließen, um ihre Gebäude gegen Feuer, Sturmschäden und Tornados, die zu jeder Jahreszeit in dieser Gegend häufig auftreten, zu versichern. Jean fand diese Idee überhaupt nicht gut. Sie hatte das Gefühl, eine solche Versicherung würde dem Universum zu verstehen geben, dass sie kein Vertrauen in ihre Sicherheit hätten. Über eine solche Einstellung kann man sicher geteilter Meinung sein – jedenfalls entschieden sie sich, keine Versicherung abzuschließen.

Im darauffolgenden Jahr zog ein verheerender Sturm direkt über den Berg, auf dem sie wohnten, und verwüstete die gesamte Gegend. Tausende Bäume wurden entwurzelt und umgeworfen. Als meine Frau und ich zwei Wochen später die beiden besuchten, trauten wir unseren Augen kaum. Es sah aus wie nach einem Krieg. Man musste sich den Weg buchstäblich freisägen. Der Sturm war hereingebrochen, als sich sechsunddreißig Gäste in dem Konferenzzentrum befanden, und sie konnten zwei Tage das Gelände nicht verlassen. Obwohl sich das Konferenzzentrum mitten im Wald befand und sämtliche Bäume ringsumher umgestürzt waren, waren kein einziges Auto und kein einziges Gebäude beschädigt. Die Bäume hatten die Gebäude und Autos teilweise um wenige Zentimeter verfehlt, aber wie durch ein Wunder nichts zerstört. Für meine Freunde war dies eine großartige Bestätigung ihres Vertrauens und ihrer Bereitschaft, sich darauf zu verlassen.

Wenn man dies aus der Perspektive von Ursache und Wirkung betrachtet, dann hatte Jean erkannt, dass das Abschließen einer Versicherung den Glauben (die Ursache) an einen möglichen Schaden bestärken und so die Energie für ein unglückliches Geschehen (die Wirkung) erzeugen würde. Stattdessen entschied sie sich für den Gedanken (Ursache): „Wir verrichten hier Gottes Werk und sind vollkommen sicher." Die Art und Weise, wie sich dieser Gedanke in der Welt auswirkte, war: inmitten des schlimmsten Chaos passierte nichts.

Wenn du wissen willst, was deine Überzeugungen sind, schaue dir an, was du in deinem Leben hast – oder was du nicht hast. Wenn du beispielsweise in deinem Leben keine Liebe hast und anscheinend nicht imstande bist, eine liebevolle Beziehung aufzubauen, solltest du deine Überzeugungen hinsichtlich deines Selbstwertgefühls und deines Vertrauens gegenüber dem anderen Geschlecht betrachten. Dies mag leichter klingen, als es ist. Denn die Überzeugungen, an denen du festhältst, liegen tief in deinem Unbewussten vergraben.

Du musst nicht wissen, warum

Die gute Nachricht ist: Du musst nicht unbedingt wissen, warum du diese Situation herbeigeführt hast oder welche Überzeugungen dich zu ihrer Erschaffung gebracht haben. Es genügt, wenn du die Situation als eine Gelegenheit sehen kannst, sie anders wahrzunehmen.

Deine Bereitschaft, sie als *vollkommen* zu betrachten, reicht aus zur erforderlichen Veränderung deiner Wahrnehmung und zur Heilung des ursprünglichen Schmerzes.

In Wahrheit können wir von der Welt des Menschlichen aus nicht wissen, warum eine Situation so ist, wie sie ist. Denn die Antwort liegt in der Welt der göttlichen Wahrheit, und wir können nur wenig oder gar nichts von dieser Welt wissen, solange wir uns noch in der menschlichen Hülle befinden. *Alles, was wir tun können, ist, uns der Situation hinzugeben.*

Gib dich dem Leben hin!

Wenn neue Einsichten, Verbindungen, alte Erinnerungen, emotionale Bewegungen und andere psychische Ereignisse notwendig sind, damit sich der erwünschte Wandel vollziehen kann, dann werden diese automatisch und ohne bewusste Kontrolle geschehen. Wenn wir den Entfaltungsprozess jedoch unbedingt verstehen und steuern wollen, erzeugt dies einen Widerstand und blockiert den Prozess vollständig, was uns direkt wieder dem Einfluss des Egos unterwirft.

Freiheit vom Gesetz

Es ist daher wichtig zu erkennen, dass das Gesetz von Ursache und Wirkung nur in der Welt des Menschlichen gilt. Es ist ein physikalisches Gesetz, kein spirituelles. Wenn du auf der Suche nach einem Parkplatz um den Block fährst und den Parkplatz „kreierst", oder wenn du irgendein anderes materielles Ding „herbeiführen willst", das du dir wünschst, dann spielt dir unter Umständen deine Fantasie einen Streich. Dies hat wenig mit Spiritualität zu tun. Wenn wir uns einbilden, wir seien etwas Besonderes, weil wir in der Welt so gut manifestieren können, dann verstärkt dies nur unsere Trennung und unser Ego.

Wenn wir andererseits das Bedürfnis, das Warum und Weshalb von allem und jedem zu wissen, das Bedürfnis nach Kontrolle unserer Welt, völlig aufgeben und uns dem Geschehen anvertrauen, so, wie es ist – im Wissen um die göttliche Liebe in allen Dingen –, dann werden wir das Gesetz von Ursache und Wirkung überwinden können. Dann werden wir erkennen, dass Karma nur eine andere Geschichte in unserem Geist in der Welt des Menschlichen ist. In der Welt der göttlichen Wahrheit gibt es so etwas wie Karma oder Ursache und Wirkung nicht. Es gibt nur den Urgrund, und der ist das Göttliche.

10: UNTERNEHMEN „VERGEBUNG“

Keiner von uns wird das Gefühl haben, dass die Reise unserer Seele beendet ist, bis wir (als gesamte Spezies) die Mission erfüllt haben, die wir uns selbst stellten. Dies ist nichts Geringeres als die Transformation der Energien von Angst, Tod und Dualität durch die klare Erkenntnis, dass wir keineswegs vom Göttlichen getrennt und all diese Energien nur Illusion sind. Dies ist unsere kollektive Mission. Jeder von uns ist ein individueller Ausdruck dieser Mission. Das Leben, das wir für uns hier in der Welt des Menschlichen gestalten, dient einzig dieser Mission. Davon gibt es keine Ausnahmen. Ob wir es wissen oder nicht, wir befinden uns alle auf dem spirituellen Pfad.

Unsere individuelle Mission

Die Entscheidung, mit welchen Energien wir arbeiten, wird nicht von uns auf der menschlichen Ebene getroffen. Diese Entscheidung geht unserer Inkarnation voran und wird von unserer Seelengruppe getroffen – einer Gruppe von Seelen, der wir angehören, die entweder mit uns inkarniert werden oder während unserer Inkarnation als unsere geistigen Führer agieren.

Sobald entschieden ist, mit welchen Energien wir arbeiten, suchen wir sorgfältig Eltern aus, die uns die Erfahrungen vermitteln, die wir als Kinder brauchen. Wir sorgen dafür, dass andere zur rechten Zeit in unser Leben treten und ihre jeweiligen Rollen in den notwendigen Erfahrungen spielen, damit unsere Mission erfüllt werden kann. Während unseres physischen Lebens erzeugen wir dann die Dramen, die uns ermöglichen, jene Gefühle oder Energien zu erleben, aus denen unsere Mission besteht. Diese Dramen dienen uns als Gelegenheit, die Illusion zu erkennen – als Chance, zu vergeben, zu heilen und uns dadurch zu erinnern, wer wir sind.

Unternehmen „Amnesie"

Vor der Inkarnation scheint unsere Mission – aus der Perspektive der Welt der göttlichen Wahrheit – leicht zu sein. Sobald wir inkarniert sind, ist sie jedoch schwieriger geworden. Dies liegt nicht nur an der größeren Energiedichte in der Welt des Menschlichen, sondern auch daran, dass wir diese Mission antreten müssen, ohne uns dessen bewusst zu sein, diese Erfahrung im Voraus gewählt zu haben. Wenn uns die Wahrheit über den Sinn unseres Lebens klar wäre, wenn wir uns an sie erinnern würden, wäre das Experiment sinnlos. Wie können wir uns daran erinnern, wer wir sind, wenn wir dies niemals vergessen haben? Der göttliche Geist erschafft die menschliche Lebenserfahrung auf eine Weise, die uns, sobald wir in unserem Körper geboren werden, sämtliche Erinnerung an unsere Mission und alles Wissen darum raubt, dass das Leben auf der physischen Ebene tatsächlich *eine geplante Angelegenheit* ist.

Um unsere Mission – die Transformation von Energien – zu erfüllen, müssen wir diese Energien erst einmal in ihrer ganzen Fülle erfahren. Beispielsweise müssen wir uns zunächst vollständig als Opfer fühlen, um die Energie eines Opfers zu überwinden. Um die Energie der Angst zu überwinden, müssen wir erst einmal von Angst erfüllt sein. Um die Energie des Hasses zu überwinden, müssen wir uns erlauben, den Hass in uns zu fühlen. Wir müssen vollständig in die menschliche Lebenserfahrung eintauchen. Erst wenn wir die Gefühle, die mit diesen Energien verbunden sind, ganz empfunden haben, entwickeln wir die Fähigkeit, sie vollständig zu vergeben. Erst in der Vergebung erinnern wir uns daran, wer wir wirklich sind.

Von diesem Standpunkt aus betrachtet, sind wir offensichtlich niemals in der Position, über andere zu urteilen. Eine Person, die hasserfüllt wirkt, ist möglicherweise dazu bestimmt, diese Energie im Rahmen ihrer Mission zu transformieren. Ihr hasserfülltes Verhalten, selbst wenn es andere zu verletzen scheint (die sich möglicherweise im Rahmen ihrer Mission freiwillig in die Position begeben haben, Objekt des Hasses anderer zu werden), ist weder richtig noch falsch. Ihr hasserfülltes Verhalten ist vielmehr genau das, was geschehen muss, um die Energie des Hasses zu transformieren. Nicht mehr und nicht weniger.

Die Energie des Hasses wird transformiert, wenn jemand, der sich gehasst fühlt, die Liebe hinter dem Hass sieht und dem Menschen, der ihn hasst, vergibt. In diesem Moment öffnen sich die Herzen, und Liebe fließt zwischen den beiden. So wird Hass in Liebe transformiert.

Janets Geschichte

Janet, die an Krebs erkrankt war, nahm an einem meiner ersten Krebs-Retreats teil, aber ihr Tumor war nicht das Einzige, das sie zerfraß. Die Wut auf ihre dreiundzwanzigjährige Tochter Melanie raubte ihr ebenso viel Energie.

Tatsächlich verhielt sich Melanie sehr rebellisch. Sie hatte ein äußerst loses Mundwerk gegenüber Janet und ihrem neuen Partner Jim. Außerdem war sie eine Beziehung zu einem recht unangenehmen Mann eingegangen. „Ich verabscheue sie", sagte Janet. „Ihr Verhalten mir und Jim gegenüber ist abscheulich. Ich halte es nicht mehr aus. Ich hasse sie geradezu."

Wir gingen ein wenig Janets persönlicher Geschichte auf den Grund: Zwischen Janet und ihrer eigenen Mutter hatte eine ähnliche Beziehung bestanden. Sie war nicht so deutlich und dramatisch wie die mit Melanie, aber die Dynamik war ähnlich. Janet hatte dagegen rebelliert, dass ihre Mutter sie kontrollierte und sich in ihr Leben einmischte. Janet hatte jedoch nicht so heftig rebelliert wie Melanie. Sie hatte sich stattdessen von ihrer Mutter zurückgezogen und war kalt und abweisend geworden.

Wir begannen zu untersuchen, wie die aktuelle Dynamik mit Melanie die Bereitschaft ihrer Seele signalisierte, den Heilungsprozess der Probleme mit ihrer Mutter zu unterstützen. Doch Janet war nicht bereit, dies zu sehen. Sie war einfach zu verärgert, um irgendetwas zu hören, was nicht ihrer Gefühlslage entsprach. Also forderten wir sie auf, in ihren Ärger hineinzugehen, ihn zu fühlen und auszudrücken, indem sie mit einem Tennisschläger auf Kissen einschlug und schrie. (Ärger wird sehr wirksam freigesetzt durch eine Kombination aus Bewegung und Stimme.) Obwohl sie einen Teil ihres Ärgers gegen ihre Mutter loslassen konnte, blieb ihr Ärger auf Melanie bestehen.

Janets *Satori*

Die Retreat-Sitzung an diesem Abend war für Satori-Atmung reserviert. Um Satori-Atmung zu erleben und für die Heilung einzusetzen, liegen die Teilnehmer am Boden und atmen bewusst und kräftig etwa eine Stunde lang bei lauter Musik (siehe Teil 4, Kapitel 27). Dies mag etwas seltsam klingen. Doch ein solches Atmen resultiert häufig in einer emotionalen Lösung, in Einsicht und in Integration von Veränderungen auf Zellebene. An diesem Abend hatte Janet ihr Satori – ihr Erwachen.

Nach der Atemsitzung sprachen die Teilnehmer darüber, was ihnen während der Sitzung passiert war. Sobald Janet zu erzählen begann, wussten wir, dass etwas Einschneidendes geschehen war. Ihre Stimme war weich und sanft, obwohl sie kurz vorher noch hart und rau geklungen hatte. Ihre Haltung war entspannt und offen im Gegensatz zu ihrer verspannten und engen Haltung vorher. Von all dem Ärger, den wir vorher noch spüren konnten und der ihr ganzes Wesen erfüllt hatte, war nichts mehr zu spüren. Sie war ruhig und offensichtlich voll innerem Frieden. Sie schien kaum mehr dieselbe Person zu sein.

„Ich habe keine Ahnung, was das alles bedeutet", begann sie. „Alles, was ich weiß, ist, dass ich etwas sah, während ich atmete. Es fühlte sich wirklicher an als alles, was ich mit Worten beschreiben kann. Nachdem ich angefangen hatte zu atmen, passierte eine ganze Weile überhaupt nichts", fuhr sie fort. „Plötzlich fand ich mich freischwebend im Raum, weit draußen im Weltall. Ich war vollkommen körperlos und ich wusste mit Sicherheit, dass ich noch einmal die Zeit erlebte, bevor ich in mein gegenwärtiges Leben kam. Ich war purer Geist. Ich habe mich noch nie so friedlich und ruhig gefühlt. Dann kam Melanie in mein Bewusstsein, ebenso in geistiger Form. Sie kam mir näher, und wir begannen, zusammen zu tanzen – einfach im Raum, ohne Begrenzung.

Wir sprachen miteinander darüber, wie wir gemeinsam in unser nächstes Leben kommen", sagte Janet. „In dieses Leben. Die große Frage, die wir zu lösen hatten, war, wer von uns beiden welche Rolle spielen sollte – wer die Mutter sein sollte und wer die Tochter. Es war nicht so wichtig, denn in beiden Fällen war es für uns beide nicht einfach. Es würde eine schwierige Prüfung für unsere Liebe sein. Wir mussten uns entscheiden, also entschlossen wir uns, dass ich die Mutter bin und sie die Tochter, und dass wir kurz danach inkarnieren würden. Das war alles", schloss sie.

„Es hört sich so an, als sei nicht viel passiert, aber das stimmt nicht. Ich kann es nur nicht in Worte fassen. Ich kann die Tiefe und die Bedeutung dessen, was ich erlebt habe, nicht beschreiben."

Transformierte Energien

Wir sprachen über ihre Erfahrung und über den Begriff der Mission, wie er in Janets Vision deutlich wurde. Mehrere Teilnehmer der Gruppe waren sehr von Janets Schilderung berührt und sahen Parallelen zu ihrem eigenen Leben. Ich schlug vor, dass Janet Melanie nichts davon erzähle, wenn sie nach dem Retreat nach Hause kommt. Einige Tage nach Janets Rückkehr rief Melanie ihre Mutter an und fragte, ob sie zu ihr kommen und mit ihr reden könne. Janet willigte ein. Obwohl ihr erstes Treffen noch sehr zögerlich und angespannt verlief, veränderte sich anschließend ihre Beziehung dramatisch. Melanie ließ bald von ihrem seltsamen Verhalten ab, schickte ihren unangenehmen Freund zum Mond, kehrte nach Hause zurück und kümmerte sich um ihre kranke Mutter. Sie wurden buchstäblich beste Freundinnen und entwickelten ein enges Verhältnis. Außerdem begann Janets Mutter öfter anzurufen. Auch ihre Beziehung verbesserte sich zusehends.

In diesem Fall verlief die Transformation der Energien auf sehr umfassende Weise. Janet hatte extreme innere Widerstände dagegen, Melanie zu vergeben. Ihre Seele führte sie zu dem Retreat, damit sie einen Prozess durchlaufen konnte, der sie dafür öffnete, sich an ihre Mission zu erinnern. Dies ermöglichte ihr wiederum, die Vollkommenheit in der Situation zu sehen. Indem sie Melanie vergab, transformierte sie den Hass in ihrer Beziehung. Das Ergebnis war die Heilung des ursprünglichen Schmerzes zwischen ihr und ihrer Mutter.

Mission zur Heilung des Kollektiven

Wir alle kommen in unser Leben, um Aspekte unserer Seele oder unserer Seelengruppe zu heilen. Einige jedoch kommen, um eine umfassendere Rolle zu spielen. Diese kann darin bestehen, dass wir bestimmte Energien annehmen, die auf der sozialen/politischen/nationalen und internationalen Ebene wirksam werden. Dadurch wird einer großen Gruppe von Menschen die Gelegenheit zur Heilung gegeben.

Wie bei allen Missionen sieht es jedoch auch hier auf den ersten Blick nicht nach einer Chance zur Heilung aus. Es erscheint vielmehr als Krieg, Hungersnot oder Naturkatastrophe. Doch wenn wir uns für die Möglichkeit öffnen, dass eine ganze Gruppe die Chance zur Heilung hat und alles vom göttlichen Geist für das

Wohl der beteiligten Seelen arrangiert wurde, beginnen wir, die Dinge anders zu sehen. Ich nenne dir ein paar sehr extreme Beispiele.

1 Nehmen wir an, die Seele, die inkarnierte, um Adolf Hitler zu werden, kam mit der Mission, das Opferbewusstsein des jüdischen Volkes und den Überlegenheitskomplex der Deutschen zu heilen.

2 Nehmen wir an, Saddam Hussein kam, um dem kollektiven Bewusstsein der amerikanischen Nation dabei zu helfen, seine Schuld wegen der Sklaverei und der furchtbaren Misshandlung des eigenen Volkes zu heilen.

3 Wie wäre es, wenn Slobodan Milošević kam, um den Amerikanern dazu zu dienen, den Selbsthass auf ihn zu projizieren – jenen Selbsthass, den sie wegen der an den amerikanischen Ureinwohnern, den Indianern, verübten ethnischen Säuberungen verspüren?

4 Wie wäre es, wenn die chinesische Regierung in Tibet einmarschieren musste, um den Dalai Lama zu zwingen, die Welt zu bereisen und seine wundervolle Botschaft über die Grenzen Tibets hinaus zu verbreiten?

5 Stell dir vor, dass die Seele, die Prinzessin Diana war, genau auf diese Weise zu sterben wählte, wie sie es tat, um das Herz-Chakra Englands zu öffnen.

11: TRANSFORMATION DES OPFER-ARCHETYPS

Wie wir im vorigen Kapitel gesehen haben, besteht unsere Mission im Wesentlichen darin, den Opfer-Archetyp zu transformieren und das Bewusstsein des Planeten auf eine höhere Stufe weiterzuentwickeln. Doch was heißt das, etwas zu „transformieren"? Und was hat das mit einer höheren Bewusstseinsstufe des Planeten zu tun?

Das Erste, was wir begreifen müssen, ist: Wir können nur etwas transformieren, wenn wir es als unsere spirituelle Mission begreifen. Wir entscheiden jedoch nicht in *dieser* Welt über unsere Mission, sondern in der Welt der göttlichen Wahrheit vor unserer Inkarnation.

Das Zweite, was wir erkennen müssen, ist: Etwas zu transformieren bedeutet nicht, es zu verändern.

Um etwas zu transformieren, müssen wir es vollständig erfahren und so lieben, wie es ist.

Es kann beispielsweise unsere persönliche Mission sein, in eine misshandelnde Familie geboren zu werden, um den Missbrauch aus erster Hand zu erfahren und kennenzulernen – entweder als Opfer oder als Täter. Vergiss nicht, dass deine Erinnerung an deine Entscheidung für deine Mission völlig ausgelöscht wird, sobald du inkarnierst. Wenn du dich an deine Mission erinnern könntest, könntest du die Energie und die Erfahrung, Opfer zu sein, nicht vollständig erleben. Nur durch diese Erfahrung hast du die Möglichkeit zu erkennen, was hinter der Illusion des

Opferdaseins liegt – die Projektion der eigenen Schuld. Wenn du imstande bist, über die Illusion des Täters hinwegzusehen und seine Handlungen als einen Ruf nach Liebe zu erkennen, und wenn du darauf mit Liebe und vollkommener Akzeptanz reagieren kannst, wird die Opferenergie transformiert und das Bewusstsein aller Beteiligten auf eine höhere Stufe angehoben. Außerdem wird die Energie, die das Muster der Misshandlung in sich birgt, sich auflösen, und das Verhalten wird schlagartig aufhören. Darum geht es bei der Transformation.

Wenn wir hingegen die Wahrheit in der Situation nicht erkennen oder die Illusion nicht durchschauen und versuchen, die physischen Umstände zu verändern, bekräftigen wir die Energie der Misshandlungsmuster noch. Und nichts verändert sich.

Nur die Liebe transformiert

Nur die Liebe hat die Fähigkeit, die Energien von beispielsweise Kindesmissbrauch, Profitgier, Mord und anderen „Übeln der Welt" zu transformieren. Nichts anderes zeigt Wirkung. Versuche der Veränderung – wie etwa ein Kind aus einer misshandelnden Familie zu entfernen – sind zwar an sich menschlich, aber erzeugen keine Transformation. Der Grund ist klar. Erstens basieren solche Schritte auf Angst, nicht auf Liebe. Und zweitens werden unsere Eingriffe und Verurteilungen das Energiemuster der Misshandlung aufrechterhalten und noch verstärken.

Deshalb kann die Entscheidung, etwas zu transformieren, nur in der Welt der göttlichen Wahrheit getroffen werden. Wir Menschen sind zu tief in unseren Überzeugungen über Schmerz und Leid, Angst und Tod verwurzelt. Selbst wenn wir glauben, dass die Seele eines bestimmten Kindes in diese Welt gekommen ist, um Missbrauch zu erfahren und am eigenen Leib zu verspüren, können wir nicht untätig zusehen, wie so etwas geschieht. Die Mission mag aus der Perspektive der Welt der göttlichen Wahrheit einfach aussehen, aber hier „unten" auf der physischen Ebene erscheint sie völlig anders. Wer könnte tatsächlich ein misshandeltes Kind in dem Umfeld lassen, in dem es misshandelt wird? Wir können nicht anders, wir müssen einfach einschreiten. Schließlich sind wir Menschen!

Wie wir in einem der vorigen Kapitel gesehen haben, müssen wir uns für den Gedanken öffnen, dass der göttliche Geist genau weiß, was er tut. Wenn es nicht im höchsten und besten Interesse des Kindes wäre, dass jemand um seinetwillen eingreift, wird er dafür sorgen, dass niemand von der Misshandlung erfährt. Wenn jedoch der göttliche Geist will, dass ein Eingriff der Entwicklung der Seele dient, dann wird er dafür sorgen, dass jemand eingreift. Doch es ist nicht unsere Entscheidung. Wir Menschen müssen immer auf die Weise reagieren, die am menschlichsten erscheint. Anteil nehmend und mitfühlend, wobei wir uns darauf verlassen können, dass die Situation in jedem Fall von Liebe getragen wird.

Radikale Vergebung transformiert

Doch auch als Menschen sind uns in dieser Hinsicht nicht völlig die Hände gebunden, denn wir können die Energie von so etwas wie Kindesmisshandlung durch Radikale Vergebung transformieren. Wenn wir wirklich, im radikalen Sinn, allen, die an der Misshandlung beteiligt sind, vergeben, dann werden wir mit Sicherheit einen Einfluss auf das Energiemuster ausüben. Letztlich wird das Kind als Erwachsener Vergebung üben müssen, um das Muster endgültig zu verändern. Doch jedes Mal, wenn wir uns in einer Situation, ob persönlich verwickelt oder nicht, entscheiden, das Vollkommene an der Situation zu sehen, verändern wir die Energie schlagartig.

Vor einiger Zeit wurde ich gebeten, auf der jährlichen Konferenz der Vereinigung von Mediatoren in den USA einen Vortrag zu halten. Mir standen nur 45 Minuten zur Verfügung, und das Ganze fand zur Mittagspause statt, sodass mein Publikum gleichzeitig mit Essen beschäftigt war. Ich kam frühzeitig zu dem Treffen und hörte den Gesprächen zu, um ein Gefühl für ihre Art zu denken zu bekommen. Ich stellte fest, dass etwa die Hälfte der Teilnehmer Rechtsanwälte und die andere Hälfte Berater waren. Was

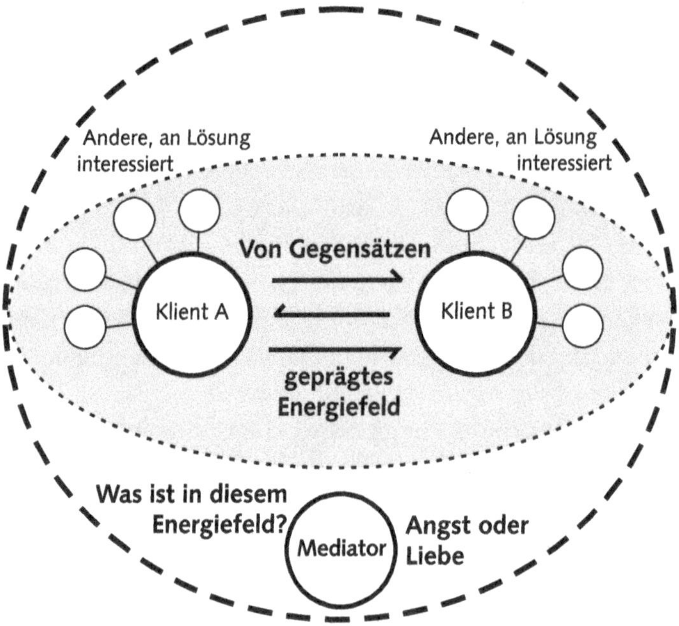

Abb. 9: Energiefelder der Mediation

sie gemeinsam hatten, war ihre Tätigkeit bei der Vermittlung von Streitigkeiten. Deshalb waren sie relativ offen und flexibel, wenn es darum ging, mit welchen Methoden Probleme gelöst werden könnten.

In den ersten zwanzig Minuten gab ich mein Bestes, um die Begriffe und Voraussetzungen zu erklären, die der Radikalen Vergebung zugrunde liegen. Dann zeichnete ich obiges Diagramm, um die energetische Beziehung zwischen ihnen und ihren Klienten darzustellen.

Anschließend versuchte ich, ihnen zu verdeutlichen, wie sie Situationen, in denen sie zu vermitteln haben, wahrnehmen: Aus ihrer Sicht seien Klient A und B bestenfalls in eine unglückliche Lage und schlimmstenfalls in eine Tragödie verwickelt. Ihre Rolle als Schiedsmann bestehe nun darin, das Beste aus einem schlechten Job zu machen, indem sie die Situation auf eine Weise lösen, die beiden Parteien sowie ihren Angehörigen so wenig wie möglich schade.

Sie stimmten mir grundsätzlich zu, dass dies eine treffende Schilderung ihrer Aufgabe und die Energie im Umfeld des Geschehens von Feindseligkeit und Misstrauen geprägt sei. Wenn es anders wäre, bräuchte man nicht die Hilfe eines Schiedsmanns.

Dann führte ich die Auswirkungen ihrer eigenen Energie in der Situation auf. Sie sahen, dass ihr Energiefeld normalerweise Gedanken und Gefühle enthält, die aus der Wahrnehmung der Situation als „schlecht" resultieren. Ich sagte ihnen, dass ihre Wahrnehmung der Situation als eine „schlimme" auf das Energiefeld der Beteiligten einwirke und das Opferbewusstsein der Beteiligten verstärke – trotz ihrer Versuche, zu vermitteln und den Klienten zu helfen.

„Wie wäre es", fragte ich, „wenn Sie sich, statt die Situation als tragisch und unglücklich zu sehen, mit der Idee anfreunden, dass sie ein Teil eines göttlichen Plans ist, der sich genau so entfaltet, wie es sein muss? Dass alle beteiligten Parteien, einschließlich des gesamten Umfeldes, genau das bekommen, was sie unbewusst, auf der Seelenebene gewollt haben – und dass dies immer der Fall ist, ganz gleich, wie die Situation ausgeht?

Glauben Sie, das würde einen Unterschied machen? Ihr Energiefeld wäre mit Liebe erfüllt, statt mit Gedanken und Gefühlen, die auf Angst beruhen. Meinen Sie, dies könnte einen Effekt darauf haben, wie die Situation am Ende gelöst wird?"

Überraschenderweise verstanden sie, was ich sagte. Selbst die Rechtsanwälte konnten mir folgen! Es herrschte weitgehend Übereinstimmung darüber, dass das, was sie über die Situation denken und fühlen, ein bestimmender Faktor dafür ist, wie die Situation ausgeht. Nicht, dass irgendetwas anderes getan würde oder sich an der Oberfläche etwas verändern würde. Sondern sie würden den Gedanken zulassen, dass alles vollkommen ist, sodass die Energie ohne viel Widerstand fließen kann – in welche Richtung auch immer sie fließen muss. Das bedeutet Transformation von Energie.

Morphische Resonanz

Was ich gerade beschrieben habe, basiert teilweise auf Rupert Sheldrakes Theorie der morphischen Felder und der morphischen Resonanz. Rupert Sheldrake ist ein englischer Biologe. Er vertritt die Theorie von Feldern, die aus sich selbst organisierenden und regulierenden Systemen in der Natur bestehen, die Muster aus schwingender oder rhythmischer Aktivität bilden und erhalten. Elemente werden durch morphische Resonanz voneinander angezogen, um diese Felder zu erzeugen, die sich ständig wandeln und weiter entwickeln. Wenn sich ein Element in dem Feld verändert, betrifft es das ganze Feld. Das Konzept scheint auf allen Ebenen anwendbar zu sein – von der Quantenphysik bis zu sozialem Gruppenverhalten.

Auf der menschlichen Ebene verbinden morphische Felder Individuen durch außersinnliche und energetische Resonanz (Bewusstsein) – ein Prozess, der unabhängig von Raum und Zeit ist. Daher ist die Wirkung der Vergebung unmittelbar für die Person, der vergeben wird, spürbar – ganz gleich, wie weit entfernt sie ist.

Hinsichtlich der Gruppe von Schiedsleuten können wir davon ausgehen, dass sie sich häufig in einer einem morphischen Feld vergleichbaren Situation befinden, in der die Beteiligten durch morphische Resonanz in Form von Opferbewusstsein zusammengehalten werden. Sobald ein Beteiligter (der Mediator) sein Bewusstsein in Richtung Liebe und Akzeptanz der Situation verschiebt, durchläuft das Feld sofort eine Transformation und schwingt auf einer höheren Ebene. Durch morphische Resonanz haben alle Beteiligten in der Gruppe die Möglichkeit, sich auf dieselbe Weise neu auszurichten. Die gesamte Situation kann sich in völlig andere, neue Richtungen entwickeln.

Ich erwähne diese spezielle Theorie, um zu zeigen, dass, wie wir über Energie und Bewusstsein reden, eine solide Grundlage in der aktuellen wissenschaftlichen Forschung und Theorie hat.

Nelson Mandela hat uns gezeigt, wie es geht

Die Art und Weise, wie Nelson Mandela die Situation in Südafrika meisterte, als das Apartheidsregime Anfang der neunziger Jahre endlich beendet wurde, war ein Paradebeispiel für die Transformation von Energie durch Radikale Vergebung. Apartheid, das von Weißen dominierte politische System, das ein dreiviertel Jahrhundert Südafrika beherrscht hatte, hielt Schwarze und Weiße voneinander getrennt – die Weißen im Luxus und die Schwarzen in furchtbarer Armut. Mandela selbst war 26 Jahre lang im Gefängnis. Nach seiner Entlassung aus dem Gefängnis wurde er Präsident des Landes. Südafrika war reif für ein Blutbad der Rache. Doch Nelson Mandela führte das Land durch einen erstaunlich friedfertigen Übergang, dessen Markenzeichen nicht Rache, sondern Vergebung war.

Nicht so sehr seine Handlungen verhinderten das angekündigte Blutbad, sondern vielmehr sein Umgang mit der Energie. Er weigerte sich, Rache zu üben. Im Namen des gesamten Volkes überwand er den Opfer-Archetyp. Dies ließ das gesamte Energiemuster der möglichen Gewalt, das sich bereits gebildet hatte und darauf wartete, ausgelöst zu werden, in sich zusammenfallen. Südafrika befindet sich noch immer im Übergang und ist keineswegs frei von Problemen. Doch der Fortschritt ist viel größer, als wir uns das vor ein paar Jahrzehnten hätten träumen lassen.

Unsere kollektive Mission ist es, den Opfer-Archetyp zu transformieren, um gemeinsam Nelson Mandelas Vorbild zu folgen und über die Erfahrung des Opferseins hinauszuwachsen. Wenn uns dies nicht gelingt, werden wir hoffnungslos unseren Wunden und dem Opfer-Archetyp verhaftet bleiben.

Geistige Anregungen

Tief in unserem Unterbewusstsein sind wir mit unserer Mission vertraut. Der göttliche Geist gibt uns immer wieder Gelegenheiten, die Opferenergie zu transformieren, indem er Dinge wie Inzest, Kindesmisshandlung, sexuellen Missbrauch und Rassenhass an die Oberfläche bringt. Wir alle können in jeder Situation unsere Mission annehmen durch Praktizieren von Radikaler Vergebung. Wenn genügend Menschen diese Gelegenheiten ergreifen, wird sich unsere Wahrnehmung verändern. Wir werden die Vollkommenheit unserer Situation erkennen. Wir werden sie transformieren, und die Notwendigkeit derartiger Energiemuster wird verschwinden.

Transformationsübung

Um den Opfer-Archetyp zu transformieren, kannst du folgende Übung durchführen.

Jedes Mal, wenn dich etwas in den Nachrichten ärgert, verändere deine Perspektive: Statt zu verurteilen, was du siehst, erlaube dir, die Vollkommenheit in der Situation zu sehen. Statt dich beispielsweise bei einem Bericht über Krieg und die damit einhergehenden Probleme aufzuregen, hilf dabei, die Energie ethnischer Spannungen und die Energie von Wut und Hass zu transformieren. Tu dies, indem du die Person oder Situation, über die du gewöhnlich urteilen würdest, anschaust. Schau, ob du zu einer liebenden Akzeptanz finden kannst. Mache dir bewusst, dass die Menschen in der Geschichte ihren Part innerhalb des göttlichen Plans spielen. Sieh nicht die einen als Opfer und die anderen als Täter. Die Menschen spielen nur ihre Rolle innerhalb des Dramas, damit Heilung stattfinden kann. *Vergiss nicht: Das Göttliche macht keine Fehler.*

12: DAS EGO SCHLÄGT ZURÜCK

Radikale Vergebung erhöht unsere Schwingung und hilft uns bei der spirituellen Entwicklung, indem sie uns daran erinnert: Wir sind spirituelle Wesen, die eine menschliche Erfahrung machen.

Ein solches Wachstum ist eine echte Bedrohung für das Ego (definiert als das tiefsitzende, komplexe System von Überzeugungen, das besagt, dass wir von Gott getrennt sind und er uns eines Tages für diese Entscheidung bestrafen wird). Je weiter wir uns spirituell entwickeln, desto wahrscheinlicher wird es, dass wir uns daran erinnern, wer wir sind – und dass wir eins sind mit dem Göttlichen. Und desto stärker wird unser Ego bedroht.

Sobald wir das erkannt haben, muss das Ego sterben. Unsere Glaubenssysteme jeglicher Art widersetzen sich vehement allen Versuchen, ihre Unrichtigkeit zu beweisen. Das Ego ist keine Ausnahme. (Die Menschen demonstrieren ständig, dass sie lieber im Recht als glücklich sind.)

Je mehr wir daher von Radikaler Vergebung Gebrauch machen, desto mehr wird das Ego sich wehren und versuchen, uns im Gefängnis unseres Opfer-Archetyps festzuhalten. Dies erreicht es unter anderem dadurch, dass es seine eigenen Methoden des spirituellen Wachstums verwendet. Ein gutes Beispiel ist das Ummünzen der *Arbeit mit dem inneren Kind* für die Ziele des Egos. Die Arbeit mit dem inneren Kind bietet uns eine Möglichkeit, uns selbst zu erkennen und die Wunden der Kindheit zu heilen, die wir als Erwachsene noch immer in uns tragen und die unser Leben noch heute beeinflussen.

Wenn wir uns um die Heilung unserer inneren Wunden kümmern, sieht das Ego darin jedoch eine Gelegenheit, sein eigenes Überleben zu sichern. Es bedient sich dieser Art von Arbeit, die das innere Kind als Metapher für unsere Verletzungen sieht, um unser Festhalten am Opfer-Archetyp zu verstärken. Das daraus resultierende Verhalten ist ein ständiges Aufsuchen unserer Wunden. Wir geben ihnen Macht über uns, indem wir dauernd über sie sprechen, sie auf das sogenannte innere Kind projizieren und sie als Mittel einsetzen, um Intimität zu finden.

„Unsere Eltern sind schuld."

Ein Großteil der Arbeit mit dem inneren Kind in den achtziger Jahren konzentrierte sich darauf, unsere Eltern oder jemand anders dafür verantwortlich zu machen, dass wir unglücklich sind. Der Gedanke: „Ich könnte heute glücklich sein, wenn meine Eltern es nicht verhindert hätten", wird dabei permanent wiederholt. Er erlaubt uns zu fühlen, dass „sie uns das angetan haben" – eine Wahrnehmung, mit der es sich viel leichter leben lässt als mit dem Glauben, dass wir irgendwie *selbst dafür gesorgt* haben, auf diese Weise behandelt zu werden. Ein solcher Standpunkt freut das Ego, weil er uns automatisch als Opfer darstellt. Solange wir weiterhin unsere Eltern für unsere Probleme verantwortlich machen, werden künftige Generationen dieses Glaubensmuster weiterleben.

Emotionale Entgiftung

Ich will keineswegs sagen, dass es schädlich ist, in Kontakt mit unseren alten unterdrückten Gefühlen von Wut und Schmerz zu kommen und Wege zu finden, sie zu lösen. Im Gegenteil, ich halte dies für sehr wichtig. Bevor wir zur Radikalen Vergebung übergehen, müssen wir zuerst diese Arbeit tun. Denn wir können nicht vergeben, wenn wir wütend sind. Zu viele Workshops und Therapien konzentrieren sich jedoch lediglich auf unseren Ärger und helfen uns nicht, ihn durch Vergebung jeglicher Art zu transformieren. Wenn wir die Arbeit an unserem Ärger mit Radikaler Vergebung kombinieren, werden alle möglichen unterdrückten emotionalen und mentalen Gifte ausgeschieden, und die dauerhafte Auflösung des Ärgers wird möglich. So kommen wir aus unserer Verletztheit heraus und überwinden unser Opferdasein.

Navajo-Vergebungsritual

Carolyn Myss beschreibt ein Ritual der Navajo-Indianer, mit dem sie verhindern, dass ein Stammesmitglied unaufhörlich seine Wunden leckt. Die Navajos erkannten sicherlich die Notwendigkeit, dass man über seine Wunden spricht und sie von der Gruppe *zur Kenntnis genommen* werden. Sie verstanden aber auch, dass man seinen Wunden, wenn man über sie spricht, Macht verleiht – besonders, wenn man dies exzessiv tut. Wenn daher ein Stammesmitglied eine Wunde oder Trauer mit sich trug, über die es sprechen wollte, wurde ein Stammestreffen einberufen. Die betroffene Person konnte ihr Anliegen dort vortragen. Drei Mal durfte die Person ihre Betroffenheit zum Ausdruck bringen, und alle hörten mit Empathie und Mitgefühl zu. Beim vierten Mal jedoch drehten alle der Person den Rücken zu, wenn sie in den Kreis kam. „Genug! Wir haben uns deine Sorgen nun drei Mal angehört. Wir haben dich damit angenommen. Nun lass es los! Wir werden es uns nicht noch einmal anhören", sagten sie. Dies diente als ein wirksames Ritual zur Unterstützung der Bewältigung vergangener Schmerzen.

Stell dir vor, wir könnten unsere Freunde auf die gleiche Weise unterstützen. Wie wäre es, wenn wir, nachdem sie drei Mal ihre Wunden und ihr Problem des Opferseins zum Ausdruck gebracht haben, sagten: „Ich habe jetzt genug von dir über dieses Thema gehört. Es ist Zeit, dass du es loslässt. Ich werde nicht mehr länger dulden, dass deine Wunden dich beherrschen, indem du weiterhin über sie redest. Ich liebe dich zu sehr, um das zuzulassen."

Ich bin mir sicher, wenn wir das täten, würden viele unserer Freunde meinen, wir hätten sie im Stich gelassen. Sie würden unser Verhalten nicht als einen Akt liebender Unterstützung sehen, sondern als Zumutung, und würden uns deshalb sofort angreifen.

Wahre Freundschaft

Wenn wir einander auf dem Weg unserer spirituellen Evolution wirklich unterstützen wollen, werden wir meines Erachtens nicht umhinkommen, das Risiko einzugehen, unseren geliebten Mitmenschen gegenüber eine Grenze zu ziehen. Wir müssen unser Bestes tun, um ihnen sanft, aber bestimmt zu helfen, die Abhängigkeit von ihren Wunden zu überwinden. Wenn uns dies gelingt, werden wir unsere kollektive Mission erfüllen, den Opfer-Archetyp zu transformieren und uns daran zu erinnern, wer wir wirklich sind.

Anmerkung: Im vierten Teil findest du eine Anleitung zur Meditation, in der das verwundete innere Kind befreit wird und seinen Weg in die Welt der göttlichen Wahrheit zurückfinden kann (Kapitel 30).

13: ZEIT, MEDIZIN UND VERGEBUNG

Die spirituelle Evolution bringt eine neue Wertschätzung und Kenntnis unseres physischen Körpers und seiner Pflege mit sich. Das medizinische Paradigma der vergangenen 300 Jahre – seit der französische Philosoph René Descartes den Körper als Maschine definierte – verändert sich rapide in Richtung zu einem ganzheitlichen Körper-Geist-Ansatz.

In der Vergangenheit war Gesundheit für uns die Abwesenheit von Krankheit. Heute denken wir bei Gesundheit daran, wie gut unsere *Lebensenergie* (Prana, Chi und so weiter) durch unseren Körper fließt. Um eine optimale Gesundheit aufrechtzuerhalten, muss die Lebensenergie frei fließen können. Wir können nicht gesund sein, wenn unser Körper mit den Energien von Groll, Wut, Depression, Schuld und Trauer verstopft ist.

Wenn wir hier vom Körper sprechen, schließt dies nicht nur den physischen Körper ein, der auch ein *Energiekörper* ist, sondern auch die feinstofflichen Körper, die diesen umgeben. Diese nennen wir im Einzelnen den ätherischen Körper, den emotionalen Körper, den mentalen Körper und den kausalen Körper. Jeder dieser Körper hat eine andere Schwingung. Wir sind gewohnt, unseren Körper in Begriffen von chemischer Zusammensetzung und Molekülen zu definieren, doch im physikalischen Sinn können wir ihn als *Verdichtung ineinandergreifender Energiemuster betrachten*.

Die feinstofflichen Körper umhüllen den physischen Körper in Lagen wie schwingende Hüllen aus Energiefeldern, von denen

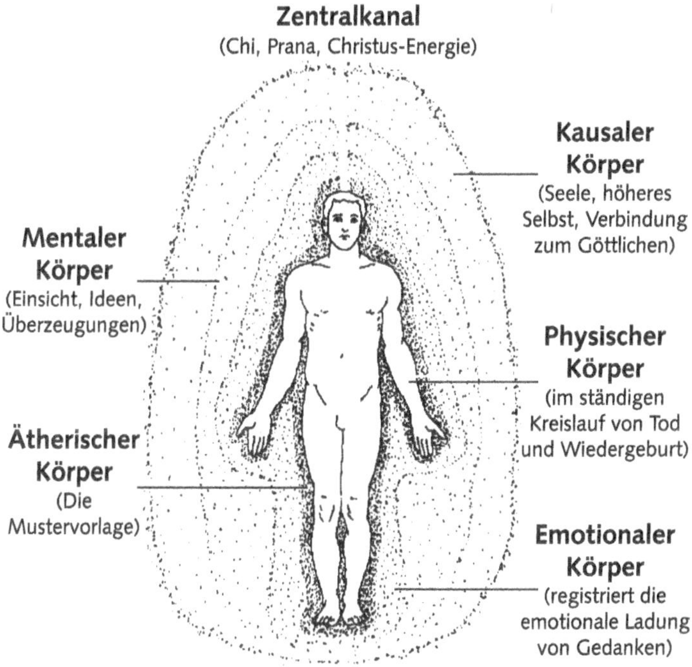

Abb. 10: Die feinstofflichen Energiekörper

jede eine Oktave höher schwingt als die vorhergehende. Diese Hüllen sind jedoch keine festen Schichten mit klaren Grenzen wie in der Abbildung. Sie sind vielmehr größtenteils innerhalb desselben Raums verteilt, so als wären sie alle Teil eines Ozeans aus Energie, der unseren Körper umgibt. Die feinstofflichen Körper sind nicht so sehr durch ihre Position im Raum definiert als vielmehr durch die verschiedenen Frequenzen, mit denen sie schwingen.

Die feinstofflichen Körper befinden sich in harmonischer Resonanz mit den Schwingungsmustern des physischen Körpers und ermöglichen es dem Bewusstsein (Geist), sich mit dem Körper auszutauschen. Dies nennen wir das Körper-Geist-Kontinuum, bei dem der Geist sowohl innerhalb als auch außerhalb des physischen Körpers existiert. (Weitere Details über die Eigenschaften und den Sinn, der jedem dieser feinstofflichen Körper beigemessen wird, siehe Teil 3, Kapitel 15.)

Verstopfte Filter

Um dieses Konzept in einer praktischen Analogie darzustellen, stell dir vor, dein Körper sei ein komplexes System von Filtern, wie man sie in der Heizungsanlage eines Hauses findet. Die Filter müssen gelegentlich gereinigt werden, um sicherzustellen, dass die Heizung effektiv arbeitet. Ebenso wie die Filter dergestalt konstruiert wurden, dass die Luft leicht durch sie hindurchziehen kann, verhält es sich mit unseren Körpern. Die Lebenskraft muss frei durch alle Körper fließen können – durch unseren physischen Körper und unsere feinstofflichen Körper.

Wenn wir jemanden verurteilen, ungerecht behandeln oder beschuldigen, wenn wir projizieren, Ärger unterdrücken, an einem Zorn auf jemanden festhalten oder Ähnliches, erzeugen wir in unserem Körper oder in unseren feinstofflichen Körpern eine Energieblockade. Jedes Mal wird unser Filter ein wenig mehr blockiert, und weniger Energie steht unserer Heizung zur Verfügung. Früher oder später wird der Filter ganz verstopft sein, und die Flamme stirbt. Denn sie bekommt nicht mehr den Sauerstoff, den sie zum Brennen benötigt. Wenn unser physischer und unsere feinstofflichen Körper verstopft sind, die Lebensenergie nicht mehr leicht fließen kann, macht unser Körper allmählich dicht. In vielen Fällen äußert sich dies zuerst als Depression. Schließlich wird unser Körper krank, und wir sterben, wenn die Blockaden nicht beseitigt werden.

Vielleicht erinnerst du dich, wie meine Schwester Jill eine Befreiung von Energie verspürte, als sie Radikale Vergebung zu praktizieren begann. Ihre Lebensenergie-Filter waren durch ihre vergifteten Überzeugungen über ihre eigene Wertlosigkeit, ihren alten Groll, ihre Wut, Traurigkeit und Frustrationen über ihre gegenwärtige Situation verstopft. Als sie alles losließ, wurden ihre Energieblockaden beseitigt, wodurch sich auch ihr emotionaler Zustand änderte. Wenn du radikal vergibst, befreist du enorme Mengen an Lebensenergie, die zur Heilung, zur Kreativität und zum Einswerden mit deinem wahren Lebensinhalt dienen können.

Farras Grippe und deren Auflösung

Ein guter Freund von mir, Farra Allen, Mitbegründer der *Atlanta Schule für Massage* und Geist-Körper-Berater, erkrankte an einer besonders heftigen Grippe, die Menschen zehn Tage oder länger ans Bett fesselte. Er lag ziemlich darnieder, doch statt all seine Lebensenergie dem Grippevirus zu überlassen, entschloss er sich, die Grippe für innere Arbeit zu nutzen – in der Hoffnung, das Energiemuster, das den Virus festhielt, zu verändern. Er setzte dazu einen Prozess ein, der als „Aktive Visualisierung" bekannt ist. Aktive Visualisierung beinhaltet das Aufschreiben von Gedanken als einen Bewusstseinsstrom. Dabei entdeckte er ein bislang unbewusstes und ungelöstes emotionales Problem. Er setzte Radikale Vergebung ein, um das Problem zu klären, und die Grippe verflog fast schlagartig. Innerhalb von zwei Tagen nach Beginn der Krankheit war er wieder voll funktionsfähig und fühlte sich großartig. Dies war eine sehr eindrucksvolle Demonstration der heilenden Kraft der Radikalen Vergebung.

Funktioniert es auch bei Krebs?

Nehmen wir an, die Krankheit war keine Grippe, sondern eine Krebserkrankung, die als tief unterdrückte Emotion begann. Wenn die Heilung in der Lösung dieser Energieblockade liegt, dann könnte unsere Empfehlung darin bestehen, meinen Freund in Kontakt mit seinen unterdrückten Gefühlen zu bringen, um sie vollständig zu fühlen und dann loszulassen.

Im Gegensatz zu Farras Grippeanfall, der wahrscheinlich innerhalb einiger weniger Tage von seinem feinstofflichen Körper auf den physischen Körper überging, hat dieses Energiemuster für den gleichen Prozess jedoch möglicherweise viele Jahre gebraucht, um sich als Krankheit zu manifestieren. Die Frage lautet dann: „Wie lange dauert es, ausschließlich durch emotionale Lösung den Prozess einer Krankheit vollständig umzukehren?" Es ist vorstellbar, dass es dieselbe Anzahl von Jahren braucht, die es gedauert hat, bis die Krankheit sich manifestierte – was im Falle von Krebs, bei dem es auf Zeit ankommt, kein sehr praktikabler Weg ist – oder zumindest zu sein scheint.

Zeit heilt alle Wunden

Zeit war immer etwas Festes und Lineares in unserer Vorstellung, bis Einstein den Beweis führte, dass Zeit in Wirklichkeit relativ und das Bewusstsein ein Faktor in der Gleichung ist. Je fortgeschrittener das Bewusstsein ist, desto schneller verläuft unsere Entwicklung. Und desto schneller verändern sich auch die Dinge in der physischen Materie, auf die wir unsere Aufmerksamkeit richten.

Stelle dir das Bewusstsein als eine Schwingung vor. Es würde wahrscheinlich viel zu lange dauern, den Krankheitsprozess von Krebs energetisch umzukehren, wenn wir uns auf einer niedrigen Schwingung befinden. Unsere Schwingung wird automatisch niedriger, wenn wir in Furcht sind, Ärger und Groll in unserem Sein festhalten, uns als Opfer fühlen und unsere Energie in der Vergangenheit blockieren. Für die meisten Menschen ist dies das vorherrschende Bewusstsein. Daher könnten nur wenige Menschen eine Krankheit wie Krebs schnell genug umkehren, wenn sie sich ausschließlich auf die Lösung emotionaler Ursachen der Krankheit verlassen – es sei denn, sie haben eine Möglichkeit gefunden, ihre Schwingung zu erhöhen.

Wenn wir den Opfer-Archetyp loslassen und unsere Energie durch den Prozess der Radikalen Vergebung in die Gegenwart bringen, können wir unsere Schwingung möglicherweise so weit erhöhen, dass wir zumindest eine schnellere, wenn nicht sofortige Umkehrung des Krankheitsprozesses erreichen. Wir erhöhen unsere Chancen, wenn wir außerdem noch andere Methoden wie Gebet und Meditation zur Erhöhung unserer Schwingung einsetzen.

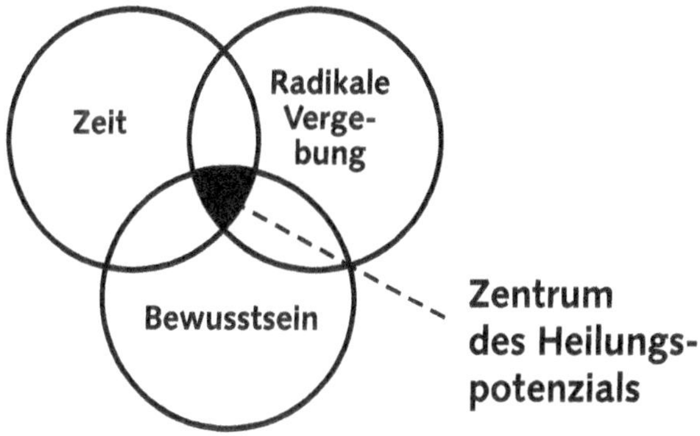

Abb.11: Zeit und Heilung

Beispiel: Eine Frau, die an einem unserer Retreats teilgenommen hatte, hatte mehrere Operationen wegen Gebärmutterkrebs hinter sich. Ihre Ärzte hatten ihr gerade noch drei Monate zu leben gegeben. Sie war sehr deprimiert und spürte nur noch wenig Lebensenergie. Sie sagte, sie sei nur zu dem Retreat gekommen, weil die Leute in ihrer Kirchengemeinde das Geld für ihre Teilnahme gesammelt hatten und sie sich daher dazu verpflichtet fühlte. Wir arbeiteten mit ihr, und am dritten Tag hatte sie einen wundervollen Durchbruch. Er brachte sie in Verbindung zu einem Ereignis, das im Alter von zweieinhalb Jahren in ihrem Leben stattgefunden und ihr das Gefühl gegeben hatte, sie sei vollkommen wertlos. Es lösten sich in ihr in diesem Zusammenhang sehr viele Gefühle. Sie trauerte um die vielen Gelegenheiten, in denen sie ihr Leben auf eine Weise eingerichtet hatte, die ihre Wertlosigkeit unter Beweis stellte. Danach war ihre Lebensenergie spürbar erhöht. Als sie das Retreat verließ, war sie völlig begeistert von der Idee eines alternativen Programms, das ihr helfen würde, den Krebs und die Prognose des Arztes zu besiegen. Sie war sogar gewillt, in ein anderes Land zu reisen, falls die von ihr gewählte Methode in den USA illegal wäre. (Viele Heilmethoden sind in den USA illegal.) Nach zwei Wochen intensiver Suche nach der passenden Behandlung, erkannte sie plötzlich: Ihre Heilung würde durch Gebet geschehen. Also reiste sie an einen Ort im Staat New York und arbeitete dort mit einem Paar, das Gebetswochen anbot. Sie betete eine ganze Woche lang. Nach ihrer Rückkehr besuchte sie ihren Onkologen. Er untersuchte sie und stellte fest: „Ich weiß nicht, wie ich das erklären soll, aber Sie haben absolut keine Spur des Krebses mehr in Ihrem Körper. Ich könnte sagen, es war eine spontane Remission, doch ich glaube an Gott, und ich bin nicht gewillt, es anders zu sehen als ein Wunder."

Diese Frau ist ein wundervolles Beispiel dafür, wie die Erhöhung der Schwingung durch Gebet den körperlichen Zustand eines Menschen in Tagen, statt in Jahren umkehren kann. Ich glaube, dass Radikale Vergebung dasselbe bewirkt hätte.

Die Seattle-Studie über Vergebung

Eine interessante, bislang unveröffentlichte Studie über Vergebung und Zeit wurde an der Seattle University in Washington State durchgeführt. Im Rahmen der Studie wurde eine Reihe von Interviews geführt mit Menschen, die nach ihrer eigenen Aussage zum Opfer gemacht wurden. Die Forscher wollten herausfinden, wie diese Wahrnehmung sich im Lauf der Zeit veränderte. Erste Ergebnisse zeigten, dass innere Zufriedenheit, die beschrieben wurde als „frei von jeglichem Groll", *nicht* durch einen Akt der Vergebung, sondern durch die plötzliche *Entdeckung* kam, dass sie vergeben hatten. Alle berichteten: Je mehr sie zu vergeben versuchten, desto schwieriger wurde es und desto mehr Groll verspürten sie. Sie hörten auf mit dem Versuch zu vergeben und ließen einfach los. Nach einer gewissen Zeit kam die überraschende Erkenntnis, dass sie keinen Groll mehr hegten und in der Tat vergeben hatten.

Eine spätere, noch interessantere Entdeckung zeigte: Der Erkenntnis, dass sie vergeben hatten, ging das Wissen voraus, dass man *ihnen* vergeben hatte. (Wer ihnen vergab und wofür, war irrelevant.) Was dies mit Gewissheit zeigt, ist, dass Vergebung eine Veränderung von Energie ist. Als sie die Erfahrung machten, dass man ihnen vergeben hatte – eine Freisetzung stockender Energie –, konnten sie ihre eigene, nicht fließende Energie in Bezug auf eine andere Person auflösen.

Diese Studie betont nicht nur die Erkenntnis, dass Vergebung nicht willentlich bewirkt werden kann, sondern sie zeigt auch, dass Vergebung sich als innere Transformation durch eine Kombination aus dem Aufgeben festgehaltenen Grolls und dem Annehmen von Vergebung von selbst vollzieht.

Überdies unterstreichen die Ergebnisse dieser Studie den Wert von Schritt neun im Zwölf-Schritte-Prozess, der erfolgreich von Millionen Menschen in den Gruppen der Anonymen Alkoholiker und anderen ähnlichen Programmen eingesetzt wird. Schritt neun beinhaltet, dass wir mit allen, die wir verletzt haben, Frieden schließen, und dass wir sie um Vergebung bitten. Wenn wir spüren, dass uns wirklich vergeben wurde, setzt dies unsere eigene Energie frei – um nicht nur anderen, sondern auch uns selbst zu vergeben.

Zeit heilt alle Wunden – früher oder später

Man könnte argumentieren, dass die Seattle-Studie die Langsamkeit des Prozesses der Vergebung betont und zeigt, dass Vergebung eine sehr ineffektive Methode zur Heilung einer Krankheit wie Krebs sein kann. In vielen Fällen brauchten Menschen mehrere Jahrzehnte bis zur Entdeckung, dass sie vergeben hatten.

Dabei gilt es jedoch zu beachten, dass die Studie nicht zwischen Radikaler und herkömmlicher Vergebung unterschieden hat. Was sie beschreibt, zählt zweifellos zur zweiten Kategorie. Ich möchte wetten: Wenn die Studiengruppe in zwei Gruppen aufgeteilt würde – eine Gruppe, die Radikale Vergebung anwendet, und eine andere, die sich auf herkömmliche Vergebung beschränkt – dann würde die Gruppe mit den zusätzlichen Möglichkeiten der Radikalen Vergebung den Zustand der Zufriedenheit ungleich schneller erreichen als die andere Gruppe.

Ich behaupte keineswegs, dass Radikale Vergebung immer schlagartig auftritt – obwohl ich dies mittlerweile sehr häufig beobachtet habe. Noch kann behauptet werden, dass es sich dabei um ein definitives *Heilmittel* für Krebs handelt. Dennoch sollte Radikale Vergebung ein integraler Bestandteil aller therapeutischen Programme gegen Krebs sein. In einigen Fällen verzögern Patienten die medizinische Behandlung, um zu sehen, ob Radikale Vergebung eine Wirkung erzielt, die stark genug ist, um einen so drastischen Eingriff überflüssig zu machen. Bei herkömmlicher Vergebung wäre dies undenkbar.

Marys Geschichte

Meine Freundin Mary Pratt, Mitorganisatorin vieler meiner Retreats, wollte monatelang nicht wahrhaben, dass sie schwer krank war. Als ihre Krankheit dann offensichtlich wurde und sie sie nicht mehr länger ignorieren konnte, suchte sie einen Arzt auf. Er eröffnete ihr, sie habe Dickdarmkrebs im dritten Stadium.

Die Ärzte wollten sofort operieren. Sie bat um einen Aufschub von 30 Tagen, und die Ärzte stimmten widerstrebend zu. Sie zog sich eine Woche lang in eine kleine Berghütte zurück. Dort meditierte sie und arbeitete daran, allen Menschen in ihrem Leben zu vergeben, einschließlich sich selbst, mittels Radikaler Vergebung. Sie fastete, betete, weinte und ging buchstäblich durch „die dunkle Nacht der Seele". Sie kehrte zurück nach Hause und arbeitete mit verschiedenen Therapeuten daran, ihren Körper zu reinigen und ihr Immunsystem zu kräftigen.

Am Ende der 30 Tage wurde die Operation durchgeführt. Anschließend wollte der Arzt wissen, was sie getan hatte, denn der Krebs war fast vollständig verschwunden, und statt der radikalen Operation, die er für notwendig gehalten hatte, erforderte die Beseitigung des Krebses nur einen kleinen Eingriff.

Zeit gewinnen

Wenn die Krankheit so fortgeschritten oder aggressiv ist, dass ein sofortiger medizinischer Eingriff notwendig ist, kann man durch eine Operation, Chemotherapie oder Strahlenbehandlung Zeit gewinnen. In diesem Sinne ist eine solche Behandlung nicht nur hilfreich, sondern manchmal auch notwendig.

Man darf nicht vergessen, dass es bei Krebs keine Garantie auf Heilung gibt. Außerdem gibt es bei den Ärzten oft die unausgesprochene Erwartung, dass eine Verschlimmerung auf jeden Fall eintreten wird und nur eine Frage der Zeit ist. Ich bevorzuge es, die Behandlung als eine Möglichkeit zu sehen, Zeit zu gewinnen, um Radikale Vergebung zu üben – die in der Regel eine Verschlimmerung vermeiden kann und zu innerem Frieden beiträgt, wie auch immer sich der Heilungsweg entwickelt.

Vorbeugende Medizin

Radikale Vergebung ist eine der besten vorbeugenden Maßnahmen, die es gibt. Radikale Vergebung befreit die Energie der feinstofflichen Körper, lange bevor sie sich zu einer Blockade im physischen Körper entwickeln kann. Wenn ich jemandem helfe, durch Radikale Vergebung Probleme und aufgelöste Konflike zu lösen – wie etwa bei meiner Schwester Jill –, helfe ich ihnen nicht nur dabei, eine Wunde in ihrem feinstofflichen Körper zu heilen, sondern auch dabei, eventuell entstehenden Krankheiten in ihrem physischen Körper vorzubeugen. Ich bin davon überzeugt, dass wir niemals krank werden, wenn wir die Energie in unseren Körpern so im Fluss halten, wie es ihr entspricht. Obwohl ich keine fünftägigen Krebs-Retreats mehr gebe, halte ich die Workshops in Radikaler Vergebung, die ich nun auf der ganzen Welt durchführe, als Krebsvorbeugung für sehr geeignet.

Natürlich helfen auch angemessene Bewegung, gute Ernährung und andere vernünftige Praktiken in dieser Hinsicht. Dennoch ist es äußerst wichtig für die Erhaltung einer guten Gesundheit, dass wir unsere Energiekörper frei von emotionalem Unrat und Vergiftungen halten. Leider findet dieser Aspekt des Heilens das geringste Echo in den Medien – trotz der Tatsache, dass jeder fünfte Amerikaner Antidepressiva einnimmt. Krebserkrankungen gehen immer Depressionen voraus. So ist es vielleicht kein Zufall, dass auch jeder fünfte Amerikaner an Krebs stirbt.

Vergebung und Krebs

Ich werde häufig gefragt, warum ich mit Krebspatienten arbeite. Ich begann Anfang der neunziger Jahre damit, fünftägige Retreats für Menschen mit Krebs anzubieten zur emotionalen und spirituellen Heilung. Damals wusste ich nur sehr wenig über die medizinischen Aspekte der Krankheit und hatte keine eigene Erfahrung damit.

Erst als ich bereits einige Zeit lang die Retreats durchgeführt hatte, wurde mir klar, dass ich mich sehr zu dieser Arbeit hingezogen fühlte. Dies lag daran, dass sie sich mit meinem Interesse an Vergebung verbinden ließ. Ich entdeckte, dass fast alle Krebspatienten neben der Gewohnheit, in ihrem Leben Gefühle zu unterdrücken und zu verdrängen, eine deutliche Unfähigkeit haben zu vergeben.

Ich glaube mittlerweile, dass ein Mangel an Vergebung zu den meisten Krebserkrankungen beiträgt, vielleicht sogar deren Hauptursache ist. Meine Heilarbeit mit Krebspatienten und mit Menschen, die verhindern wollen, dass diese Krankheit in ihrem Körper entsteht oder zurückkehrt, konzentriert sich heute fast ausschließlich auf die Radikale Vergebung.

Janes Geschichte

Jane kam zu einem unserer fünftägigen Retreats in den Bergen von Nord Georgia. Sie hatte eine Brustamputation hinter sich und eine Knochenmarktransplantation vor sich. Nach dem Retreat kam sie einmal pro Woche zur Hypnotherapie und individuellen Beratung zu mir. Bei ihrem zweiten Besuch war sie sehr beunruhigt; eine routinemäßige magnetische Resonanzspektroskopie hatte winzige Krebszellen in ihrem Gehirn festgestellt. Diese neue Form von Krebs war an sich schon beunruhigend, und zusätzlich würde ihr Auftauchen wahrscheinlich auch noch ihre Chancen auf eine Transplantation zunichtemachen. Die Ärzte planten, sie mit Chemotherapie zu behandeln, um das Fortschreiten des Krebses zu stoppen. Sie waren jedoch über ihren Zustand erstaunt, weil sich normalerweise Metastasen von der Brust erst in die Leber und dann ins Gehirn fortsetzen. Nur sehr selten breitet sich der Krebs von der Brust direkt ins Gehirn aus. Dies schien mir wert, näher untersucht zu werden.

Jane war eine attraktive Frau Anfang vierzig, die seit etwa sieben Jahren keine Liebesbeziehung mehr hatte. Es gab einen Mann in ihrem Leben, doch sie beschrieb ihr Verhältnis zu ihm eher als eine Art guter Freundschaft. Tatsächlich sah sie in ihm eher einen „Kumpel“, obwohl sie gelegentlich mit ihm Sex hatte. Als ich näher nachforschte, kam sie in Kontakt mit einer tiefen Trauer, die sie noch immer wegen einer Beziehung verspürte, die vor einigen Jahren geendet hatte. Diese acht Jahre dauernde Beziehung war sehr leidenschaftlich und intensiv gewesen, und Jane verehrte den Mann zutiefst. Nachdem die Beziehung, die – so glaubte Jane – bald zu einer Ehe führen würde, vier Jahre angedauert hatte, entdeckte sie, dass der Mann bereits verheiratet war und Kinder hatte. Er hatte keine Absicht, seine Frau zu verlassen. Jane war völlig am Boden zerstört, doch konnte nicht aufhören, ihn zu treffen. Sie brauchte vier weitere, sehr schmerzliche Jahre, um sich aus dieser Beziehung zu befreien.

Es war mir klar, dass Jane als Folge dieser gescheiterten Beziehung ihre Gefühle vollkommen verschlossen hatte und sich nicht mehr gestattete, eine tiefe Beziehung mit einem Mann einzugehen. Es erstaunte mich nicht, dass sie an einem gebrochenen Herzen litt. Die meisten Frauen mit Brustkrebs haben irgendwo in ihrer Geschichte ein gebrochenes Herz. (Die Brust ist ein Organ des Nährens, sie liegt in der Nähe des Herzens und steht in direkter Verbindung dazu.)

Beim Verlassen der Sitzung flüsterte sie mir zu: „Ich habe ihn im Dachboden.“

Ein Schreck fuhr mir in die Glieder. „Was meinen Sie damit?“, fragte ich sie.

„Alles, was ich über die Jahre angesammelt hatte, was in Verbindung zu diesem Mann stand oder was mich an ihn erinnerte, habe ich in einen Karton gestopft. Den Karton habe ich auf den Dachboden gebracht. Dort steht er noch. Ich habe die Sachen seither nicht angerührt.“

Ich lud sie ein, sich zu setzen und mir das noch einmal zu erzählen. Ich bat sie schließlich, mir das Ganze dreimal hintereinander zu erzählen. Plötzlich sah sie die Verbindung zwischen dem Karton auf dem Dachboden, der für ihre zerbrochene Liebesbeziehung stand, und ihrem Gehirnkrebs. „O mein Gott!", sagte sie.

„Das ist er in meinem Kopf. Er ist in meinem Dachstübchen!"

Ich forderte sie auf, nach Hause zu gehen, in ihren Dachboden zu steigen und den Karton herunterzuholen. Ich bat sie, den Karton zur nächsten Sitzung mitzubringen, und wir würden den Inhalt Stück für Stück durchgehen. Wir verabredeten, dass sie mir die Geschichte jedes einzelnen Stückes erzählen sollte, bis wir diese Energie vollständig gebannt und den Schmerz, den sie unterdrückt hatte, freigesetzt hatten. Jane sah, dass dies der Schlüssel zu ihrer Heilung sein könnte, und war sehr begeistert von dem Gedanken. Tragischerweise hatte sie am nächsten Tag einen Anfall und wurde ins Krankenhaus eingeliefert. Sie starb einen Monat später, ohne jemals den Karton auf ihrem Dachboden angerührt zu haben. Sich den Inhalt des Kartons anzuschauen und den Schmerz ihrer verlorenen Liebe zu spüren, wäre möglicherweise zu viel für sie gewesen. Offensichtlich bevorzugte ihre Seele, ihr Leben aufzugeben und sich auf einer anderen Ebene diesem Schmerz zu stellen.

Ursprünge von Krankheit

Energieblockaden beginnen immer in den feinstofflichen Körpern. Wenn sie nicht auf dieser Ebene aufgelöst werden, setzen sie sich im physischen Körper fort und manifestieren sich schließlich als Krankheiten wie Krebs, multiple Sklerose, Diabetes oder anderes. Wir können daher sagen, dass Krankheiten immer zuerst in den feinstofflichen Körpern beginnen und sich dann nach innen fortsetzen.

Früher glaubten wir, wenn man eine Krankheit vermeiden wolle, müsse man vor allem regelmäßig zum Arzt gehen. Heute wissen wir, dass wir viel besser dran sind, wenn wir jemanden aufsuchen, der unsere Aura lesen kann, der sich in die Energiemuster unserer feinstofflichen Körper, insbesondere unseres ätherischen Körpers einstimmt. Eine solche Person kann energetische Blockaden sehen, lange bevor sie sich im physischen Körper niederschlagen. Intuitive Mediziner können dasselbe.

Es gibt mittlerweile sehr komplexe diagnostische Systeme, die dies leisten können: sogenannte elektrodermale Screeninggeräte, die hauptsächlich von Heilpraktikern, Homöopathen, Osteopathen und Chiropraktikern eingesetzt werden. Diese Geräte verwenden die Akupunkturpunkte (die sich im ätherischen Körper befinden), um jedes einzelne Organsystem des Körpers zu prüfen und Krankheiten auf einem subklinischen Niveau zu registrieren, das heißt, bevor sich diese im physischen Körper zeigen. Diese Geräte arbeiten sehr genau, doch werden sie von den meisten Schulmedizinern nicht anerkannt. Die Heilung eines Krankheitsmusters ist im feinstofflichen Körper weitaus einfacher als später, wenn es sich in die physische Materie verdichtet hat. Sobald dies geschehen ist, ist das Muster oft resistent gegenüber Veränderung geworden.

Emotionaler Müll

Quantenphysiker haben tatsächlich bewiesen, dass Gefühle sich zu Energiepartikeln verdichten, die, wenn sie nicht als Gefühle gelebt werden, sich in den Zwischenräumen zwischen Atomen und Molekülen ablagern können. Dies ist der buchstäbliche Filter, der verstopft wird. Sobald die Emotion ein Partikel geworden ist, wird es viel schwieriger, sie freizusetzen, und darin liegt das Problem. Es ist viel langwieriger und schwieriger, eine Blockade aus dem physischen Körper zu lösen, als deren Freisetzung, wenn sie noch in reiner Energieform im feinstofflichen Körper – in diesem Fall im emotionalen Körper – ist.

Es ist möglich, diese Partikel aus dem Weg zu räumen, bevor sie Schaden anrichten. Der beste Weg, den ich kenne, ist eine Kombination aus Radikaler Vergebung und Satori-Atemarbeit (siehe Teil 4, Kapitel 27). Wenn jedoch zugelassen wird, dass diese Partikel sich ansammeln und sich zu einer Masse verdichten, die eines Tages zu Krebs wird, ist das Problem sehr schwer zu bearbeiten und oft lebensbedrohlich.

Warum wir nicht heilen

Zeit und Heilung stehen in direktem Zusammenhang. Um uns so weit zu entwickeln, dass wir uns selbst heilen können, müssen wir unser Bewusstsein überwiegend in der Gegenwart haben – nicht in der Vergangenheit, nicht in der Zukunft, sondern im *Jetzt*. Carolyne Myss vertritt in ihrem Buch *Why People Don't Heal (Warum Menschen nicht heilen)* die Ansicht: Menschen, die mehr als

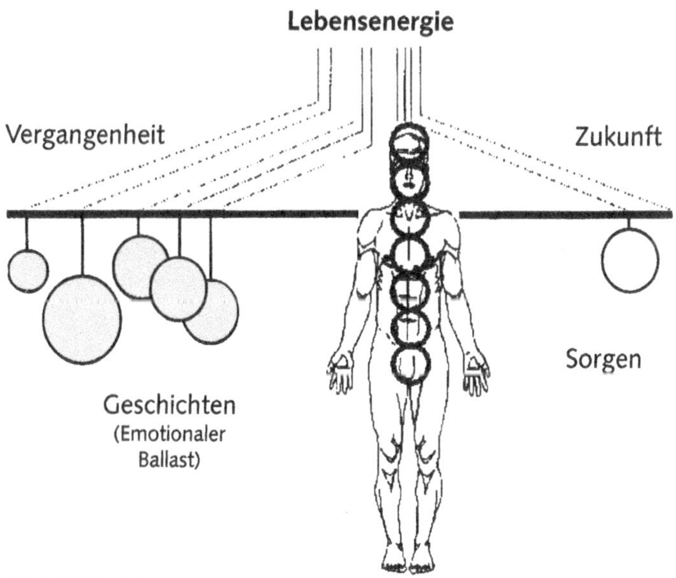

Abb. 12: Warum Menschen nicht heilen

sechzig Prozent ihrer Lebensenergie dafür verwenden, die Vergangenheit aufrechtzuerhalten, sind nicht imstande, sich selbst energetisch zu heilen. Daher sind sie für ihre Heilung vollkommen auf chemische Medikamente angewiesen.

Caroline Myss stellt folgende Rechnung an: Wenn ein Mensch durchschnittlich sechzig bis siebzig Prozent seiner Lebensenergie darauf verwendet, die negativen Erfahrungen aus Kindheit, Jugend und frühem Erwachsenendasein, die Verluste, Enttäuschungen und den Groll der Vergangenheit zu unterdrücken, und weitere zehn Prozent, um die Zukunft zu planen, sich Sorgen zu machen und zu versuchen, die Zukunft zu kontrollieren, bleibt herzlich wenig Energie für den gegenwärtigen Moment – oder für die Heilung – übrig. (Dabei ist es wichtig festzuhalten, dass es uns keineswegs Energie raubt, wenn wir positive oder auch negative Erinnerungen bewahren, sofern diese verarbeitet und vergeben sind.)

Das Leben hat seine eigene Art, uns – und unsere Energie – in die Gegenwart zu bringen. Häufig geschieht dies durch traumatische Erfahrungen. Wenn wir uns mitten in einer katastrophalen Situation wiederfinden, einen unerwarteten Unfall haben oder entdecken, dass unser Leben plötzlich in Gefahr ist, konzentrieren wir uns sehr auf den gegenwärtigen Augenblick. Wir bringen unser gesamtes Bewusstsein instinktiv in die Gegenwart. Auf einmal hat die Vergangenheit keine Bedeutung mehr. Die Zukunft spielt keine Rolle. Nur dieser Moment existiert. Die Kraft einer solchen auf das Gegenwärtige konzentrierten Energie wird in besonderen Momenten drastisch deutlich. Beispielsweise bei einer Mutter, deren Kind unter einem Auto eingeklemmt ist und die plötzlich imstande ist, das Auto anzuheben, um das Kind zu retten. Unglaubliche Heldentaten und Tapferkeit zeigen sich, wenn Energie auf den Augenblick konzentriert wird. Denn Angst entsteht nur, wenn wir die Vergangenheit in die Zukunft bringen.

Wenn wir wirklich im Augenblick sind, sind wir furchtlos, weil wir der Vergangenheit oder der Zukunft nicht gewahr sind.

Radikale Vergebung hilft uns, in der Gegenwart zu sein. Wenn wir in die Vergangenheit verweilen, können wir nicht *radikal vergeben*. Wir vergeben der Person, die gerade unsere Projektion hier und jetzt in der Gegenwart widerspiegelt. Es ist wahr, dass manchmal – wie in Jills Fall – die Verbindung zur Vergangenheit so klar ist, dass sie die gegenwärtige Situation erhellt. Doch unser Hauptaugenmerk liegt auf der Vollkommenheit dessen, was *im Jetzt* geschieht.

Wir haben die Wahl: Entweder wir lassen den Opfer-Archetyp los und bringen unsere Energie in die Gegenwart durch Radikale Vergebung oder wir warten, bis ein signifikantes traumatisches Erlebnis uns ins Jetzt zwingt. Wir können unser Bewusstsein aus freiem Willen transformieren oder wir warten auf eine Katastrophe oder eine lebensbedrohliche Krankheit, die uns dazu zwingt.

Nachdem ich all dies gesagt habe, möchte ich noch daran erinnern, dass wir nicht wissen, was unsere Seele sich für dieses Leben vorgenommen hat. Und manchmal können sowohl Krankheit als auch der Tod ein Weg der Befreiung sein.

Erinnere dich daran: Nichts Falsches ist geschehen! Wir folgen immer unserem Seelenplan.

14: WIE OBEN, SO UNTEN

Die Menschheit als Ganzes könnte schon bald vor der gleichen Entscheidung stehen, mit der wir uns auf individueller Ebene konfrontiert sehen. Wie ich im vorigen Kapitel ausführte, haben wir die Wahl, freiwillig oder durch ein Trauma zu heilen.

Heilung – freiwillig oder traumatisch?

Zahlreiche Visionäre behaupten, etliche Zeichen würden die Menschheit darauf hinweisen, in sehr naher Zukunft eine massive Demonstration der *Heilung durch freiwillige Wahl oder durch Trauma* zu erhalten.

Die Erde leidet an einer Krebserkrankung mit dem Namen menschliche Rasse. Dieser lebendige, atmende, bewusste Planet war während seiner gesamten Existenz in einem Zustand vollkommener Balance. Jedes noch so kleine Teilchen tat genau das, was nötig war, um das System als Ganzes im Gleichgewicht zu halten. Dieser Zustand ist vergleichbar mit der Arbeit gesunder Zellen in einem menschlichen Körper.

Seit Millionen Jahren waren wir Bestandteil dieses ausbalancierten Systems. Seit wenigen Jahrtausenden jedoch haben wir uns über die natürliche Ordnung erhoben und sind zu der Überzeugung gelangt, wir könnten das ganze System beherrschen und dominieren. So wie eine Krebszelle sich unkontrolliert vervielfacht, innerhalb des ganzen Systems Metastasen bildet und beginnt, ihren Träger aufzuzehren, so breiten wir uns exponentiell völlig außer Kontrolle über den Planeten aus und plündern seine natürlichen Ressourcen, als sei nichts so wichtig wie die Befriedigung unserer Gier.

Wie ein Tumor sich um das Herz legt oder die Lungen blockiert, so befindet sich der Planet in einer tödlichen Umarmung durch den Menschen. Wir schneiden uns selbst von unserer Lebensquelle ab, vernichten die Wälder, verschmutzen die Luft, die wir atmen, und vergiften unsere Umwelt. Wissenschaftler sagen uns, dass wir kurz davor sind, das Leben, wie wir es kennen, innerhalb der nächsten zwanzig bis dreißig Jahre zu zerstören – wenn wir jetzt keine dramatischen Veränderungen unserer Lebensweise herbeiführen.

Jedoch am nötigsten ist es, das Bewusstsein zu verändern. Wir müssen kollektiv das Massenbewusstsein verändern, oder uns steht ein beispielloses Trauma bevor, das alle lebenserhaltenden Strukturen unseres gegenwärtigen Lebensstandards hinwegfegen wird.

Veränderungen der Erde und politische Umwälzungen

Seit den frühesten Zeiten bis zur Gegenwart wurden massive katastrophale Veränderungen der Erde für die ersten Jahre des neuen Millenniums vorausgesagt. Die Prophezeiungen beinhalten zwei Polverschiebungen, dramatische Erdbeben, drastisch verändertes Wetter, Vulkanausbrüche und eine Anhebung des Meeresspiegels durch Schmelzen der Eiskappen an den Polen. Die Folge solcher Ereignisse wäre eine erheblich veränderte Landkarte der Erde, mit einem beträchtlichen Teil der heute sichtbaren Landmassen unter Wasser und neuen Kontinenten, die aus dem Meer aufsteigen. Die Konsequenzen für das Leben auf der Erde und das resultierende Chaos wären unvorstellbar. Millionen Menschen würden dabei sterben. Politische Umwälzungen, Religionskriege und Zerstörungen der Umwelt würden in ungeahntem Ausmaß zu der Katastrophe beitragen.

Solche Vorraussagen wurden vor allem von dem berühmten Seher Nostradamus im 16. Jahrhundert und im 20. Jahrhundert von Edgar Cayce, dem „schlafenden Propheten" gemacht, der in den vierziger Jahren erstaunlich präzise Entwicklungen vorhersagte. Prophetische Visionen finden sich auch in zahlreichen religiösen Schriften, einschließlich des Buchs der Offenbarungen im Neuen Testament der Bibel, in den überlieferten Texten der Mayas, der Hopi-Indianer und vieler anderer, spirituell bewusster ethnischer Gruppen.

Es ist unübersehbar, dass diese Veränderungen der Erde bereits begonnen haben. Während die Auswirkungen der globalen Erwärmung mittlerweile nicht mehr ignoriert werden können, stellen die Naturwissenschaftler ihre eigenen Prognosen zu der weltweiten Zunahme von Überschwemmungen, Dürrekatastrophen, Wirbelstürmen und Vulkanausbrüchen an. Sie ähneln den Weissagungen von Edgar Cayce und anderen verblüffend. Die Welt wird zudem politisch immer instabiler, und einiges, was gerade passiert, hat eine beunruhigende Ähnlichkeit mit den Prophezeiungen.

Auf das Bewusstsein kommt es an

Naturwissenschaftler reden nicht viel von den Auswirkungen unseres Bewusstseins auf unseren Planeten. Stattdessen ziehen sie es vor, sich darauf zu konzentrieren, welche Maßnahmen wir ergreifen müssen, um einen drohenden Untergang zu vermeiden. Mehr spirituell orientierte Voraussagen führen jedoch immer den Vorbehalt mit sich, dass die drastischen Veränderungen auf dem Planeten und die politischen Umwälzungen gemäßigt werden können, wenn wir Menschen zur Vernunft kommen und unser Bewusstsein weiterentwickeln. Denn obwohl unser auf

Angst und Gier basierendes Bewusstsein den ätherischen Körper des Planeten so schwer verwundet hat, dass traumatische Einschnitte in seine physische Form bereits unvermeidbar sind, können wir noch immer die Auswirkungen mildern, indem wir unser Bewusstsein auf eine höhere Stufe bringen. Ebenso wie wir gelernt haben, dass ein Krankheitsmuster im ätherischen Körper eines Menschen auf spirituelle Weise (Gebet, Reiki, Visualisierung, Handauflegen, Radikale Vergebung und so weiter) geheilt werden kann, können wir die Muster von Umwälzungen und gewaltsamen Entwicklungen, die bereits im ätherischen Körper der Erde vorgezeichnet sind, auflösen, bevor sie sich im Physischen manifestieren. Die Lösung scheint daher erstaunlicherweise im Gebet zu liegen.

Die Kraft des Gebets

Die Wissenschaft hat in den vergangenen Jahren versucht, der Wirkung von Gebeten auf die Spur zu kommen. Es herrscht zunehmend Übereinstimmung unter Wissenschaftlern, dass Gebete tatsächlich eine Wirkung haben. Wir erzeugen mithilfe des Gebets unsere Wirklichkeit. Gemeint sind jedoch nicht jene Gebete, die aus Anfragen oder Forderungen an das Göttliche bestehen, uns dies oder jenes zu gewähren, etwas Bestimmtes geschehen zu lassen, anderes zu verhindern, und so weiter.

Das Wesen des kreativen Gebetes besteht nicht aus Worten oder Gedanken. Es ist vielmehr das *Gefühl*. Gebete können unsere Wünsche nur dann manifestieren, wenn wir imstande sind, uns vollständig dem Gefühl hinzugeben, dass wir es bereits haben und wissen, dass es geschehen ist oder dass es uns bereits geschenkt wurde. Ein Gefühl tiefster Dankbarkeit kommt der Beschreibung vielleicht am nächsten.

Doch selbst dies ist an ein bestimmtes Ergebnis gebunden und wird wahrscheinlich das Bewusstsein nicht auf eine Stufe bringen, die hoch genug ist, um die Energie auf die erforderliche Weise zu ändern.

Die reinste Form des Gebets, die wir praktizieren können, ist, Frieden zu fühlen. Eine Art von Frieden, der eintritt, wenn wir uns vollständig dem hingeben, was ist – so wie es ist – in dem Wissen und in der Gewissheit, dass der göttliche Geist für alles sorgt und sich alles zum Besten wenden wird, wenn wir uns selbst nicht im Weg stehen.

Nur dann, wenn wir uns vollständig der Situation im Hier und Jetzt hingeben, öffnet sich die Energie, und Veränderungen können stattfinden. Worin diese jedoch bestehen, das weiß der Himmel! Bete nicht *für* den Frieden, bete darum, *Frieden zu fühlen!* Das ist das kreativste Gebet, das man überhaupt sprechen kann. Frieden ist die stärkste Kraft auf der Erde, und wir brauchen ihn in diesen Zeiten sicher mehr denn je. Wenn wir den Frieden in unserem Herzen fühlen können, werden wir in Liebe sein und unsere Welt wird sie widerspiegeln.

Dies bedeutet, wir haben die Wahl. Jeder Einzelne kann sich entscheiden, ob er im Gefühl von Angst, Mangel, Misstrauen, Gier und Schuld verharren will. Oder ob er dies alles loslassen und in Frieden sein will. So einfach ist das. Frieden und Liebe sind die einzigen Heilmittel für das von Angst bestimmte Bewusstsein, aus dem heraus wir jetzt leben und an dem wir täglich teilhaben. Entscheide dich. Übe täglich Radikale Vergebung, um deine Entscheidung zu realisieren – und schau, was geschieht!

Heilsame Krise

Wir sind gegenwärtig Zeugen einer heilsamen Krise, die unser Planet und die gesamte Menschheit durchlaufen. Es kann noch schlimmer werden, bevor es wieder besser wird. (Eine heilsame Krise findet immer dann statt, wenn ein Organismus etwas durchmacht, was wie eine dramatische Verschlechterung aussieht, wie hohes Fieber oder ein schlimmer Ausschlag, kurz bevor eine Verbesserung eintritt. Diese Verschlimmerung dient zur Reinigung und Entgiftung.)

Alles in göttlicher Ordnung

Ganz gleich, wie drastisch die Dinge sich entwickeln, wir dürfen den Glauben daran nicht verlieren, dass auch in einer solchen Situation Vollkommenheit und göttliche Absicht zu finden sind. Eine dramatischere Weise, unsere Machtgelüste und unsere Gier widerzuspiegeln, als dies der göttliche Geist für uns gegenwärtig tut, ist kaum vorstellbar. Ebenso verhält es sich in Hinblick auf unser Bedürfnis, uns Menschen voneinander zu trennen. Wir können uns spirituell nicht weiterentwickeln, wenn wir an diesen Energien festhalten. Wenn es planetarischer Veränderungen bedarf, um uns davon zu heilen, dann soll es so sein. Der Planet wird durch den Prozess geheilt werden. Ebenso wie wir.

Konzentriere dich auf die Vollkommenheit

Um diese gesamte Diskussion in der richtigen Perspektive zu sehen, sollten wir bedenken: die gesamte physische Welt ist eine Illusion. Daher sind, was wir als planetarische Veränderungen wahrnehmen, ebenfalls Illusionen. Das erklärt, warum ein Wandel im menschlichen Bewusstsein die Situation schlagartig verändern kann. Wie wir die Veränderungen der Erde wahrnehmen, hängt ganz von unserer Wahrnehmung des Geschehens ab. Sehen wir es als eine Läuterung des Bewusstseins und als heilsame Krise, die zu einer spirituellen Transformation führt. Dann wird unsere Erfahrung im starkem Kontrast zu dem stehen, was wir fühlen würden, wenn wir die Opferrolle einnehmen und alles für real halten würden, es vielleicht sogar als Strafe für unsere zum Himmel schreiende Dummheit sehen. Die Perspektive der Radikalen Vergebung ermöglicht uns, unser Augenmerk auf die Vollkommenheit dessen, was im Moment geschieht, zu richten, und wird uns für die Freude und den inneren Frieden öffnen, der hinter der Erfahrung unseres Lebens verborgen liegt.

Das Geschenk

Für unsere Reaktion auf den Krebs in unserem Körper ebenso wie auf den des Planeten gilt die alte Weisheit „wie oben – so unten". Gegen den Krebs mit toxischen Medikamenten und anderen gewaltsamen Maßnahmen vorzugehen, wird diesen niemals heilen. Gewaltsame, politisch motivierte Hightech-Lösungen werden ebenso niemals die Probleme der Erde lösen. Das Einzige, was in beiden Fällen funktioniert, ist *Liebe*. Wenn wir dies wirklich verstehen, dann haben wir die Natur des Wandels auf der Erde und die Heilung der Krebserkrankung verstanden.

Es gibt keine wichtigere Lektion als diese. Menschen mit Krebs sind mutige Seelen, die mit der Mission auf die physische Ebene gekommen sind, die Vergeblichkeit des Projizierens von Ärger und Krieg gegen den Körper und gegen uns selbst unter Beweis zu stellen. Ihre Mission ist es, uns zur Erkenntnis zu verhelfen, dass die einzige Antwort auf unsere Situation, wie auch immer sie geartet sein mag, *Liebe* ist. Unser Geschenk für sie ist es, ihre liebende Botschaft zu vernehmen.

Visionen von Freude, Harmonie und Frieden

Ganz gleich, ob es uns gelingt, unsere Schwingung so weit anzuheben, dass es uns möglich wird, traumatische Erfahrungen zu vermeiden und in liebende Resonanz mit der Gesamtheit alles Lebendigen zu kommen – das Endergebnis wird immer das gleiche sein. Alle Weissagungen über die globalen Veränderungen auf der Erde sprechen von einem Durchbruch des Bewusstseins – im Anschluss an die Selbstreinigung der Erde und den Ausgleich des von uns erzeugten Karmas. Visionen von einem Leben nach dem Wandel der Erde in Harmonie, Frieden und Einmütigkeit, die in krassem Kontrast zu unserem heutigen Zustand stehen, sind in vielen dieser Weissagungen zu finden. Wir können wie bei allen Heilungsprozessen unser Seelenleiden schon bei den ersten Anzeichen unterdrückter Schmerzen heilen, oder wir können warten, bis die Katastrophe uns wachrüttelt. Wie auch immer der Wandel auf der Erde sich vollziehen mag und welche Zerstörungen das planetare Karma bewirken wird – die Veränderungen werden die endgültige heilende Krise für den Planeten und für uns Menschen herbeiführen. Und ganz gewiss wird alles in göttlicher Ordnung sein.

Unsere Schwingung so weit anzuheben, dass wir die Prophezeiungen verändern können, setzt voraus, dass wir unser Leben dauerhaft darauf gründen, uns selbst und unsere Mitmenschen zu lieben und zu akzeptieren. Dass wir uns selbst dafür vergeben, den Planeten misshandelt zu haben, und mit so vielen Menschen wie möglich auf der ganzen Welt gemeinsam für Frieden beten – im Geist der Radikalen Vergebung.

Teil III

Erweiterte Grundlagen der Radikalen Vergebung

15: GLAUBENSGRUNDSÄTZE

Die in Kapitel 2 aufgelisteten Voraussetzungen waren bewusst knapp gehalten, um einen ersten Einblick in die Theorie der Radikalen Vergebung zu geben. An dieser Stelle möchte ich nun näher auf die Grundlagen der Radikalen Vergebung eingehen. Ich hoffe, du kannst dich dadurch mit diesen Ideen etwas näher anfreunden – selbst, wenn du dir diese noch nicht völlig zu eigen machen kannst.

Alle Theorien basieren auf Grundsätzen oder Voraussetzungen, deren Gültigkeit jedoch nicht immer bewiesen ist. Dies gilt insbesondere für Theorien aus dem Bereich der Natur der Wirklichkeit und für spirituelle Themen.

Interessanterweise sind Wissenschaft und Mystik zu einer neuen Ebene der Übereinstimmung über die Natur der Wirklichkeit und andere spirituelle Fragen gelangt, die bislang außer Reichweite der Wissenschaft lagen. Seit vielen Jahrhunderten nehmen Hindu-Mystiker für sich in Anspruch, von diesen universellen Wahrheiten direkte Kenntnis zu haben, erlangt dank vierzigjähriger Meditation in den Höhlen des Himalayas. Durch streng wissenschaftliche Methoden und theoretische Konstrukte sind vor kurzem Wissenschaftler zu denselben Wahrheiten – oder, besser gesagt, zu denselben Voraussetzungen – gekommen. Die Quantenphysik demonstriert tatsächlich die Wahrheit dessen, was Mystiker seit Jahrhunderten wissen. Es ist aufregend zu beobachten, wie diese beiden sehr unterschiedlichen Methoden, die Wahrheit zu finden, sich einander annähern. Wissenschaft und Spiritualität finden endlich zueinander, und Wissenschaftler werden zu modernen Mystikern.

Trotz aller Fortschritte dürfen wir nicht vergessen, dass diese Grundannahmen von ihrem Wesen her nicht die *ganze Wahrheit* darstellen. Das große Mysterium – wie der Kosmos funktioniert und was der höhere Sinn des menschlichen Lebens ist – scheint noch immer jenseits des Verständnisses Sterblicher zu liegen. Die gegenwärtigen Grundannahmen sind wohl lediglich Annäherungen an die Wahrheit. Auf dieser Basis sind die folgenden grundlegenden Annahmen der Radikalen Vergebung zu verstehen.

Annahme: **Im Gegensatz zu den Ansichten der meisten westlichen Religionen sind wir keine menschlichen Wesen, die eine gelegentliche spirituelle Erfahrung machen, sondern wir sind spirituelle Wesen, die eine menschliche Erfahrung machen.**

Dies ist mehr als nur ein Wortspiel. Es stellt eine fundamentale Umkehr unseres Denkens darüber dar, wer wir sind und welche Beziehung wir zum Göttlichen haben. Statt davon auszugehen, dass wir „gefallen" und vom Göttlichen getrennt sind, geht diese Annahme davon aus, dass wir noch immer sehr mit allem, was ist, verbunden sind und das Leben in einem physischen Körper nur ein kurzes Zwischenspiel zum Zweck des Lernens und des Ausgleichs von Energie ist. Darüber hinaus geht sie davon aus, dass das Göttliche in jedem von uns lebendig ist, statt irgendwo „da oben" zu herrschen – wodurch unsere duale Mensch-Geist-Natur betont wird. Der Pulitzerpreisträger Ernest Becker formuliert dies sehr drastisch: „Der Mensch ist ein Gott, der aufs Klo geht."*

Der Gedanke, dass wir spirituelle Wesen sind, die eine menschliche Erfahrung machen, ist sehr folgenreich. Er ist eine direkte Bedrohung für das Ego, das aus einer Ansammlung von Überzeugungen besteht, die uns weismachen wollen, wir hätten uns vom Göttlichen getrennt und seien zum Gegenstand seines

---

* Becker, E., **Die Dynamik des Todes – Die Überwindung der Todesfurcht,** Walter Verlag, Olten 1976

Zorns geworden, weil wir die Erbsünde der Trennung begingen. Wenn wir hingegen überhaupt nicht getrennt, sondern im Gegenteil alle vollkommen miteinander verbunden sind, hört das Ego auf zu existieren.

Annahme: **Wir haben physische Körper, die sterben, doch wir sind unsterblich.**

Seit Jahrhunderten streiten die Philosophen darum, was die „Seele" ist. Diese Diskussion geht sogar in die Zeiten vor Plato und Sokrates zurück, die beide viel über die Seele zu sagen hatten, aber sich darüber nicht einigen konnten. Heute geht die Debatte weiter, und man kann sich immer noch nicht recht einigen, was die Seele ist.

In unserem Rahmen definieren wir die Seele als den Teil von uns, der reines Bewusstsein ist, verbunden mit dem größeren Ozean des Bewusstseins, der alles, was ist, bildet. Im Rahmen unserer Inkarnation nimmt die Seele einen individuellen Charakter an, gleichsam ein winziger Tropfen in diesem Ozean oder ein göttlicher Funke. Da wir Teil des Ozeans von allem, was ist, sind, haben wir schon immer als Seele existiert. Die Seele hat weder Anfang noch Ende, sie existiert außerhalb von Zeit und Raum und ist unsterblich. Während unserer Inkarnation hält unsere Seele die Verbindung zur Welt der göttlichen Wahrheit und zu allem, was ist und ist verantwortlich für unsere spirituelle Evolution.

Sobald die Seele eine Inkarnation eingeht, verbindet sie sich mit einem Körper und einer Persönlichkeit, die gemeinsam eine *Persona* oder Identität bilden. Diese Identität erzeugen wir selbst, basierend auf unserem Selbst-Begriff, den wir der Welt gegenüber zeigen. So wird unsere Seele empfänglich für den Stress der menschlichen Existenz und kann sogar erkranken. Viele heutige Krankheiten, wie Krebs, beginnen als eine tiefe Krankheit der Seele. Schamanen sprechen von einer Aufsplitterung der Seele. Teile der Seele gehen sogar bei vergangenen Ereignissen verloren, besonders bei traumatischen. Ein Großteil der Heilarbeit eines Schamanen dreht sich um die Idee der Wiedergewinnung der Seele.

Ob eine Seele nur einmal in eine Inkarnation kommt oder immer wieder, ist ein jahrhundertealter Streitpunkt. Viele Kirchen und Religionen lehnen diesen Gedanken bis heute ab. Für östliche Religionen zählt jedoch die Reinkarnation schon immer zu den spirituellen Überzeugungen. Doch der Gedanke der Reinkarnation ist für die Radikale Vergebung nicht von zentraler Bedeutung. Es ist gleichgültig, ob man daran glaubt oder nicht. Es hat keine Auswirkung auf die Wirksamkeit der Radikalen Vergebung, und es ist jedem persönlich überlassen, wie er dazu steht. *Wenn du den Gedanken der Reinkarnation für dich ablehnst,* überschlage *einfach die nächsten paar Seiten.*

Ich selbst bin weder in der einen noch in der anderen Richtung festgelegt, obwohl es offenbar deutliche Hinweise auf die Richtigkeit der Idee der Reinkarnation gibt. Man denke etwa an die große Zahl von Berichten über Nahtoderfahrungen. Diese Berichte sind einander von ihrem Inhalt und ihrer Qualität her so ähnlich, dass man ihre Wahrheit kaum bestreiten kann. Tausende von Menschen berichten von ähnlichen Erfahrungen und bringen die gleiche Gewissheit zum Ausdruck: dass das, was sie sahen, real war. Die Wirkung, die Nahtoderfahrungen auf das Leben der Betroffenen haben, sind ebenfalls mehr oder weniger identisch.

Derselben Quelle entstammt der Gedanke, dass unsere Seele nicht nur mehrere Male, sondern darüber hinaus auch nicht allein inkarniert. Die Erforschung vergangener Leben scheint anzudeuten, dass unsere Seele immer wieder mit anderen unserer Seelengruppe wiedergeboren wird, um bestimmte karmische Unausgewogenheiten auszugleichen.

Auf unserer Reise zur Ganzheit erzeugen wir energetische Unausgewogenheiten, die wieder ausgeglichen werden müssen. Diese

Zustände nennt man unser Karma. Wenn wir beispielsweise andere ausnutzen und betrügen, müssen wir irgendwann einmal selbst die Erfahrung machen, ausgenutzt zu werden, um diese Energie auszugleichen. Dies ist keine moralische Übung. Es hat nichts mit richtig oder falsch zu tun. Wie wir bereits festgestellt haben, ist das Universum völlig neutral. Es geschieht einfach zum Ausgleich von Energien und unterliegt dem Gesetz von Ursache und Wirkung. Dies besagt, dass es für jede Aktion eine ausgleichende Reaktion geben muss (siehe Kapitel 9).

Die Menschen, mit denen wir spielen, und die Spiele, die wir mit ihnen spielen, drehen sich alle um diesen Ausgleich von Energie. Jedes Mal, wenn wir unsere karmischen Energien ausgleichen, heilt unsere Seele und wird wieder ganz. So trägt jede Inkarnation zur Gesundung der Seele bei.

Da es in der Welt der göttlichen Wahrheit keine Zeit gibt, geschehen alle unsere Inkarnationen gleichzeitig. Wenn wir in einem Leben heil werden, werden wir gleichzeitig in allen anderen Leben gesund. Die Ausübung der Radikalen Vergebung in einem Leben ist daher für die Seele ungeheuer wertvoll, da sie alle anderen Inkarnationen gleichzeitig mit der gegenwärtigen heilt. Man stelle sich nur das kollektive Karma vor, das von Nelson Mandela ausgeglichen wurde, als er einer ganzen Generation von Weißen in Südafrika für die Misshandlung der Schwarzen vergab. Auf der anderen Seite stelle man sich das Karma vor, das in Amerika noch auszugleichen ist für die Behandlung der Sklaven und der amerikanischen Ureinwohner.

Unsere Seele führt uns immer in Richtung Heilung und erzeugt Situationen, die uns die Gelegenheit bieten, karmische Energie auszugleichen. Wenn diese Heilung jedoch nicht auf der Ebene der göttlichen Wahrheit erreicht wird, neigen wir dazu, die Unausgewogenheit wiederherzustellen, indem wir in den Kreislauf von Groll und Rachsucht und Opferbewusstsein geraten. Dies dreht das Rad des Karmas weiter – und dreht und dreht und dreht. Radikale Vergebung bietet eine der besten Möglichkeiten, das Rad zu stoppen. Denn es unterbricht den Kreislauf.

Wenn du nach all dem noch immer ein Problem mit der Reinkarnation hast, vergiss einfach, was du in den vergangenen Abschnitten gelesen hast. Es macht keinen Unterschied.

Annahme: **Unser Körper und unsere Sinne sagen uns, wir seien getrennte Individuen. In Wahrheit sind wir jedoch alle eins. Wir schwingen individuell als Teil eines Ganzen.**

Wir sind nicht unser Körper. Wir sind nicht unser Ego. Wir sind nicht unser persönliches Ich oder die Rolle, die wir täglich spielen. Wenn wir glauben, wir seien all dies, stärken wir nur noch weiter unsere Überzeugung, getrennt zu sein. Das Aufrechterhalten dieser Überzeugung macht es unmöglich, uns daran zu erinnern, wer wir wirklich sind – eine individuelle Seele, erschaffen als Teil des Göttlichen und existierend in Einheit mit dem Universum.

Annahme: **Als alle unsere Seelen eins mit dem Göttlichen waren, spielten wir mit dem Gedanken, Trennung sei möglich. Wir verstrickten uns in diesen Gedanken, der zu der Illusion oder dem Traum wurde, den wir nun leben. Es ist ein Traum, da die Trennung nicht tatsächlich stattfand. Wir glauben nur, dass sie stattfand – und dieser Gedanke ließ jenes System von Überzeugungen entstehen, das wir das Ego nennen.**

Einst waren wir vollständig vom Göttlichen – allem, was ist – umhüllt. Wir waren formlos, unwandelbar, unsterblich und kannten nur Liebe. Dann hatten wir einen Gedanken. Wie wäre es, so dachten wir uns, wenn wir in die physische Realität hinabsteigen und die entgegengesetzten Energien erfahren würden – wie Form, Wandel, Trennung, Angst, Tod, Beschränkungen und Dualität? Wir spielten für eine Weile mit dem Gedanken – überzeugt, uns jederzeit, wenn wir wollten, aus dem Experiment zurückziehen zu können, sollten wir uns tatsächlich entschließen, den Gedanken in die Tat umzusetzen. Wir sahen keine Gefahr. Die Entscheidung wurde also getroffen, und wir brachten unsere energetische Schwingung auf eine niedrigere Ebene, um unsere Energie in eine physische Form zu verdichten. In dem Prozess vergaßen wir unsere Verbindung zum Göttlichen und stellten uns vor, dass wir uns tatsächlich vom Göttlichen getrennt hatten und nicht mehr zu allem, was ist, zurückfinden würden.

Dieser Traum wurde für uns sehr real, und wir bekamen ungeheuere Schuldgefühle, weil wir die Erbsünde der Trennung von Gott begangen hatten. Wir bekamen Angst, dass Gott seinen Zorn auf uns richten würde, weil wir dies getan hatten. Dieser mächtige Glaube an Sünde, Schuld und Angst wurde zum Ego, das sich zu einer so mächtigen Kraft in unserem Leben entwickelte, dass es in unserem Denken eine Welt entstehen ließ, die von Angst dominiert wurde. Unsere Welt wird noch immer von Angst statt von Liebe beherrscht.

Obwohl wir dazu neigen, es zu personifizieren, ist das Ego keine eigenständige Existenz an sich. Noch repräsentiert es unsere Persönlichkeit. Das Ego steht für eine Ansammlung von tiefgehenden Überzeugungen, die uns in dem Glauben halten, dass wir vom Göttlichen getrennt sind. Die extreme Macht, die diese unterbewussten Überzeugungen auf uns durch die Dynamik von Schuld, Angst, Unterdrückung und Projektion ausüben, erweckt den Eindruck, dass das Ego in uns *lebendig* ist. Das Ego hält uns in der Welt des Menschlichen gefangen und lässt uns schlafen (unbewusst sein), und denken, dass wir vom Göttlichen getrennt sind.

Annahme: **Als wir uns entschlossen, das Experiment einer physischen Inkarnation einzugehen, gab uns das Göttliche völlig freien Willen, dieses Experiment auf unsere Weise zu leben und selbst den Weg zurück zu allem, was ist, zu finden.**

Freier Wille wird auf höchster Ebene unterstützt. Im Gegensatz zu allem, was uns das Ego weismachen will, war Gott niemals auf uns zornig, weil wir mit dem Gedanken der Trennung gespielt haben. Das Göttliche gibt uns alles, was wir wollen, alles, wofür wir uns entscheiden, und fällt keinerlei Urteil darüber. Immer wenn wir um Hilfe bitten, durch Gebete oder Radikale Vergebung, wird unsere Bitte beantwortet.

Annahme: **Das Leben ist kein Zufallsereignis. Es hat ein Ziel und bietet die Grundlage für die Entfaltung eines göttlichen Plans mit der Möglichkeit, in jedem Moment neu zu wählen und zu entscheiden.**

Aus dem Blickwinkel der Welt des Menschlichen mag es so scheinen, als wären wir als biologischer Zufall auf diesen Planeten gekommen. Der einzige Grund unserer Existenz scheint darin zu bestehen, dass unsere Eltern sich geliebt und eine biologische Kettenreaktion von Schwangerschaft und Geburt in Gang gesetzt haben.

Es scheint so, als bestehe die einzige Möglichkeit, die Erfahrung des Lebens zu meistern, darin, dass man eine Menge darüber lernt, wie die Welt funktioniert, und Fertigkeiten entwickelt, um einen größtmöglichen Teil der scheinbar zufälligen Ereignisse des Lebens zu kontrollieren. Je besser wir die physischen Umstände unseres Lebens beherrschen, desto besser scheint unser Leben zu werden.

Das Gegenteil ist der Fall – aus der Perspektive der Welt der Göttlichen Wahrheit betrachtet. Aus dieser Sichtweise stellt unsere Ankunft auf dem Planeten eine gezielte, geplante und bewusste Entscheidung dar. Der Plan schließt die Auswahl der Menschen ein, die als unsere Eltern dienen.

Die scheinbar zufälligen Ereignisse unseres Lebens unterliegen einem göttlichen Plan, über den im Voraus entschieden wird und der auf unser spirituelles Wachstum ausgerichtet ist. Je mehr wir uns der Entfaltung dieses Plans hingeben, ohne zu versuchen, die Kontrolle zu behalten, desto friedvoller werden wir.

Auf den ersten Blick erscheint dies wie eine fatalistische Perspektive. Doch es scheint nur so. In Wirklichkeit ermöglicht uns der göttliche Plan ein großes Maß an Kreativität und Flexibilität und lässt genügend Raum für freien Willen. Wir erschaffen gemeinsam mit dem göttlichen Geist die Umstände unseres Lebens und bekommen ausschließlich das, was wir von einer höheren Ebene aus wollen. Das Ausmaß, in dem wir uns dem, was wir bekommen, widersetzen (urteilen), bestimmt, ob wir das Leben als schmerzhaft oder freudig empfinden.

Das Meistern unserer Lebenserfahrung hängt davon ab, ob wir uns vollständig auf das Leben einlassen und darauf vertrauen können, dass für uns vollkommen gesorgt ist und dass wir in jedem Moment getragen werden – ganz gleich, was passiert. Radikale Vergebung bringt uns in diese Richtung.

Annahme: **Die physische Realität ist eine Illusion unserer fünf Sinne. Die Materie besteht aus ineinander greifenden Energiefeldern, die mit unterschiedlichen Frequenzen schwingen.**

Die meisten Menschen haben Probleme, sich damit abzufinden, dass unsere physische Realität eine von unseren Sinnen erzeugte Illusion ist. Ken Carey bestätigt die Schwierigkeit, die wir mit dieser Vorstellung haben. In seinem Buch*, das er channelte, stellen die Seelen, die durch ihn sprechen, eine interessante Beobachtung an. Sie sagen, wenn sie in Careys Körper kommen und alle seine Sinne verspüren, machen sie eine sensationelle Entdeckung. Erst dann verstehen sie, warum die Menschen das Gefühl haben, die Welt sei die Realität. Unsere Sinne machen die Illusion so überzeugend, dass selbst diese körperlosen Seelen unsere Schwierigkeiten verstehen, die Welt hinter uns zu lassen.

---

* Carey, K., **Sternenbotschaft**, Bd. 1 und 2, Ch. Falk, Seeon 1999

Tatsächlich ist es schwierig, zu erkennen, dass die materielle Welt nur eine Illusion ist. Doch es gibt immer mehr Faktoren, die uns daran erinnern. So spricht man mittlerweile auch in wissenschaftlicher Hinsicht von einem Geist-Körper-Kontinuum. Solche Begriffe legen nahe, dass unser Körper tatsächlich aus mehr als Zellen, Molekülen und Atomen besteht. Die Wissenschaft von der Energie sagt uns, dass unser Körper in Wirklichkeit aus Verdichtungen ineinandergreifender Energiefelder besteht. Die Gesamtheit der Materie ist Energie, die – wie ein Hologramm – in unterschiedlichen Mustern schwingt. Hologramme sind scheinbar reale, von Laserstrahlen erzeugte dreidimensionale Bilder. Es gibt eine Theorie in der Quantenphysik, die besagt, das gesamte Universum und alles, was sich darin befindet, einschließlich uns Menschen, sei ein Hologramm.

Einige Energiefelder schwingen in Frequenzen, die sie beobachtbar und messbar machen. Sie können physische Eigenschaften annehmen wie Gewicht, Volumen, Härte und Flüssigkeit. Wir geben solchen Energiemustern Namen wie Holz, Stahl, Leder oder Whisky. Alles Physische stellt Energie dar, die in einer Frequenz schwingt, die wir mit unseren fünf Sinnen *wahrnehmen* können.

Diese Vorstellung scheint etwas Seltsames für uns zu haben. Wir vertrauen fest darauf, dass unsere fünf Sinne die physische Welt um uns herum wahrnehmen. Es fällt uns schwer, uns vorzustellen, dass unser Körper aus mehr besteht als aus dem, was wir sehen und fühlen können. Dennoch ist die physische Welt – nach allem, was wir wissen – eine von unseren Sinnen erzeugte Illusion.

Stell dir für einen Moment einen der Stahlträger vor, auf denen ein Gebäude ruht. Er scheint sehr solide zu sein, und unser Tastsinn sowie unser Sehvermögen überzeugen uns davon, dass er haltbar, stark und schwer ist. Doch wir wissen gleichzeitig, dass dieser Träger vollständig aus Atomen besteht. Unser Wissen um den Aufbau von Atomen sagt uns, dass jedes Atom aus einem Kern aus Protonen besteht, um den herum mit rasanter Geschwindigkeit ein oder mehrere Elektronen kreisen.

Um ein Gefühl für das räumliche Verhältnis von Atomkern und Elektron zu bekommen, stell dir einen Fußball in der Mitte eines Fußballstadions vor. Nun stellen sie sich einen Gegenstand von der Größe eines Golfballs vor, der den Fußball mit einer Geschwindigkeit von mehreren Tausend Stundenkilometern auf einer Kreisbahn von der Größe des Stadions umkreist. Dies gibt uns eine ungefähre Vorstellung von dem Größenunterschied zwischen Elektron und Atomkern sowie von dem immensen Raum dazwischen.

Atome bestehen zu etwa 99,99 Prozent aus Raum. Da Materie vollständig aus Atomen besteht, muss sie ebenfalls zu 99,99 Prozent Raum sein. Der eben erwähnte Metallträger besteht also aus 99,99 Prozent leerem Raum. Und wir ebenfalls!

Der Träger wirkt aus demselben Grund so solide, aus dem ein sich schnell drehender Ventilator den Eindruck eines festen Gegenstandes macht. Wenn der Ventilator sich nicht dreht, kann man den Zwischenraum zwischen den Ventilatorblättern sehen und die Hand dazwischen stecken. Wenn der Ventilator sich sehr schnell dreht, kann man den Zwischenraum nicht mehr sehen. Wenn man versucht, die Hand zwischen die Blätter zu stecken, wird man ebenfalls den Eindruck einer undurchdringlichen Wand haben. Wie die Blätter eines Ventilators besteht jedes Stück physischer Materie aus einer Masse von Elektronen, die sich so schnell drehen, dass sie unseren Sinnen wie etwas Festes erscheinen.

Würden die Elektronen in dem Stahlträger, auf dem das Gebäude ruht, aufhören, sich um den Kern zu bewegen, würde der Träger augenblicklich verschwinden. Würden alle weiteren Elektronen um ihn herum ebenfalls nicht mehr um ihre Kerne kreisen, verschwände das ganze Gebäude. Kein Schutt wäre übrig, kein Staub, nichts. Für den Betrachter würde es so aussehen, als hätte sich das gesamte Gebäude in Luft aufgelöst.

Materie ist einfach Schwingung – nicht mehr, nicht weniger. Unsere Sinne sind auf diese Schwingungen eingestimmt, die von unserem Verstand als Materie gedeutet werden. Klingt seltsam, aber es ist wahr.

Annahme: **Wir haben sowohl feinstoffliche Körper als auch einen physischen Körper. Unser physischer Körper schwingt mit der Frequenz der Materie (Welt des Menschlichen), während die höchsten beiden unserer fünf feinstofflichen Körper annähernd mit der Frequenz der Seele schwingen (Welt der göttlichen Wahrheit).**

Neben dem Fleisch und Blut unseres physischen Körpers bestehen wir noch aus weiteren Energiemustern, die wir weder sehen noch messen können. Diese nennt man feinstoffliche Körper oder feinstoffliche Felder. Ihre Schwingungen sind eine oder zwei Oktaven höher als der zu Materie verdichtete Körper, und sie sind jenseits des Empfangsbereichs unserer Sinne sowie der meisten Instrumente. Diese Körper sind:

Der ätherische Körper

Der ätherische Körper trägt die energetische Schablone des physischen Körpers. Er sorgt dafür, dass Muster – harmonische und disharmonische – im Körper bestehen bleiben, während der Körper sich ständig erneuert. Unser Körper ist nicht derselbe, der er noch vor einem Jahr war, denn es gibt keine Zelle in uns, die älter ist als ein Jahr.

Der ätherische Körper richtet sich dem genetischen Code entsprechend aus und hält die Erinnerung daran, wer du bist, welche Form deine Nase hat, wie groß du bist, an welchen Vorurteilen du festhältst, was du gerne isst. Er erinnert sich an deine Stärken, deine Schwächen, deine Krankheitsmuster und vieles mehr.

Der emotionale Körper

Der emotionale Körper – oder Astralkörper – schwingt eine Oktave höher als das ätherische Feld. Er durchdringt das ätherische und bioenergetische Feld des physischen Körpers und zeigt sich in Gefühlen.

Eine Emotion besteht aus einem Gedanken, der an ein Gefühl gebunden ist, das gewöhnlich in einer physischen Reaktion oder Aktion Ausdruck findet. Wenn Energie frei vom emotionalen Feld durch das ätherische Feld und den physischen Körper fließen kann, arbeitet alles wundervoll zusammen.

Wenn wir unsere emotionale Energie durch Unterdrücken oder Verdrängen eingrenzen, erzeugen wir Energieblockaden – sowohl in unserem ätherischen und emotionalen Feld als auch in unserem physischen Körper.

Die Veränderung der Wahrnehmung, die für Vergebung notwendig ist, kann nicht stattfinden, wenn Ärger und Groll im emotionalen Körper aufrechterhalten werden. Jegliche Energie, die im emotionalen Körper festsitzt, muss zuerst befreit werden.

Der mentale Körper

Der mentale Körper beherrscht unsere geistigen Funktionen. Er ist verantwortlich für unser Gedächtnis, unser rationales Denken, konkrete Gedanken und so weiter. Natürlich gibt es Wissenschaftler, die noch immer daran festhalten, Denken und andere geistige Prozesse könnten ausschließlich als biochemische Abläufe im Gehirn erklärt werden. Doch die Wissenschaftler, die den Schlussfolgerungen der Quantenphysik folgen, gehen davon aus, dass der Geist das Gehirn, ja sogar den Körper insgesamt übersteigt. Sie gehen davon aus, dass Geist und Gedanken *holografisch* zusammenspielen und dass jede Zelle eine Blaupause des Ganzen in sich trägt. Viele Forscher nehmen an, dass das

Gedächtnis in holografischer Form in einem Energiefeld gespeichert ist, das unabhängig vom Körper existiert.

Beweise dafür gibt es reichlich, beispielsweise bei der Organtransplantation. Eine bekannte Geschichte dreht sich um einen Patienten, der eine neue Leber eingepflanzt bekam. Einige Monate nach der Operation begann er, wiederholt Träume zu haben, die für ihn keinen Sinn ergab. Nachdem er einige Nachforschungen angestellt hatte, fand er heraus, dass die Person, die seine Leber gespendet hatte, über Jahre hinweg denselben Traum hatte. Die Erinnerung an diesen Traum war offenbar in der Zellstruktur der Leber enthalten.

Der kausale Körper oder das Feld der Intuition

Auf der nächsthöheren Oktave befindet sich der Körper, den wir unsere Seele, unser höheres Selbst oder unsere Verbindung zur Welt der göttlichen Wahrheit nennen können. Er wird auch der Kausalkörper genannt und bildet die Brücke zur spirituellen Ebene. Während das mentale Feld mit Gedanken und Ideen auf der Ebene des Konkreten befasst ist, dreht sich dieses Feld um die begriffliche, abstrakte, bildliche und symbolische Ebene. Es handelt sich um Essenz, Intuition und *direktes Wissen*. Der Kausalkörper erstreckt sich jenseits des Individuums bis in den *kollektiven Geist* – oder wie C. G. Jung es nannte, das *kollektive Unbewusste:* ein einziger Geist, zu dem wir alle Zugang haben und an dem wir teilhaben.

Die Vorstellung feinstofflicher Körper, die sich in harmonischer Weise entfalten, ist nichts Neues. Sie findet sich in zahlreichen großen spirituellen Überlieferungen der ganzen Welt, besonders des Orients.

Annahme: **Universelle Energie wird als Lebensenergie und Bewusstsein über das Chakra-System in unsere Körper gebracht. Die ersten drei Chakren liegen auf der Ebene der**

Welt des Menschlichen, während die Chakren vier bis acht näher an der Ebene der göttlichen Wahrheit sind.

Neben dem Ozean der Energie, in dem sich unsere unterschiedlich schwingenden feinstofflichen Körper befinden, besitzen wir ein System von Energiezentren, die sich übereinander in unserem Körper aufreihen. Diese sind als *Chakren* bekannt – ein Sanskritwort für „Räder aus Energie". Denn sie haben die Form von Strudeln aus drehender Energie.

Die Chakren funktionieren wie Transformatoren. Sie nehmen die Energie oder Lebenskraft auf (Prana, Chi, Christus-Energie und so weiter), die aus dem Universum zu uns kommt. Sie wandeln sie in Frequenzen um, die von den biomolekularen und zellulären Prozessen des physischen Körpers genutzt werden können. Die Chakren sind die Verbindungspunkte der feinstofflichen Körper mit dem physischen Körper. Hier werden die verschiedenen Ebenen des Bewusstseins zusammengeführt. Die Chakren verarbeiten tägliche Erfahrungen, Gedanken und Gefühle und tragen langfristige Informationen bezüglich der individuellen und menschlichen Geschichte, vor langer Zeit gebildete Gedankenmuster und Archetypen mit sich.

Die ersten drei Chakren liegen auf jener Ebene des Bewusstseins, die auf niedrigerer Frequenz der Existenzkette schwingt und in der Welt des Menschlichen verwurzelt ist. Herkömmliche Vergebung ist die einzige Art von Vergebung, die mit diesem Bewusstsein möglich ist. Das Bewusstsein des fünften, sechsten, siebten und achten Chakren wirkt eher mit den Energien der Welt der göttlichen Wahrheit zusammen, und das vierte Chakra, das Herz-Chakra, ist die Verbindung zwischen der Welt des Menschlichen und der Welt der göttlichen Wahrheit.

Darüber hinaus steht jedes Chakra mit einer endokrinen Drüse in Verbindung und entspricht einem bestimmten Nervenknoten in dem entsprechenden Körperbereich. Jedes Chakra hat eine ent-

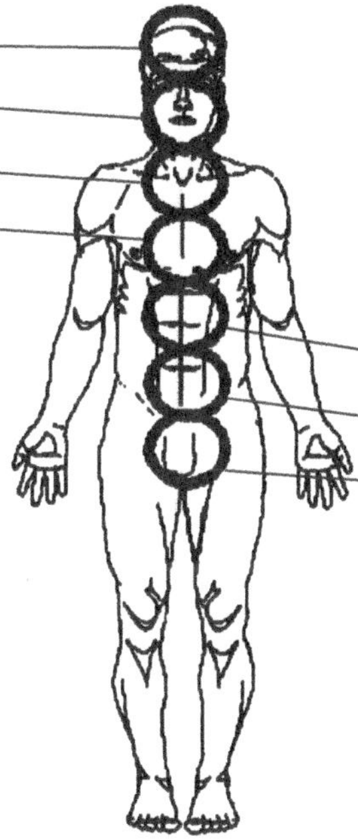

Abb. 13: Das menschliche Chakra-System

sprechende Farbe und einen Ton und versorgt einen bestimmten Bereich des Körpers mit Energie. Chakren dienen gleichzeitig als Datenbanken und Prozessoren für jene Teile des Körpers, mit denen sie verbunden sind. Sie sind für ihre Funktionen zuständig.

- Das **erste** (Wurzel-)Chakra trägt die Informationen, die mit unserer Verwurzelung in Mutter Erde und Themen wie Urvertrauen, Sicherheit, Genährtsein und Überlebenswillen zu tun haben. Dieses Chakra wird vom Stammes- oder sozialen Bewusstsein gelenkt. (Wir-Ebene)
- Das **zweite** (Sakral-)Chakra trägt die Informationen in Bezug auf Kreativität, sexuelle Energie, Geld, Schuldgefühle, Macht und Kontrolle. Dieses Chakra wird vom Beziehungs- oder sozialen Bewusstsein gelenkt. (Du-Ebene)

- Das **dritte** (Solarplexus-)Chakra trägt die Informationen von persönlicher Macht, Ohnmacht, Angst, Vertrauen, Co-Abhängigkeit persönliches Charisma und Lebensfreude. Dieses Chakra unterstützt uns dabei, für uns selbst zu sorgen. (Ich-Ebene)
- Das **vierte** (Herz-)Chakra trägt die Informationen von Angelegenheiten des Herzens, Beziehungen, Liebe, Pflege, Mitgefühl, innerem Frieden und Heilung. Dies ist das Chakra, das die Verbindung zwischen unserer Individualität und den höheren Ebenen des Bewusstseins herstellt.
- Das **fünfte** (Hals-)Chakra trägt Informationen über Dinge, die im Zusammenhang mit Selbstermächtigung, individuellem Willen und kreativem Ausdruck zur Entfaltung gebracht oder zurückgehalten werden. Es unterstützt uns, die eigene Wahrheit auszusprechen. Hier geht es u.a. darum, den persönlichen Ausdruck in eine gute Kommunikation zu bringen.
- Das **sechste** Chakra, das dritte Auge, trägt Informationen über intuitives Wissen, Hellsichtigkeit und den Willen, die Wahrheit zu erkennen. In diesem Fall bezieht sich Wahrheit auf ein Wissen, das nicht vom Gruppenbewusstsein, sondern direkt durch individuelle Erfahrung des kosmischen Bewusstseins definiert wird.
- Das **siebte** (Kronen-)Chakra trägt Informationen über spirituelles Bewusstsein und die Verbindung zur Quelle und zur geistigen Welt.
- Das **achte** Chakra (Seelen-Chakra), das über dem Kopf liegt, stellt unseren Seelenvertrag zu unserer Inkarnation dar, enthält die Mission unseres Lebens und ist die Verbindung mit dem Göttlichen und dem Einheitsbewusstsein.

Obwohl das Chakra-System in östlichen medizinischen Traditionen eine zentrale Rolle spielt, bleibt es in der westlichen Medizin völlig unbeachtet. Seine zentrale Funktion für Gesundheit, spirituelles Wohlbefinden und das Schwingungsverhalten des menschlichen Körpers findet generell im Westen sehr wenig Beachtung.

Doch die Chakren sind sehr wichtig. Wenn diese Energiezentren aus dem Gleichgewicht geraten – wenn man beispielsweise emotional gestört oder verletzt wird – kehren sie ihre Drehrichtung um, werden unberechenbar und versagen in einigen Fällen vollständig den Dienst. Ärger, Groll und Verletztheit neigen dazu, das Herz-Chakra und das Hals-Chakra zu schließen; Schuldgefühle und Mangel an Vertrauen schwächen das Sakral-Chakra und so weiter. Die Auswirkungen solcher energetischer Gleichgewichtsstörungen zeigen sich als Lethargie, allgemeines Unwohlsein, sexuelle Müdigkeit, Unfähigkeit zum authentischen Selbstausdruck und etliche andere Symptome, für die man keine medizinische Erklärung findet. Wenn die Chakren für eine lange Zeit ihr Gleichgewicht nicht wiederfinden, hat dies unvermeidlich früher oder später Konsequenzen in Form von Krankheiten des physischen Körpers. Wie wir bei den feinstofflichen Körpern festgestellt haben, beginnt eine Krankheit fast immer in den Energiefeldern – zu denen die Chakren gehören – und breitet sich in den physischen Körper aus. Dort erscheint sie schließlich als Krankheitssymptom oder körperlicher Zusammenbruch.

Glücklicherweise können Chakren relativ leicht wieder ins Gleichgewicht gebracht werden. Es gibt Heiler, die sensibel genug sind, die Energie jedes Chakras zu spüren, und die über Methoden verfügen, sie wieder ins Gleichgewicht zu bringen. Die meisten Formen von Energiemedizin wie etwa Akupunktur, Homöopathie, Aromatherapie wirken direkt auf die Chakren ein und bringen sie wieder ins Gleichgewicht.

(Eine ausführliche Erläuterung, zum Thema Chakren und feinstoffliche Körper findet sich in dem Buch: *Der Energiekörper des Menschen: Handbuch der feinstofflichen Anatomie* von Cyndi Dale)

Teil **IV**

Werkzeuge für Radikale Vergebung

16: EINE SPIRITUELLE TECHNIK

Beim Verfassen der ersten Auflage dieses Buches hatte ich zwei Ziele vor Augen. Als Erstes wollte ich das Konzept der Radikalen Vergebung möglichst einfach erklären, um sie so vielen Menschen wie möglich zugänglich zu machen. Als Zweites wollte ich das Buch möglichst praktisch halten, sodass Menschen es in ihrem täglichen Leben nutzen können. Deshalb stelle ich Methoden vor, die nicht nur effektiv, sondern auch rasch und leicht einzusetzen sind.

Dies ist nun die zwanzigste Auflage, und ich bin freudig überrascht, in welchem Ausmaß die in dem Buch vorgestellten praktischen Werkzeuge sich als wirksam erwiesen. Ich bin höchst erfreut darüber, wie außerordentlich kraftvoll und heilsam sich die Übungen gezeigt haben.

Ich habe feststellen können, dass die heilenden Übungen auf eine Weise wirken, die der Wirkungsweise der Homöopathie ähnelt: sie wirken holo-energetisch – sie verwenden die Energie des Ganzen.

Als Bestandteil eines holografischen Universums ist nicht nur jeder noch so kleine Teil energetisch mit dem Ganzen verbunden; er enthält auch das Ganze. Energetisch betrachtet kann man daher auch keinen Teil verändern, ohne das Ganze zu verändern.

Die Homöopathie basiert auf diesem Prinzip. Sie arbeitet mit Mitteln, die auf das Energiesystem des Organismus auf genau diese Weise einwirken. Der kleinste Teil einer aktiven Substanz wird in Wasser aufgelöst und anschließend viele Tausend Mal so lange verdünnt, bis es keine physische Spur der Substanz mehr gibt. Jedoch bleibt das energetische Muster der Substanz, und darin liegt die Kraft der Heilung. Wenn ein Mensch das Mittel einnimmt, registriert der feinstoffliche Körper das Muster und wird angeregt, Energien so zu aktivieren, wie es für die Heilung auf allen Ebenen notwendig ist.

Das Gleiche passiert bei den Übungen der Radikalen Vergebung. Ebenso wie man beim Anblick eines homöopathischen Mittels nur Wasser sieht und sich schwer vorstellen kann, dass es eine heilsame Wirkung haben soll, kann man auch beim Anblick eines Arbeitsblattes zur Radikalen Vergebung durchaus skeptisch sein. Man kann sich schwer vorstellen, wie es ein Leben von Grund auf verändern kann.

Dennoch funktioniert es. Hunderttausende haben von den Arbeitsblättern Gebrauch gemacht oder an einem Workshop in Radikaler Vergebung teilgenommen und das Wunder der Transformation erfahren.

Diese Werkzeuge funktionieren, weil jedes davon die geheime Zutat – die energetische Prägung der Radikalen Vergebung – liefert. Mit anderen Worten: die Bereitschaft der Offenheit für den Gedanken, dass es nichts zu vergeben gibt.

Die Wirkung ist kaum merklich. Mentale Übungen wie beispielsweise das Erreichen bestimmter Ziele durch Affirmationen, Visualisierungstechniken oder Hypnose haben wenig mit Radikaler Vergebung zu tun. Auch ein großes Maß an Vertrauen oder Glauben, meditative Zustände oder erweitertes Bewusstsein sind nicht Bedingung. Alles, was du tun musst, ist, ein einfaches Instrument einzusetzen, das wenig Ansprüche an deine Intelligenz, Disziplin oder Geschicklichkeit stellt. Es erfordert lediglich, dass du ein klein wenig Bereitschaft zeigst – das ist alles. Weiter hinten im Buch und auf **www.tipping-methode.de** findest du das Arbeitsblatt „Dem Wunder Raum geben". Es ist sehr einfach auszufüllen und dennoch ist es voller Magie.

Vergebung funktioniert auch, wenn man erst einmal „so tut, als ob" – bis es dann wirklich funktioniert. Wir können froh sein, dass es nur so weinig braucht. Wenn du warten müsstest, bis du zu hundert Prozent bereit bist zu glauben, dass deine Lebenslage in der Tat vollkommen ist, würdest du wahrscheinlich niemals mit dem Prozess beginnen.

Die folgende Geschichte zeigt, wie diese Transformation durch eines der Werkzeuge der Radikalen Vergebung sehr schnell geschehen kann – mit dem schnellsten und einfachsten Hilfsmittel, den *13 Schritten zur Radikalen Vergebung*.

Debi und die dreizehn Schritte

Debi war eine Studiosängerin. Das heißt, sie sang Jingles, Werbespots fürs Radio, Themenmusik und Ähnliches. Sie galt als eine der besten ihres Fachs. 1999 kam sie zu mir, um sich als Coach für Radikale Vergebung ausbilden zu lassen.

An einem bestimmten Punkt während der Ausbildung wollte ich ihr zeigen, wie sie eine Einführung in die *dreizehn Schritte der Radikalen Vergebung* geben konnte. Der Prozess dauert ca. fünfzehn Minuten und erfordert eine eindeutige Antwort auf dreizehn sehr einfache Fragen.

Alle dreizehn Fragen beziehen sich auf die Bereitschaft (die „geheime Zutat"), die Vollkommenheit in jeder Situation zu sehen – gleich, ob man sie verstehen kann oder nicht. Die Antwort auf jede der Fragen ist „Ja". Ich fragte Debi, ob sie eine Situation habe, mit der sie arbeiten könne. Sie dachte einen Moment nach und sagte dann: „Ja, da gibt es etwas, das mich seit einiger Zeit ärgert. Ich hätte es fast vergessen. Vor etwa dreizehn Jahren war ich in einem bestimmten Studio, und ein Mann kam herein, den ich zwar gut kannte, dem ich aber nie richtig nähergekommen war. Wir redeten eine Weile belanglos herum, bis er schließlich sagte, was er die ganze Zeit schon sagen wollte: ‚Debi, ich habe dieses tolle Produkt, das man wunderbar über das Radio verkaufen könnte, und ich hätte gern, dass du einen Werbespot für mich machst. Das Problem ist, dass ich im Moment das Geld dafür nicht habe. Kannst du mir einen Gefallen tun und mir einen Sonderpreis machen?'

Ich ließ mich nach einigem Hin und Her darauf ein und stimmte zu, die Aufnahme für 75 Dollar zu machen, weit unter meinem gewöhnlichen Preis. Ich produzierte den Werbespot, und – Überraschung! – der Spot machte den Mann buchstäblich über Nacht zum Millionär.

Einige Zeit später traf ich ihn wieder und schlug vor, er solle mir doch bitte noch etwas zukommen lassen als Anerkennung für meine Dienste. Seine Antwort war: ‚Debi, mein Geschäft besteht nicht darin, Geld zu verschenken!'"

Das war ein perfektes Beispiel. Die alte Geschichte wurmte sie offenbar immer noch – sogar nach dreizehn Jahren. Dies war verständlich angesichts dessen, dass fast jedes Mal, wenn sie in den vergangenen dreizehn Jahren das Radio anstellte, ihr Spot zu hören war. Man kann sich leicht vorstellen, dass sie alle Elemente einer Opfergeschichte beisammen hatte: Sie war betrogen, beleidigt, an der Nase herumgeführt, belogen, undankbar behandelt worden und so weiter.

Also führte ich sie durch den Prozess. Es dauerte nicht länger als fünfzehn Minuten, und wie immer nach einem derartigen Prozess gingen wir sofort anschließend zu etwas anderem über. (Darüber zu sprechen würde das Energiefeld, das in dem Prozess erzeugt wurde, zerstören.)

Am selben Abend ging sie aus und kehrte etwa um 23 Uhr in ihr Hotel zurück. Sie rief mich um 23:05 Uhr an und war sehr aufgeregt. Offenbar hatte sie ihre Nachrichten auf dem Anrufbeantworter abgehört und eine Nachricht von dem Produzenten erhalten, der damals mit ihr den Werbespot aufgenommen hatte.

Die Nachricht lautete: „Debi, der Werbespot, den du für Mr. X damals aufgenommen hast, steht wieder an und muss neu aufgenommen werden. Außerdem ist das Copyright abgelaufen, und du kannst diesmal deine Prozente berechnen. Bist du interessiert?“

Du kannst dir vorstellen, dass ich über Debis Erzählung höchst erfreut war. Es funktionierte wirklich! Doch Debi sagte: „Das ist noch nicht alles. Als wir die dreizehn Schritte zusammen durchgingen, hatte ich zufällig auf die Uhr geschaut. Aus irgendeinem Grund registrierte ich genau die Zeit. Es war 15:01 Uhr. Und die Telefonnachricht kam um 15:02 Uhr! Eine Minute später – und ich habe seit Monaten nicht mehr mit ihm gesprochen!“

Debis Opfergeschichte – wie sie „benutzt“, betrogen, erniedrigt, beleidigt und zurückgewiesen wurde – hatte sie dreizehn Jahre lang in ihrer Opferrolle festgehalten. Dann wurde sie eingeladen, ein wenig Bereitschaft zu zeigen, hinzuschauen und zu sehen, dass sie diese Geschichte aus ihrer eigenen Wahrnehmung der Situation erzeugt hatte. Und während des Dreizehn-Schritte-Prozesses, der die Geschichte der spirituellen Wahrheit entsprechend neu verfasste, brach das alte Energiefeld in sich zusammen. Wir hatten in keinem Moment an ihrer Geschichte „gearbeitet“. Das hätte ihr nur noch mehr Energie gegeben und sie verstärkt. Stattdessen verwandten wir die holoenergetische Technik der Radikalen Vergebung, um die Energie zu transformieren.

Es ist interessant, einmal anzuschauen, was hier passiert sein könnte. Fast jeder hätte mit Debi übereingestimmt, dass dieser Mann sie in seinem Geiz betrogen, beleidigt und respektlos behandelt hatte. Doch es könnte sich unter der Oberfläche dieses wirklich seltsamen Verhaltens noch etwas anderes abgespielt haben.

Zum damaligen Zeitpunkt war Debis Selbstwertgefühl sehr gering. Obwohl man ihr immer bestätigt hatte, was für eine gute

Sängerin sie sei, konnte sie dies niemals annehmen. Sie hatte die Neigung, sich ständig kleiner zu machen. Unbewusst war sie davon überzeugt, dass sie den Preis, den sie rechtmäßig für ihre Arbeit berechnen konnte, nicht wert sei.

Es ist ein Grundprinzip der Radikalen Vergebung: Wenn du eine Überzeugung in dir hast, die dich einschränkt und davon abhält, deine wahren Ziele zu erreichen, wird das Höhere Selbst immer eine Möglichkeit finden, dir diese einschränkenden Überzeugungen vor Augen zu führen, sodass du sie heilen kannst. Das Höhere Selbst hat keine Möglichkeit, direkt Einfluss zu nehmen, da jeder Mensch seinen freien Willen hat. Doch durch das Gesetz der Anziehung kann es jemanden in unser Leben bringen, der die Überzeugung für uns dramatisiert. So können wir sie als das sehen, was sie ist, und sie loslassen.

Dieser Mann war in Resonanz mit Debis Überzeugung, sie sei nichts wert, nicht gut genug, habe nichts verdient. Und er stieg auf diese Überzeugung ein, beantwortete ihren Ruf. Sein Höheres Selbst spielte mit ihrem Höheren Selbst zusammen, um das Thema Wertlosigkeit zu inszenieren. Sodass sie den damit verbundenen Schmerz fühlen konnte, um ihn zu erkennen und sich neu entscheiden zu können.

Dieser Mann war weit davon entfernt, ein Schuft zu sein; er war im Gegenteil ein heilender Engel für Debi. Er übernahm die unangenehme Rolle – wer ist schon gern ein Bösewicht? –, um Debis Geschichte zu inszenieren. Leider war ihr damals die Lektion entgangen, und sie hatte die Geschichte nur zum Anlass genommen, ihre „Nicht gut genug"-Rolle noch zu verstärken und unter Beweis zu stellen.

Nach dreizehn Jahren unterzog sie sich einem einfachen kleinen Prozess, dem Dreizehn-Schritte-Prozess. Das Ergebnis war, dass sie die Wahrheit sehen konnte: dass er ihr eine Gelegenheit zu heilen gegeben hatte und dass er in Wirklichkeit ihr *Heiler* war.

Sofort begann die Energie wieder zu fließen, und das Geld floss ebenfalls sofort in ihre Richtung. (Geld ist nichts als Energie in einer anderen Form.)

Einige Tage, nachdem Debi das Training abgeschlossen hatte und nach Hause zurückgekehrt war, begegnete sie dem Mann. Er kam auf sie zu und sagte: „Weißt du, Debi, ich habe dir niemals wirklich dafür gedankt, was du vor so vielen Jahren für mich getan hast, als du diesen ersten Werbespot für mich machtest. Du hast ihn mir fast geschenkt, und alles hat wunderbar funktioniert. Ich bin dir wirklich dankbar. Vielen Dank." Er bot ihr noch immer kein Geld an, doch das spielte keine Rolle mehr. Was sie von ihm bekam, war die Anerkennung, die sie bisher nie hatte annehmen können. Dies war der endgültig heilende Moment.

Seither hat Debi zu ihrer Kraft gefunden. Sie hat aufgehört, ihr Talent hinter anonymer Studioarbeit zu verstecken. Sie gibt jetzt Solokonzerte und nimmt ihre eigenen CDs auf. Sie hat sogar ihre eigene Produktionsfirma gegründet. All die alten „Ich bin nicht gut genug"-Geschichten sind vollständig verschwunden, und sie lebt, wie es ihren Lebenszielen entspricht.

Ich erzähle Debis Geschichte gerne, um die Effektivität einfacher Werkzeuge zu demonstrieren und Menschen zu ermutigen, von ihnen Gebrauch zu machen. Und ich bin ihr dankbar, dass sie es mir erlaubt hat.

17. FÜNF STADIEN DER RADIKALEN VERGEBUNG

Egal, in welcher Form sich die Praxis der Radikalen Vergebung vollzieht – ob als Workshop, als dreizehn Schritte, als Arbeitsblatt zur Radikalen Vergebung oder im Rahmen einer Zeremonie – alle Methoden verfolgen das Ziel, dich durch die fünf Stadien der Radikalen Vergebung zu führen.

1: Die Geschichte erzählen

Auf dieser Stufe hört jemand freiwillig und mit Mitgefühl unserer Geschichte zu und würdigt sie als unsere gegenwärtige Wahrheit. (Wenn wir ein Arbeitsblatt verwenden, können wir selbst unser „Zuhörer" sein.)

Unsere Geschichte anzuhören und zu bezeugen, ist ein erster unerlässlicher Schritt, um sie loszulassen. Ebenso wie der erste Schritt beim Loslassen der Opferrolle darin besteht, sie sich erst einmal vollständig anzueignen, müssen wir uns unsere Geschichte als Ganzes erst einmal aus der Perspektive eines Opfers aneignen, ohne sie in diesem Stadium bereits spirituell zu deuten. Dies findet später auf der vierten Stufe statt.

An dieser Stelle müssen wir dort beginnen, wo wir sind (oder waren, wenn wir zurück in die Vergangenheit gehen, um etwas zu heilen). Wir müssen einen Teil des Schmerzes fühlen, der die ursprüngliche Energieblockade verursachte.

(Dabei ist es nicht notwendig, nochmals komplett in das alte Drama einzusteigen. Die Bereitschaft, die eigene Geschichte anzuerkennen, genügt.)

2: Auf Gefühle einlassen

Dies ist der entscheidende Schritt, den viele „spirituelle" Menschen gern auslassen. Denn sie glauben, sie dürften keine „negativen" Gefühle haben. Ein solches Denken ist jedoch nichts weiter als eine Negation der eigenen Gefühle. Es übersieht, dass unserer Fähigkeit, unsere Gefühle vollständig zu fühlen und auf diese Weise unser ganzes menschliches Potenzial zu zeigen, eine authentische Kraft innewohnt. Erst wenn wir uns gestatten, Zugang zu unserem Schmerz zu finden, kann unsere Heilung beginnen. Das Abenteuer unserer Heilung ist im Wesentlichen ein emotionales Abenteuer. Doch es muss nicht der ganze Schmerz sein. Es ist erstaunlich, wie schnell wir Frieden, Freude und Dankbarkeit finden können, wenn wir uns erst einmal erlauben, durch die verschiedenen Schichten der Gefühle hinabzusteigen und unseren authentischen Schmerz zu fühlen.

3: Die Geschichte auseinandernehmen

Dieser Schritt befasst sich damit, wie unsere Geschichte begann und wie unsere Deutung der Ereignisse in unserem Denken zu bestimmten (unzutreffenden) Überzeugungen führte, die festlegen, wie wir über uns selbst denken und wie wir unser Leben führen. Mit der Erkenntnis, dass diese Geschichten überwiegend nicht der Wahrheit entsprechen und vom Ego verwendet werden, um uns im Opfer-Archetyp gefangen zu halten, werden wir fähig, sie fallen zu lassen und unser Leben zu heilen.

Bei diesem Schritt bringen wir ein hohes Maß an Mitgefühl für die Person auf, der wir vergeben. Wir entwickeln ein echtes, geradliniges Verständnis dafür, wie uns das Leben mitspielt und wie unvollkommen wir sind. Wir merken, dass wir unseren Möglichkeiten entsprechend unser Bestes geben. Vieles davon könnten wir auch als herkömmliche Vergebung bezeichnen. Doch als erster Schritt zur Radikalen Vergebung ist dies durchaus notwendig und bringt uns gleichzeitig mit unserer eigenen Lebenswirklichkeit in Kontakt. Schließlich haben die meisten unserer Geschichten ihren Ursprung in der frühen Kindheit, als wir uns vorstellten, die ganze Welt drehe sich nur um uns und daher sei alles unsere Schuld.

An dieser Stelle können wir einen Teil unserer infantilen Verletztheit aufgeben, indem wir aus der Erwachsenenperspektive auf die Situation schauen und erkennen, was *wirklich* passiert ist – im Gegensatz zu unserer eingefärbten Deutung dessen, was *wir* daraus gemacht haben. Es ist erstaunlich, wie lächerlich einige unserer Geschichten erscheinen, wenn wir sie im Licht der Wahrheit betrachten. Der wirkliche Wert dieses Schrittes besteht jedoch darin, dass wir beginnen, nicht mehr an unserer Geschichte festzuhalten und so den Übergang zum nächsten Schritt zu erleichtern.

4: Die Geschichte umdeuten

An dieser Stelle erlauben wir uns eine Verschiebung unserer Wahrnehmung. Statt die Situation als Tragödie zu empfinden, entwickeln wir die Bereitschaft zu sehen, dass sie genau das war, was wir erfahren wollten und was für unser Wachstum notwendig war. In diesem Sinn war es vollkommen. In bestimmten Momenten können wir dieses Geschenk direkt erkennen und unsere Lektion unmittelbar lernen. Meist ist es jedoch erforderlich, erst einmal aufzugeben, alles erklären zu wollen. Und stattdessen den Gedanken zulassen, dass das Geschenk in der Situation enthalten ist – ob wir uns dessen bewusst sind oder nicht. Diese erweiterte Perspektive ermöglicht es uns, lieben zu lernen und das Geschenk anzunehmen.

5: Integration

Nachdem wir die Bereitschaft entwickelt haben, die Vollkommenheit in der Situation zu sehen, ist es notwendig, diesen Wandel auf der Zellebene zu integrieren. Dies bedeutet, dass wir die Veränderungen im physischen, im emotionalen und im spirituellen Körper integrieren, damit sie ein Teil von uns werden. Es ist, als würdest du deine Arbeit am Computer auf der Festplatte speichern. Erst dann wird sie dauerhaft.

Die „Satori"-Atemübungen sind eine sehr gute Möglichkeit, die Veränderungen zu integrieren. Sie können im Rahmen eines Workshops oder zu Hause durchgeführt werden. Dazu gehört, dass du dich hinlegst und bewusst zu lauter Musik auf kreisförmige Weise atmest (siehe Kapitel 27).

Wenn du mit dem Arbeitsblatt arbeitest, erreichst du die Integration durch Aufschreiben und lautes Lesen der aufgeschriebenen Sätze. Bei den dreizehn Schritten sind es die verbalen Äußerungen, die Vollkommenheit zu sehen. Bei der Vergebungszeremonie ist es das Durchschreiten des Kreises und das Aussprechen der Äußerungen gegenüber einem Menschen, der dir entgegenkommt. Rituale, Zeremonien und Musik werden eingesetzt, um die Veränderung der Wahrnehmung zu integrieren.

Diese fünf Stadien finden nicht unbedingt in dieser Reihenfolge statt. Sehr häufig gehen wir durch sämtliche Stadien oder durch einen Teil gleichzeitig hindurch. Oder wir gehen in spiraloder kreisförmiger Weise mehrmals von einem Stadium zum nächsten und wieder zurück.

18: SO TUN, ALS OB ..., BIS ES WIRKLICH KLAPPT

Vergebung ist ein Abenteuer, das immer an einem Ort beginnt, an dem es keine Vergebung gibt. Das Abenteuer kann Jahre dauern oder auch nur Minuten – je nachdem, wie wir uns entscheiden. Herkömmliche Vergebung braucht eine lange Zeit. Radikale Vergebung hingegen kann schnell erreicht werden, indem man lediglich seine *Bereitschaft* zum Ausdruck bringt, die Vollkommenheit zu sehen. Jedes Mal, wenn wir dies tun, stellt es einen Akt des Vertrauens dar, ein Gebet, eine Bitte um göttlichen Beistand. Wir tun dies in Momenten, in denen wir nicht fähig sind zu vergeben. Stattdessen *tun wir einfach so* – so lange, bis es wirklich klappt.

Hingabe

So zu tun, „als ob", bedeutet, dass man sich dem Prozess völlig hingibt und keinerlei Versuche oder Anstrengung unternimmt, das Endresultat zu beeinflussen. In der Seattle-Studie (Kapitel 13) wurde festgestellt: je mehr die Teilnehmer sich bemühten und versuchten zu vergeben, desto schwieriger fanden sie es, ihre Verletztheit und ihren Groll loszulassen. Sobald sie den Versuch, zu vergeben und den Prozess zu kontrollieren, aufgaben, fand irgendwann die Vergebung ganz von selbst statt.

Die energetische Verschiebung von Ärger und Schuldzuweisung zu Vergebung und Verantwortung passiert mit Radikaler Vergebung viel schneller, weil wir durch die Anwendung der hier vorgestellten Methoden das Opferbewusstsein fallen lassen können.

Wie in Kapitel 13 beschrieben, verändert das Bewusstsein die Zeit. Dennoch dürfen wir auch beim Beginn eines Radikalen Vergebungsprozesses keine Erwartungen daran haben, wann eine Energieverschiebung stattfinden könnte – selbst wenn wir wissen, dass es in jedem Augenblick geschehen kann. Wann genau Ergebnisse sichtbar werden, hängt von Dingen ab, über die wir nur wenig wissen. Es kann durchaus eine gewisse Zeit dauern, bis wir bedingungslose Akzeptanz für eine betroffene Person und den Frieden, der die Situation umgibt, fühlen – Anzeichen dafür, dass der Prozess der Vergebung vollständig ist. Es kann beispielsweise zahlreiche Arbeitsblätter erfordern, bis dieser Punkt erreicht ist.

Für viele wird es jedoch ein Trost sein, dass wir einen Menschen, um ihm zu vergeben, nicht unbedingt auch mögen müssen. Noch müssen wir es mit der Person aushalten, wenn ihre Persönlichkeit wie Gift auf uns wirkt. (Dann kann das Grenzensetzen auf der menschlichen Ebene wichtig und notwendig sein.) Radikale Vergebung ist eine Interaktion von Seele zu Seele, und sie erfordert lediglich, dass wir auf der seelischen Ebene eine Verbindung finden. Wenn wir diese bedingungslose Liebe für die Seele des anderen fühlen, verbinden sich unsere Seelen, und wir werden eins.

Die Gelegenheit ergreifen

Jedes Mal, wenn uns jemand aus der Fassung bringt, müssen wir uns vor Augen halten, dass dies eine Gelegenheit zur Vergebung ist. Die Person, die uns ärgert, spricht möglicherweise auf etwas an, das wir bei uns heilen müssen. In diesem Fall macht sie uns ein Geschenk, wenn wir bereit sind, es anzunehmen – das heißt, wenn wir uns die Mühe machen, unsere Wahrnehmung der Dinge etwas zu verschieben. Die Situation spiegelt möglicherweise ein früheres Erlebnis, bei dem jemand uns etwas Ähnliches antat. Dann steht die aktuelle Person stellvertretend für all die anderen, die uns jemals in unserem Leben etwas Ähnliches antaten.

Wenn wir nun dieser Person für die gegenwärtige Situation vergeben, vergeben wir auch allen anderen, die sich ähnlich verhalten haben – ebenso wie uns selbst für das, was wir auf sie projiziert haben.

Ein Beispiel dafür findet sich in der Abbildung 1 auf Seite 40. Dort ist Jills Geschichte als Zeitlinie dargestellt. Hier erscheinen alle Gelegenheiten, die sie erhalten hatte, um ihren ursprünglichen Schmerz zu heilen – jenen Schmerz, der aus der unzutreffenden Einschätzung ihrer selbst als „nicht gut genug" resultierte. Als Jill schließlich sah, was in der Situation mit Jeff vor sich ging, und ihm vergab, vergab und heilte sie automatisch auch sämtliche vorangegangenen Gelegenheiten – einschließlich des ursprünglichen Vorfalls mit ihrem Vater. Die gesamte Interpretationskette ihrer Geschichte – einschließlich der Probleme mit ihrem früheren Mann – fiel mit dieser Erkenntnis plötzlich in sich zusammen.

Deshalb erfordert Radikale Vergebung keine übliche Therapie. Die Vergebung im Moment heilt auch alle anderen Gelegenheiten, in denen das Gleiche oder Ähnliches geschah – einschließlich der ursprünglichen Situation. Es ist nicht einmal erforderlich, zu wissen, was die „ursprüngliche Situation" eigentlich war. Du musst nicht in deiner Vergangenheit herumstochern, um genau herauszufinden, worin der ursprüngliche Schmerz bestand. Er wird auf der energetischen Ebene geheilt.

Unsere Wahrnehmung verschieben

Die folgenden Abschnitte beschreiben Prozesse, die unsere Energie verändern und Gelegenheiten zur Veränderung unserer Wahrnehmung des Geschehens bieten. Diese Verschiebung der Wahrnehmung ist der Kern der Radikalen Vergebung. All diese Prozesse führen uns ins Jetzt, indem sie uns helfen, unsere Energie aus der Vergangenheit und aus der Zukunft in die Gegenwart zu holen. Beides ist erforderlich, um einen Wandel herbeizuführen. Wenn wir im Jetzt sind, können wir keinen Groll empfinden.

Denn Groll lebt nur in der Vergangenheit. Auch können wir keine Angst empfinden. Denn Angst existiert nur in Bezug auf die Zukunft. Wir erhalten die Chance, in der Gegenwart zu sein – in dem Raum, der Liebe, Akzeptanz und Radikalen Vergebung.

Der Erste-Hilfe-Kasten der Radikalen Vergebung

Einige der folgenden Hilfsmittel eignen sich für den Gebrauch in dem Moment, in dem eine Situation eintritt, die nach Vergebung verlangt. Bevor wir uns zu weit in das Drama verwickeln und uns zum Opfer machen lassen, können diese Hilfsmittel uns zu einem kleinen heilsamen Schock verhelfen und uns zeigen, was passieren kann. Wenn unsere *Knöpfe gedrückt* werden und wir nicht aufpassen, gehen wir ohne Umweg direkt in die alten Kreisläufe von Angriff und Verteidigung über. Wenn wir da erst einmal gefangen sind, ist es schwer, wieder herauszukommen. Der Gebrauch unserer Soforthilfsmittel jedoch hilft uns zu vermeiden, überhaupt erst in den Kreislauf zu geraten. Eines dieser Soforthilfsmittel sind die vier Schritte der Radikalen Vergebung. Man kann sie sich gut merken. Und es ist jederzeit möglich, diesen Prozess innerlich zu machen. Andere Hilfsmittel, die im Folgenden beschrieben werden, sind für den Gebrauch allein und in Ruhe gedacht, nachdem man die Möglichkeit hatte, Ärger und Frustration hinter sich zu lassen. Das Arbeitsblatt zur Radikalen Vergebung kann in dieser Beziehung buchstäblich Wunder wirken. Vertraue auf diese Hilfsmittel. Lasse dich auf sie ein. Du wirst überrascht sein, was sie in deinem Leben bewirken können. Die konsequente Anwendung dieser Mittel kann uns zu einem inneren Frieden verhelfen, von dem wir nie geglaubt hätten, dass er überhaupt möglich ist.

19: DEN SCHMERZ FÜHLEN

Sich auf die Gefühle einzulassen, gehört zum zweiten Stadium im Prozess der Vergebung, das gewöhnlich dem Erzählen der Geschichte folgt. Dieser Schritt erfordert, dass wir uns gestatten, die Gefühle, die mit einer bestimmten Situation verbunden sind, zu fühlen – voll und ganz. Wenn wir versuchen, rein mental zu vergeben und uns nicht gestatten, uns etwa wütend, traurig oder deprimiert zu fühlen, wird überhaupt nichts passieren. Ich kenne viele Menschen – besonders solche, die sich für „spirituell" halten – die meinen, solche Gefühle hätten keinen Platz und sollten direkt dem göttlichen Geist „übergeben" werden. Ich nenne dies eine „spirituelle Umleitung" von Gefühlen.

Im Jahr 1994 hielt ich einen Workshop in England. Das war zehn Jahre nach meiner Auswanderung in die USA, und ich hatte bereits vergessen, wie stark Engländer sich ihren Gefühlen widersetzen.

Der Workshop sollte in einem Kloster irgendwo im Westen des Landes stattfinden, und aus irgendeinem Grund waren die meisten Teilnehmer spirituelle Heiler.

Wir kamen in dem Kloster an, aber niemand vom Kloster war da. Also gingen wir ins Haus, stellten das Mobiliar etwas um und fingen mit unserem Workshop an. Ich begann, indem ich erklärte, dass das Leben im Grunde eine emotionale Erfahrung für spirituelles Wachstum ist und dass der Workshop zum Ziel hat, uns in Verbindung mit unseren vergrabenen Gefühlen zu bringen. Die Teilnehmer reagierten auf dieses Ansinnen so heftig, als hätte ich sie gebeten, nackt ums Feuer zu tanzen oder dergleichen. Ihre Reaktion war folgende:

„O Nein! Wir sind spirituelle Menschen. Wir haben unsere Gefühle überwunden. Wir schenken unseren Gefühlen keinen Glauben. Wir bitten den göttlichen Geist, sie von uns zu nehmen, und finden unmittelbar unseren inneren Frieden. Wir glauben nicht, dass eine solche Arbeit richtig ist."

Nach etwa einer Stunde war mir klar: Der Workshop war ein Desaster. Ich hatte das Gefühl, kein Stück voranzukommen. Niemand schien mir zuzuhören, und ich konnte meine Arbeit nicht tun. Von Minute zu Minute fühlte ich mich schlechter und war überzeugt, dass der Workshop schließlich völlig auseinanderbrechen würde.

An diesem Punkt griff der göttliche Geist ein. Ein junger Mönch in voller Montur platzte herein und verlangte, den Verantwortlichen zu sprechen. Als ich sagte, ich sei das, verlangte er, ich solle mit ihm vor die Tür gehen. Er wolle mit mir „sprechen", doch ich sah, dass er innerlich vor Wut kochte. Sein Gesicht war knallrot vor Erregung. Ich sagte, ich sei mitten in meinem Seminar und würde nach Abschluss zu ihm kommen, um mit ihm zu sprechen.

Voller Wut ging er hinaus, kam jedoch sogleich noch wütender zurück. Er zeigte mit dem Finger auf mich und schrie: „Sie kommen jetzt sofort raus!"

Die Geste mit dem Finger ließ mir den Kragen platzen. All die Frustration und Spannung der vergangenen Stunde kamen hoch. Ich wandte mich an die Teilnehmer meines Workshops und sagte in einem sehr bedrohlichen Ton: „Jetzt passen Sie mal auf!" Ich marschierte quer durch den Raum auf den wütenden Mönch zu und gab ihm deutlich zu verstehen, was ich fühlte. Dabei wedelte ich ebenfalls mit meinem Zeigefinger nahe vor seinem Gesicht herum. „Es ist mir völlig gleich, welche Kutte Sie tragen und was diese Kutte repräsentiert. Sie kommen nicht einfach in meinen

Workshop und zeigen mit dem Finger auf mich wie auf einen Erstklässler, der Ihnen auf die Nerven geht. Ich werde kommen und mit Ihnen sprechen – aber nur dann, wenn ich es will. Um 12 Uhr bin ich mit meinem Workshop fertig. Wenn Sie mir irgendetwas mitzuteilen haben, dann sehen Sie zu, dass sie Punkt 12 draußen vor der Tür erscheinen. Dann können wir sprechen. Und jetzt raus hier!"

Ich stapfte zurück und wandte mich meinen Workshopteilnehmern zu, die mich völlig entgeistert anschauten. („Was fällt dem ein, zu einer religiösen Persönlichkeit auf diese Weise zu sprechen?") „Genau!", sagte ich, und zeigte nacheinander auf alle meine Teilnehmer. „Ich möchte wissen, wie sich jeder Einzelne von Ihnen jetzt fühlt, genau in diesem Moment. Und erzählen Sie mir nur nicht Ihren Mist, dass Sie Ihre Negativität der violetten Flamme übergeben haben und sich somit das Negative in Luft und Liebe aufgelöst hat und Sie von innerem Frieden erfüllt werden, denn das ist offensichtlich nicht der Fall. Was fühlen Sie? Schauen Sie es sich wirklich an!"

Es erübrigt sich wohl festzustellen, dass ihre Gefühle ebenfalls Wogen schlugen. Wir begannen, darüber zu sprechen. Mithilfe des Mönches hatte ich die Mauer ihres inneren Widerstandes durchbrechen können und sie spüren lassen, dass Menschen Gefühle haben und das in Ordnung ist. Ich hatte ihre Geschichte wie eine Seifenblase zerplatzen lassen. Sie hatten die spirituelle Umleitung genommen, und ich hatte es ihnen demonstriert.

Um 12 Uhr mittags ging ich hinaus auf den Flur. Der Mönch war da. Ich ging direkt auf ihn zu und umarmte ihn, sehr zu seinem Erstaunen. „Vielen, vielen Dank", sagte ich zu ihm, „Sie waren mein rettender Engel. Sie haben meinem Seminar eine Bedeutung gegeben. Sie haben mich buchstäblich gerettet."

Er wusste wirklich nicht, was er sagen sollte. Ich glaube, er verstand kein Wort, selbst als ich versuchte, es ihm zu erklären. Er hatte sich jedoch etwas beruhigt. Es stellte sich heraus: es hatte ihn bloß aufgeregt, dass wir nicht die Glocke geläutet hatten, um ihn wissen zu lassen, dass wir da waren. Er hatte in seiner Zelle gesessen und auf das Glockenläuten gewartet und nicht damit gerechnet, wir könnten einfach die Tür aufmachen und uns selbst hereinlassen. Kannst du dir vorstellen, dass man sich über eine solch geringfügige Sache so aufregen kann? Kannst du dir vorstellen, dass er vielleicht auch unter dem Gefühl der Verlassenheit oder dem Gefühl, „nicht gut genug" zu sein, leidet?

Dieses siebentägige Seminar wurde einer der besten Workshops, die ich jemals gehalten habe. Das lag daran, dass alle Teilnehmer sehr real und authentisch wurden. Ich führte sie in ihren Schmerz, der teilweise bis in die Zeiten des Krieges zurückreichte und über den sie niemals gesprochen hatten. Sie hatten Gelegenheit zu spüren, dass die Kraft der Heilung in den Gefühlen liegt – nicht im Reden oder Denken, nicht in Affirmationen, nicht einmal in der Meditation, wenn diese ein Abschotten unserer Gefühle beinhaltet.

Ein weiterer Mythos besagt, es gebe zweierlei Gefühle: positive und negative. Und die negativen Gefühle seien unbedingt zu vermeiden. Die Wahrheit ist, dass es so etwas wie ein negatives Gefühl überhaupt nicht gibt. Ein Gefühl wird erst *schlecht* und wirkt sich negativ auf uns aus, wenn es unterdrückt, negiert oder nicht ausgedrückt wird. „Positives Denken" ist nur eine andere Form der Verleugnung.

Wir wollen die emotionale Erfahrung

Als Menschen sind wir mit der Fähigkeit gesegnet, unsere Gefühle zu empfinden. Einige sagen sogar, dass wir uns ein Leben als Menschen ausgesucht haben, weil dies der einzige Planet ist, der die Schwingung emotionaler Energie trägt, und dass wir hierherkamen, weil wir genau dies erfahren wollen. Wenn wir uns nicht gestatten, das ganze Spektrum an Gefühlen zu spüren und sie stattdessen unterdrücken, erzeugt unsere Seele Situationen, in denen wir buchstäblich dazu gezwungen werden, zu fühlen. (Ist dir schon einmal aufgefallen, dass Menschen häufig ausgerechnet in den Momenten, in denen sie für spirituelles Wachstum beten, Gelegenheit bekommen, intensive Gefühle zu verspüren?)

Der Sinn großer Gefühlsaufwallungen kann darin bestehen, unserer Seele Gelegenheit zu geben, eine unterdrückte Emotion zu fühlen. Dann kann bereits die Bereitschaft für dieses Gefühl es ermöglichen, dass die Energie durch uns hindurch geht und das sogenannte Problem augenblicklich verschwindet.

Doch nicht alle Situationen lösen sich so leicht auf. Wenn wir versuchen, mit einem tiefsitzenden Thema und einer Erinnerung an etwas fertig zu werden, das wie ein unverzeihliches Vergehen scheint – wie sexueller Missbrauch, Vergewaltigung oder körperliche Misshandlung –, dann braucht es mehr als nur das Zulassen von Gefühlen. Um zu dem Punkt zu gelangen, wo wir bedingungslose Liebe für die betreffende Person empfinden, ist dies erst der Anfang. Die Emotion in ihrer ganzen Fülle zu fühlen, ist nur der erste Schritt auf unserem Weg des „so tun, als ob", und es gibt mit Sicherheit keine Abkürzung. (Ich rate dir dringend, dir bei solch schwerwiegenden Themen kompetente Unterstützung zu holen.)

Ich sage nicht, dass emotionale Arbeit nicht von einer Verschiebung der Wahrnehmung profitieren kann, die stattfindet, bevor Gefühle gefühlt und ausgedrückt werden können. Dies ist sicherlich der Fall. Umgekehrt trifft dies jedoch nicht zu. Die Veränderung der Wahrnehmung, die zur Radikalen Vergebung erforderlich ist, kommt nicht zustande, wenn die zugrunde liegenden unterdrückten Gefühle nicht zuerst losgelassen wurden.

Wenn wir das Bedürfnis verspüren, jemandem etwas zu vergeben, können wir davon ausgehen, dass wir irgendwann gegen diese Person einen Groll gehegt haben. Eine Wut auf jemanden zu haben, ist in Wirklichkeit jedoch eine sekundäre Emotion.

Unter der Wut liegt ein ursprünglicher emotionaler Schmerz wie verletzter Stolz, Scham, Frustration, Traurigkeit, Schreck oder Angst. Wut ist die *Energie in Bewegung*, die aus der Unterdrückung dieses Schmerzes resultiert. Die Unterdrückung solcher wütender Gefühle kann man mit einem Vulkan vergleichen, auf den man einen Deckel zu setzen versucht. Eines Tages wird er in die Luft fliegen!

Das erste und zweite Stadium im Prozess der Radikalen Vergebung erfordern, dass wir nicht nur mit unserer Wut in Berührung kommen, sondern auch mit den zugrunde liegenden Gefühlen. Dies bedeutet, dass wir sie fühlen – nicht nur über sie reden und sie analysieren, sondern sie wirklich erfahren.

Liebe deine Wut!

Wenn jemand davon spricht, seine Wut *loszulassen* oder *freizusetzen*, dann meint er häufig nichts anderes, als sie loszuwerden. Man hält dieses Gefühl für etwas Falsches, etwas Unerwünschtes – bisweilen sogar Beängstigendes. Man möchte es nicht fühlen, also spricht man darüber. Man versucht, es gedanklich zu verarbeiten, aber das funktioniert nicht. Ein Gefühl durch Reden zu verarbeiten, ist lediglich ein weiterer Versuch, sich gegen das Fühlen zu sträuben. Deshalb bewirken die meisten Gesprächstherapien nichts. *Was man ablehnt, bleibt erhalten.* Da Wut Energie in Bewegung ist, bleibt sie in uns erhalten, wenn wir uns gegen sie sträuben – bis der Vulkan ausbricht. Wut freizusetzen, heißt in Wirklichkeit, die festgehaltene Energie zu befreien, indem wir zulassen, dass sie sich frei als Gefühl durch unseren Körper bewegt. Wut-Arbeit kann uns helfen, diese Gefühle aus freien Stücken und bewusst zu erfahren.

Arbeit mit unserer Wut bewegt Energie

Was wir Wut-Arbeit nennen, dreht sich in Wirklichkeit gar nicht um Wut. Es ist lediglich der Prozess, jene Energie, die sich in unserem Körper festgesetzt hat, wieder in Bewegung zu bringen. Ein besseres Wort wäre wahrscheinlich „Energiefreisetzungsarbeit“. Wie auch immer wir es nennen, der Prozess kann ganz einfach sein: in ein Kissen schreien (um nicht die Nachbarn zu erschrecken), im Auto brüllen, ein Kopfkissen verprügeln, Holz hacken – oder irgendeine andere physische Aktivität.

Die Kombination aus physischer Aktivität und Gebrauch der Stimme scheint ein Schlüssel für erfolgreiche Energiefreisetzung zu sein. Häufig blockieren wir emotionale Energie im Hals, seien es Wut, Trauer, Schuld oder andere Gefühle. Deshalb sollte ein Ausdrücken mit der Stimme immer ein Teil des Freisetzungsprozesses sein. Wir sollten uns darauf einlassen – nicht in der Absicht, das Gefühl loszuwerden, sondern in der Absicht, die Intensität des Gefühls zu spüren, wenn es sich durch den Körper bewegt – ohne Gedanken und ohne Urteil. Wenn wir uns den Gefühlen wirklich hingeben können, werden wir uns so lebendig fühlen wie schon lange nicht mehr. Wir werden merken, dass die Energie sich auflöst.

Wenn Wut Angst macht

Für viele Menschen ist die Vorstellung, Wut zuzulassen, zu beängstigend, um überhaupt darüber nachzudenken – besonders wenn unter der Wut Angst verborgen liegt. Die Person, die uns solch schreckliche Dinge angetan hat, kann noch immer starken Einfluss auf unser Unterbewusstsein ausüben. Unter solchen Umständen ist es nicht angebracht, allein an seiner Wut zu arbeiten. Stattdessen sollte man mit jemandem zusammenarbeiten, der weiß, wie er uns helfen kann, wenn wir die Angst und den Schrecken fühlen. Jemand, mit dem wir uns sicher fühlen und der Erfahrung in der Hilfestellung für Menschen hat, die intensive Gefühle durchleben, wie etwa ein Psychotherapeut oder ein Tipping-Coach. Ich empfehle auch die Satori-Atemarbeit (siehe Kapitel 27) unter erfahrener Begleitung. Diese Übung bietet einen Weg zur Freisetzung von Gefühlen.

Warnung: Wut kann abhängig machen!

An dieser Stelle empfiehlt sich ein Warnhinweis. Es ist leicht möglich, dass Wut abhängig macht. Wut entwickelt eine Eigendynamik und wird leicht zu Groll auf andere. Groll schwelgt immer wieder aufs Neue in alten Verletzungen. Er holt immer wieder alten Schmerz hervor, der damit in Verbindung steht, und bringt die resultierende Wut in irgendeiner Form zutage. Dies kann zu einer schlimmen Abhängigkeit werden.

Wir sollten uns klar machen: Wut, die sich nicht auflöst, sondern im Körper bleibt, hat keinen nützlichen Effekt. Folglich sollten wir, wenn die Energie der Wut erst einmal frei fließen kann, diese Energie einsetzen, um etwas Positives zu bewirken. Möglicherweise müssen wir uns der Person gegenüber, um die sich unser Ärger dreht, in Zukunft besser abgrenzen. Oder wir müssen zu einer Entscheidung kommen und versuchen, Mitgefühl für die Person aufzubringen oder ihr zu vergeben. Nur wenn wir unsere Wut als Katalysator für positive Veränderung, für Verstärkung unserer Selbstständigkeit oder für Vergebung einsetzen, entfaltet sie ihre transformierende Kraft.

20: DEM WUNDER RAUM GEBEN

Das Arbeitsblatt zur Radikalen Vergebung hat buchstäblich das Leben von Hunderttausenden von Menschen verändert. Es ist nicht leicht zu erklären, wie und warum solch unglaubliche Ergebnisse erzielt werden. Man kann lediglich sagen, es hilft Menschen, ihre Energie zu verändern. Man kann sagen, das Ausfüllen des Arbeitsblattes selbst ist eine energetische Erfahrung und mit der Einnahme eines homöopathischen Mittels vergleichbar. Nur dass hier die geheime Zutat in der Bereitschaft zu Vergeben besteht – selbst wenn man sich nicht danach fühlt. Das Arbeitsblatt ist einfach eine Möglichkeit, diese Bereitschaft zum Ausdruck zu bringen. Dies scheint die blockierte Energie in der Situation zu befreien, die sich dann automatisch von selbst löst.

Nachdem du das Vorangegangene gelesen hast, dürftest du nun verstehen, dass jedes Mal, wenn jemand dich ärgert oder negative Gefühle in dir auslöst, dies eine *Gelegenheit zum Heilen* für dich ist. Früher wärst du sofort in das Drama der Situation verwickelt worden, doch nun kannst du beispielsweise ein Arbeitsblatt zur Hand nehmen und mit dem Prozess der Vergebung beginnen.

Fahre mit dem Ausfüllen der Arbeitsblätter fort, bis die Energie, die die Situation, die Person oder den Vorfall umgibt, sich aufgelöst hat. Dies kann Tage oder auch Monate dauern. Auf der anderen Seite kann aber auch ein einziges Arbeitsblatt bereits das gewünschte Ergebnis hervorrufen. Alles hängt davon ab, welche Art von Resonanz und welche Gefühle in dir ausgelöst werden.

Dem Wunder Raum geben

Ein Arbeitsblatt der Tipping-Methode zur Vergebung

Datum: ______________ Arbeitsblatt Nr.: ____

Thema oder Person, über das/die Du verärgert bist: ______________________________

1: Die Geschichte erzählen

1.1 Die Situation, die mir zu schaffen macht:
(Erlaube Dir hier, ganz subjektiv zu sein.)

1.2a Ich ärgere mich über Dich /diese Situation, weil:

1.2b Weil Du das getan hast (tust), fühle ich mich:
(Beschreibe hier Deine wirklichen Gefühle.)

2: Auf die Gefühle einlassen

Nimm Dir die Zeit, Dich auf Deine Gefühle einzulassen und schaue, wo in Deinem Körper Du sie besonders wahrnimmst.

	Bereit	Offen	Skeptisch	Nicht bereit
2.3 Ich erkenne meine Gefühle liebevoll an, akzeptiere sie und höre auf, sie zu beurteilen:	☐	☐	☐	☐
2.4 Es sind meine Gefühle und ich habe ein Recht auf diese Gefühle. Sie spiegeln wider, wie ich die Situation sehe:	☐	☐	☐	☐
2.5 Obwohl ich es vielleicht nicht verstehen kann, erkenne ich jetzt an, dass meine Seele diese Situation herbeigeführt hat, damit ich lernen und wachsen kann:	☐	☐	☐	☐

Raum für zusätzliche Bemerkungen

Die TIPPING-METHODE

DEUTSCHLAND | SCHWEIZ | ÖSTERREICH

3.6 Ich bemerke, dass sich in meinem Leben Muster wiederholen und ich dadurch zahlreiche Gelegenheiten zur Heilung habe. In der Vergangenheit konnte ich diese allerdings nicht als solche erkennen. Zum Beispiel: (Benenne hier Personen, mit denen Du die gleichen oder ähnliche Erfahrungen gemacht hast.)

	Bereit	Offen	Skeptisch	Nicht bereit
3.7 Ich bin bereit zu sehen, dass meine Absicht für dieses Leben (mein „Seelenvertrag“) Erfahrungen wie diese beinhalten - aus welchem Grund auch immer:	☐	☐	☐	☐

3.8 Mein Unwohlsein war mein Signal, dass ich mir selbst und .... Liebe entziehe: durch Urteile, Erwartungen oder weil ich ihn/sie verändern will und folgende „Fehler“ in ihm/ihr sehe. (Zähle Deine Urteile und Erwartungen auf, sowie die Verhaltensweisen, die Dich bei ihm/ihr stören oder verärgern.)

	Bereit	Offen	Skeptisch	Nicht bereit
3.9 Ich erkenne nun, dass ich mich immer dann ärgere, wenn jemand in mir die Teile anspricht, die ich verleugnet, unterdrückt und anschließend auf den anderen projiziert habe.	☐	☐	☐	☐
3.10 .... steht stellvertretend für das, was ich in mir selbst lieben und akzeptieren muss.	☐	☐	☐	☐
3.11 .... spiegelt meine unzutreffende Selbstwahrnehmung wider. Wenn ich .... vergebe, heile ich mich selbst und erschaffe meine Wirklichkeit neu.	☐	☐	☐	☐
3.12 Ich erkenne jetzt, dass nichts, was .... oder eine andere Person getan hat, falsch oder richtig ist. Ich lasse alle Urteile los.	☐	☐	☐	☐
3.13 Ich lasse das Bedürfnis los, im Recht zu sein und .... zu beschuldigen. Ich bin jetzt bereit, die Vollkommenheit in dieser Situation zu sehen.	☐	☐	☐	☐

www.tipping-methode.de

3: Die Geschichte auseinander nehmen

	Bereit	Offen	Skeptisch	Nicht bereit
3.14 Obwohl ich es vielleicht nicht verstehen kann, erkenne ich nun, dass wir beide genau das bekommen, was wir unbewusst gesucht haben, um unseren heilenden Tanz mit- und füreinander zu tanzen.	☐	☐	☐	☐
3.15 Ich danke Dir, ..., dafür, dass Du bereit bist, eine Rolle bei meiner Heilung zu spielen, und erkenne an, dass ich bereit bin, eine Rolle bei Deiner Heilung zu spielen.	☐	☐	☐	☐

3.16 Ich entlasse alle Gefühle (wie unter 1.2b) aus meinem Bewusstsein.

	Bereit	Offen	Skeptisch	Nicht bereit
3.17 Ich danke Dir, ... , für Deine Bereitschaft, meine unzutreffenden Wahrnehmungen widerzuspiegeln, und dafür, dass Du mir die Gelegenheit gibst, radikal zu vergeben und mich selbst zu akzeptieren.	☐	☐	☐	☐

Raum für zusätzliche Bemerkungen

4: Die Geschichte umdeuten

4.18 Ich erkenne jetzt, dass das, was ich erlebt habe, eine genaue Widerspiegelung meiner menschlichen Wahrnehmung war. Wenn ich jetzt aus der Perspektive der spirituellen Vollkommenheit auf diese Situation schaue erkenne ich Folgendes ... (Beschreibe das Erlebte aus einer neuen, spirituellen Perspektive, sozusagen aus der Sicht des Göttlichen)

4.19 Ich, ..., vergebe mir selbst vollständig und akzeptiere mich als eine liebevolle, großzügige und kreative Person. Ich lasse mein Festhalten an allen einschränkenden Gefühlen und Gedanken in Bezug auf die Vergangenheit los. Ich ziehe meine Energie aus der Vergangenheit ab und hebe alle Beschränkungen gegen die Liebe und Fülle in mir auf. Ich erschaffe mein Leben und kann wieder ganz ich selbst sein, mich selbst bedingungslos lieben, so wie ich bin - mit all meinen großartigen und wundervollen Fähigkeiten.

4.20 Ich gebe mich nun ganz der höheren Macht hin, die ich als .... sehe. Ich vertraue dem Wissen, dass diese Situation sich weiterhin in Vollkommenheit und in Einklang mit der göttlichen Führung und den spirituellen Gesetzmäßigkeiten entfalten wird.

Ich erkenne meine Einheit mit allem und fühle mich vollkommen mit der Quelle meines Seins verbunden. Meine wahre Natur, die Liebe, ist wiederhergestellt, und ich stelle nun die Liebe für .... wieder her.

Ich schließe meine Augen, und fühle die Liebe, die in meinem Leben fließt, und die Freude, die aufkommt, wenn ich diese Liebe fühle und ausdrücke.

5.21 Eine Notiz für Dich, ... Nun, da ich dieses Arbeitsblatt ausgefüllt habe, möchte ich Dir Folgendes mitteilen:

Ich vergebe Dir, ... , vollständig, da ich nun sehe, dass Du nichts falsch gemacht hast, und alles in göttlicher Ordnung ist. Ich akzeptiere Dich daher bedingungslos, so wie Du bist, und liebe Dich. (Anmerkung: Das heißt jedoch nicht, dass Du das Verhalten billigen musst. Sich abzugrenzen kann in der „Welt des Menschlichen" sinnvoll oder notwendig sein.)

5.22 Eine Notiz für mich selbst:

Ich erkenne an, dass ich ein spirituelles Wesen bin, das eine menschliche Erfahrung macht, und ich liebe und unterstütze mich in allen Aspekten meines Menschseins.

Das auf den vergangenen vier Seiten abgedruckte Arbeitsblatt kann vergrößert und kopiert oder auf der Website **www.tipping-methode.de** heruntergeladen werden. (QR-Code zum Arbeitsmaterial am Ende des Buches).

Das Ausfüllen des Arbeitsblattes erfordert ein Mindestmaß an Verständnis der Prinzipien der Radikalen Vergebung, und die folgenden Anmerkungen erinnern daran. Die relevanten Teile des Arbeitsblattes sind hervorgehoben, und – um ein Beispiel zu geben – *so ausgefüllt, wie Jill dies hätte tun können, als sie durch die Probleme mit Jeff ging, wie in Jills Geschichte im ersten Teil beschrieben*.

Wenn wir mit der Radikalen Vergebung beginnen, neigen wir dazu, zu viele Arbeitsblätter für alle möglichen Leute auf unserer Liste anfertigen zu wollen. Wir wollen dann die wichtigsten Themen unserer Vergangenheit möglichst alle auf einmal lösen.

Einer der Vorzüge der Radikalen Vergebung liegt jedoch darin, dass wir nicht unsere gesamte Vergangenheit hervorholen müssen, um sie zu heilen. Die Person, die dich *genau jetzt* verärgert, steht für *all* jene, die dich jemals aus dem gleichen Grund verärgert haben. Befasse dich also zuerst mit dieser Person, selbst wenn du meinst, dass es nicht so wichtig ist. Wenn es dich verärgert, *ist* es wichtig. Es kann dich leicht an einen Punkt führen, an dem die wirklich wichtigen Themen zu finden sind.

Beginne mit kleineren Angelegenheiten, die unkompliziert und nicht übermäßig emotional geladen sind. Kleine Sorgen erwachsen schnell zu großen, wenn man nichts unternimmt. Die Beschäftigung mit scheinbar trivialen Angelegenheiten ist daher wichtig. Außerdem erleichtert es den Einstieg, die notwendigen Verschiebungen der Wahrnehmung bei einfacheren, weniger traumatischen Situationen zu erreichen. Spare dir die großen für später auf.

Eine Möglichkeit ist, die Arbeitsblätter zu datieren und abzuheften. So kannst du später von Zeit zu Zeit noch einmal darauf zurückkommen und auswerten, inwieweit sich dein Bewusstsein verändert hat. Oder du verbrennst die Blätter in einem Ritual – als Teil des Prozesses.

Dem Wunder Raum geben

Ein Arbeitsblatt zur Radikalen Vergebung

Datum: *7.8.91* Arbeitsblatt Nr. *3* Thema (X) Person, über die du verärgert bist: *Jeff*

Benenne, was dir zu schaffen macht: Person, Situation oder Gegenstand – hier mit (X) bezeichnet. Trage hier nicht dich selbst ein. Dafür gibt es das Arbeitsblatt zur Selbstvergebung, „In Frieden kommen mit mir". Selbstvergebung ist für viele Menschen schwieriger, besonders wenn sie noch am Anfang dieser Art von Arbeit stehen. Das Schwierige dabei ist, dass wir nur allzu leicht geneigt sind, uns selbst aller möglichen Dinge zu beschuldigen. In meinen Workshops bitte ich die Teilnehmer aus diesem Grund meistens, zunächst einmal eine andere Person zu benennen. Am Ende ist jegliche Vergebung auch eine Selbstvergebung. Es ist ein universelles Gesetz, dass Liebe und Vergebung immer erwidert werden, und du wirst schnell merken, dass dir ebenfalls vergeben wurde.

Achte darauf, dass du die Geschichte in der dritten Person erzählst, so, als würdest du jemand anderem berichten, was passiert oder passiert ist.

1.1 Die Situation, die mir zu schaffen macht, stellt sich mir gegenwärtig so dar:

Jeff lässt mich allein, indem er all seine Aufmerksamkeit und Liebe auf seine Tochter Lorraine richtet – er ignoriert mich völlig. Er wirft mir vor, psychisch labil zu sein. Er gibt mir das Gefühl, ich sei nichts wert und dumm. Unsere Ehe ist kaputt, und es ist alles seine Schuld. Er zwingt mich geradezu, ihn zu verlassen.

1. Dieser Abschnitt ist dazu gedacht, dass du deine Geschichte authentisch erzählst, mit all den damit verbundenen Gefühlen. Halte dich nicht zurück. Mache dir Luft. Beschreibe, wie du dich gegenwärtig fühlst. Schmücke deine Sicht nicht durch irgendwelche spirituellen oder psychologischen Deutungen aus. Respektiere, wo du gerade tatsächlich stehst – selbst wenn du um die spirituelle Ebene weißt. Zu wissen, dass es sich um Illusionen handelt, und diese wirklich zu fühlen, ist der erste Schritt, um sie zu transformieren.

Selbst wenn wir unsere Schwingung auf eine höhere Stufe gebracht haben und einen guten Teil unseres Lebens in der Welt der göttlichen Wahrheit verbringen, können wir noch immer leicht aus dem Gleichgewicht geraten und uns in der Welt des Egos wiederfinden, uns als Opfer sehen und so weiter. Ein Mensch zu sein, macht diese Erfahrung notwendig. Wir können nicht unentwegt fröhlich und friedlich sein und die Vollkommenheit in jeder Situation sehen.

1.2a (X) darstellen: Ich ärgere mich über dich, weil:

Du unsere Ehe zerstört hast. Du hast mich verletzt und zurückgewiesen. Dein Verhalten stinkt zum Himmel, und ich werde dich verlassen, du Bestie!

2a. Sei so direkt wie möglich mit X und schreibe genau auf, was du ihr oder ihm vorwirfst. Der dafür vorgesehene Raum auf dem Arbeitsblatt gestattet nur wenige Worte, doch packe deinen gesamten Ärger in diese Worte. Wenn das Thema oder die Situation keinen Namen hat, erfinde einen. Wenn die Person nicht mehr am Leben ist, sprich zu ihr so, als stünde sie direkt vor dir. Wenn du dich ausführlich äußern willst, kannst du zusätzlich auch noch den Prozess der drei Briefe nutzen (siehe Kapitel 24). So kannst du die Person direkt ansprechen.

Beschränke dich bei dem Arbeitsblatt auf ein Thema und eine konkrete Situation. Packe keine anderen Themen mit rein. Wenn wir unser Ziel – Radikale Vergebung – erreichen wollen, müssen wir uns völlig klar werden darüber, was genau uns *jetzt* so verärgert.

> **1.2b** Weil du das getan hast (tust), **fühle ich mich:**
> *(Beschreibe hier deine wirklichen Gefühle.)*
> *Zutiefst verletzt, allein gelassen, betrogen.*
> *Ich fühle mich sehr einsam und traurig. Du machst mich wütend.*

2b. Es ist von entscheidender Bedeutung, dass du dir gestattest, deine Gefühle wirklich zu fühlen. Zensiere sie nicht, und drücke sie nicht weg. Denke daran, dass du auf die physische Ebene gekommen bist, um Gefühle zu erfahren – das Wesentliche am menschlichen Dasein. Alle Gefühle sind gut, außer wenn wir sie unterdrücken. Gefühle wegzustecken hat zur Folge, dass sich potenziell schädliche Energieblockaden in unserem Körper bilden.

Stelle sicher, dass die Gefühle, die du aufzählst, tatsächlich Gefühle sind, die du wirklich fühlst, nicht nur *Gedanken* darüber, wie du dich fühlst. Bist du *wütend, froh, traurig* oder *verängstigt*? Es ist nicht schlimm, wenn du deine Gefühle nicht genau benennen kannst. Einigen Menschen scheint es unmöglich zu sein, ein Gefühl von einem anderen zu unterscheiden. Wenn das für dich zutrifft, versuche einfach festzustellen, welche allgemeine emotionale Qualität du angesichts der Situation verspürst.

Wenn du deine Gefühle gern klarer oder stärker empfinden würdest, nimm einen Tennisschläger zur Hand und schlage nach Herzenslust auf ein Kissen oder Polster ein. Wenn Wut etwas ist, das dir Angst macht, solltest du bei dieser Übung nicht allein sein. Lasse dich von einem Freund oder Coach beim Fühlen deiner Wut (oder einer anderen Emotion) unterstützen. (Wenn du traumatische Erfahrungen gemacht hast, lass diese Übung besser ganz weg und finde für dich andere, sanftere Wege, um mit deinen Gefühlen in Kontakt zu kommen.)

Ansonsten erlaube dir, es fühlen zu dürfen. Auch das Schreien in ein Kissen hilft bei der Freisetzung von Gefühlen. Je mehr du zulassen kannst, die Verletzung, die Traurigkeit oder die Angst, die unter deiner Wut verborgen liegen, zu fühlen, desto besser.

2.3 Ich erkenne meine Gefühle liebevoll an, akzeptiere sie und höre auf, sie zu beurteilen:

Bereit:	Offen:	Skeptisch:	Nicht bereit:

3. Dieser wichtige Schritt erlaubt es dir, dich ein wenig von der Überzeugung zu lösen, dass Gefühle wie Wut, Rache, Eifersucht oder Traurigkeit schlecht sind und negiert werden müssen. Ganz gleich, wie deine Gefühle sich zeigen, erlaube dir, sie wirklich zu fühlen. Deine Seele will, dass du deine Gefühle in ihrer ganzen Fülle erlebst. Erkenne an, dass sie vollkommen sind, und höre auf, dich selbst dafür zu verurteilen, sie zu haben.

Nutze die folgenden drei Schritte zur Integration und Akzeptanz deiner Gefühle:

1. Erlaube dir, das Gefühl vollständig zu erfahren. Um welches Gefühl genau geht es gerade wirklich?
2. Nimm die Gefühle so, wie sie sind, von Herzen an. *Liebe sie. Akzeptiere sie.* Liebe sie als einen Teil deiner selbst. Lasse sie vollkommen da sein. Du kannst nicht mit Freude schwingen, wenn du nicht zuerst deine Gefühle akzeptierst und mit ihnen Frieden schließt. Sprich folgendes Gebet: *Ich bitte um Hilfe, alle meine Gefühle liebevoll so anzunehmen, wie sie sind, während ich sie in mein Herz schließe und sie voller Liebe als einen Teil von mir akzeptiere.*
3. Nun kannst du dich dafür lieben, dass du diese Gefühle hast, und kannst sicher sein, dass das Fühlen deiner Gefühle dazu beiträgt, deine Energie zu heilen.

2.4 Es sind meine Gefühle und ich habe ein Recht auf diese Gefühle. Sie spiegeln wider, wie ich die Situation sehe:

Bereit:	Offen:	Skeptisch:	Nicht bereit:

4. Dieser Satz erinnert uns daran, dass niemand uns zwingen kann, irgendetwas zu fühlen. Unsere Gefühle gehören nur uns. Wenn wir sie fühlen, akzeptieren und bedingungslos als einen Teil von uns selbst lieben, werden wir frei, mit ihnen zu tun, was wir wollen – festhalten oder loslassen. Diese Erkenntnis macht uns freier, indem sie uns hilft zu erkennen, dass das Problem nicht *da draußen*, sondern *hier drinnen*, in uns selbst zu finden ist. Dies ist auch der erste Schritt weg von der Schwingung des Opfer-Archetyps. Wenn wir denken, dass andere uns wütend, glücklich, traurig oder ängstlich machen, machen wir uns selbst unfrei und geben anderen Macht über uns.

2.5 Obwohl ich es vielleicht nicht verstehen kann, erkenne ich jetzt an, dass meine Seele diese Situation herbeigeführt hat, damit ich lernen und wachsen kann.

Bereit:	Offen:	Skeptisch:	Nicht bereit:

5. Dieser Satz zählt zu den wichtigsten Aussagen des Arbeitsblattes. Er bestärkt die Vorstellung, dass die Gedanken, Gefühle und Überzeugungen unsere Erfahrungswelt bestimmen und dass wir überdies unsere Realität auf eine Weise ordnen, die unser spirituelles Wachstum fördert. Wenn wir uns für diese Wahrheit öffnen, verschwindet das Problem oft von allein. Denn in Wirklichkeit gibt es keine Probleme, sondern nur unzutreffende Wahrnehmungen.

Wir werden aufgefordert, uns für die Möglichkeit zu öffnen, dass die Situation einen Sinn haben könnte. Und aufgefordert, das Bedürfnis fallen zu lassen, permanent das Wie und Warum wissen zu wollen.

An dieser Stelle haben die meisten intellektuell orientierten Menschen größte Schwierigkeiten. Sie wollen „Beweise" sehen, bevor sie etwas glauben. So machen sie es zu einer Bedingung, zu wissen, warum, bevor sie eine Situation als Gelegenheit zum Heilen wahrnehmen können.

Dies ist jedoch eine Sackgasse. Denn zu fragen, warum und weshalb Dinge geschehen, heißt, man will dem Göttlichen in die Karten schauen. Auf der Ebene der spirituellen Entwicklung, auf der wir uns gegenwärtig befinden, ist ein solches Ansinnen zwecklos. Wir sollten unseren Wunsch, zu wissen, warum, aufgeben. Eine solche Frage entspringt ohnehin dem Opferbewusstsein. Wir sollten uns stattdessen für den Gedanken öffnen, dass das Göttliche keine Fehler macht und daher alles in göttlicher Ordnung ist.

Die Bedeutung dieses Schrittes liegt in der Möglichkeit, dein Opferdenken hinter dir zu lassen und immer mehr zu fühlen, dass die Person, das Thema oder die Situation, mit der du ein Problem hast, genau das reflektiert, was verzweifelt danach verlangt, akzeptiert zu werden. Dieser Schritt beinhaltet, dass du den göttlichen Kern in dir anerkennst, den wissenden Teil, deine Seele – wie auch immer du es bezeichnest. Du erkennst, dass dieser Kern die Situation so gestaltet hat: dass du lernen, innerlich wachsen und unzutreffende Wahrnehmungen und Überzeugungen heilen kannst.

Dieser Schritt gibt dir auch Macht über dich selbst. Sobald wir erkennen, dass wir eine Situation selbst herbeigeführt haben, haben wir auch die Macht, sie zu verändern. Wir haben die Wahl: Wir können uns als Opfer der Umstände sehen, oder wir können unsere Umstände als eine Chance für Lernen und inneres Wachstum sehen und unser Leben so gestalten, wie wir es wollen.

Urteile nicht über dich selbst, weil du die Situation erzeugt hast. Denke daran, dass dein göttlicher Teil sie erzeugt hat. Wenn du den göttlichen Teil in dir verurteilst, verurteilst du das Göttliche. Nimm dich an als wundervolles, schöpferisches, göttliches Wesen, mit der Fähigkeit, die eigenen Lektionen auf dem spirituellen Weg zu erschaffen – Lektionen, die dich letztlich in deine wahre Heimat führen. Sobald dir dies gelingt, bist du in der Lage, dich dem göttlichen Wesen hinzugeben, das du selbst bist, und darauf zu vertrauen, dass sich der Rest von selbst erledigen wird.

3.6 Ich merke nun, dass es in meinem Leben sich wiederholende Muster oder andere Merkmale gibt, die anzeigen, dass ich zahlreiche Gelegenheiten zum Heilen habe. Doch in der Vergangenheit habe ich diese nicht erkannt.
Zum Beispiel:

6. Dieser Schritt trägt der Tatsache Rechnung, dass wir neugierige menschliche Wesen sind mit einem unstillbaren Drang zu wissen, warum die Dinge so geschehen, wie sie geschehen. Während wir weiter oben gesagt haben, dass wir unseren Wissensdrang zähmen sollten, gibt uns dieser Schritt die Gelegenheit, unseren Spaß damit zu haben, nach offensichtlichen Hinweisen zu suchen. Nach Beweisen dafür, dass die Situation auf unerklärliche Weise schon immer vollkommen war. Solange wir nicht auf Beweisen bestehen, um zu akzeptieren, dass es so ist, kann es nicht schaden. Vielleicht geht uns ja hin und wieder ein Licht auf. Wenn nichts Besonderes erkennbar wird, mache dir nichts daraus. Lasse den Kasten auf dem Arbeitsblatt einfach leer und fahre mit dem nächsten Punkt fort. Hinweise, nach denen du Ausschau halten kannst:

1. **Wiederkehrende Muster:** Dies ist einer der deutlichsten Hinweise. Eine Beziehung nach der anderen mit dem gleichen Persönlichkeitstyp einzugehen, ist ein gutes Beispiel. Einen Lebenspartner zu suchen, der deinem Vater oder deiner Mutter ähnelt, ist ein anderes. Ein weiteres klares Signal ist, wenn dir dieselben Dinge immer wieder passieren. Deine Mitmenschen tun dir immer wieder die gleichen Dinge an, wie etwa dich zu enttäuschen oder dir niemals zuzuhören. Dies sind

deutliche Hinweis darauf, dass es in diesem Bereich etwas zu heilen gibt.

2. **Zahlenmuster:** Wir wiederholen Dinge nicht nur häufig, sondern wir tun dies manchmal auch auf eine Weise, die eine numerische Bedeutung hat. Vielleicht verlieren wir alle zwei Jahre unseren Job, alle neun Jahre zerbricht eine Beziehung. Wir gehen immer Dreierbeziehungen ein, werden im gleichen Alter krank wie unsere Eltern, stoßen bei allem, was wir tun, immer wieder auf die gleichen Zahlen und so weiter. Es ist sehr hilfreich, eine Zeitlinie zu erstellen, ähnlich der, die ich für Jill gezeichnet habe (siehe Seite 40), und dort sämtliche Daten und Intervalle zwischen bestimmten Ereignissen einzutragen. Möglicherweise findest du eine bedeutsame zeitliche Verbindung in dem, was in deinem Leben geschieht.

3. **Körperliche Hinweise:** Dein Körper gibt dir ständig Hinweise. Hast du möglicherweise immer Probleme mit einer Seite deines Körpers oder in Bereichen, die mit bestimmten Chakren und den damit zusammenhängenden Themen in Verbindung stehen? Bücher von Caroline Myss, Louise Hay und vielen anderen können dir helfen, die Bedeutung für das, was in deinem Körper passiert, zu erkennen und herauszufinden, worin die heilende Botschaft besteht. Bei unserer Arbeit mit Krebspatienten beispielsweise erweist sich der Krebs immer als liebevolle Einladung zu einer Veränderung oder zur Öffnung für Gefühle und Heilung unterdrückter emotionaler Schmerzen.

4. **Koinzidenz und seltsame „Zufälle“:** Dies ist ein weites Feld für versteckte Hinweise. Jedes Mal, wenn dir etwas sehr seltsam vorkommt oder irgendwie nicht zu passen scheint, anders verläuft, als du erwartet hättest, oder ein scheinbar komischer Zufall zu sein scheint, dann weißt du, dass etwas dahintersteckt. So war es beispielsweise nicht nur sehr selt-

sam, dass in Jills Geschichte beide Mädchen, die alle Liebe erhielten, von der Jill dachte, dass man sie ihr entzogen hatte, Lorraine hießen – ein Name, der in England wenig gebräuchlich ist. Außerdem waren beide auch noch blond, blauäugig und das Älteste von drei Geschwistern. Jeffs Verhalten war ebenfalls sehr außergewöhnlich. Jeff ist weit davon entfernt, ein grausamer und unsensibler Mensch zu sein. Im Gegenteil, es handelt sich bei ihm um einen fürsorglichen und sensiblen Mann. Ich kann mir nicht vorstellen, wie Jeff jemandem etwas zuleide tun könnte. Sein Verhalten Jill gegenüber kam mir extrem seltsam vor.

Wo wir früher Zufälle sahen, sind wir jetzt eher offen für die Möglichkeit, dass der göttliche Geist Dinge zu unserem Besten synchron geschehen lässt. Diese Synchronizität liegt in unseren Geschichten verborgen, und sobald wir sie als solche erkennen, können wir die Wahrheit in einem Satz sehen wie:

„Meine Seele hat diese Situation herbeigeführt, damit ich lernen und innerlich wachsen kann."

3.7 Ich bin bereit zu sehen, dass meine Mission oder mein „Seelenvertrag" Erfahrungen wie diese beinhalten – aus welchem Grund auch immer:	Bereit:	Offen:	Skeptisch:	Nicht bereit:

7. Dieser Satz soll uns an die Grundvoraussetzung der Radikalen Vergebung erinnern: dass wir mit einer Mission oder einem Vertrag mit dem göttlichen Geist in dieses Leben kommen, um bestimmte Dinge zu tun, auf eine bestimmte Weise zu leben oder bestimmte Energien zu transformieren. Was auch immer diese Mission sein mag – wir wissen einfach, dass alle unsere Erfahrungen zu der Rolle, die wir hier zu spielen haben, gehören. Achte auf das Ende des Satzes; es befreit uns von der Notwendigkeit, herauszufinden, worin die Mission konkret besteht.

3.8 Mein Unwohlsein war mein Signal, dass ich mir selbst und (X) Liebe entziehe, indem ich urteile, Erwartungen habe, (X) verändern will und viele Fehler in (X) sehe. *(Zähle die Urteile, Erwartungen und Verhaltensweisen auf, die du bei (X) gern verändert sähst.)*

Ich sehe, dass ich damit beschäftigt war, Jeff zu beschuldigen und ihn für mein Unwohlsein verantwortlich zu machen – wo ich doch in Wirklichkeit die ganze Zeit selbst dafür verantwortlich war. Ich verurteilte ihn und machte ihn für mein Glück verantwortlich. Ich wollte, dass er anders sein sollte, als er war. Ich sah nicht die Wahrheit – dass ich von ihm geliebt werde.

8. Wenn wir uns von jemandem getrennt fühlen, können wir ihn nicht lieben. Wenn wir eine Person (oder uns selbst) verurteilen und sie beschuldigen, entziehen wir ihr unsere Liebe. Selbst wenn wir sagen, dass sie das Richtige tut, entziehen wir unsere Liebe, weil wir unsere Liebe davon abhängig machen, dass sie etwas *richtig* macht.

Jeder Versuch, jemanden zu verändern, ist mit einem Entzug von Liebe verbunden, weil der Wunsch, die Person zu verändern, beinhaltet, dass sie irgendetwas falsch macht (sich verändern muss). Darüber hinaus können wir sogar Schaden anrichten, wenn wir jemanden auffordern, sich zu ändern. Denn obgleich wir in der besten Absicht handeln, mischen wir uns doch in ihren spirituellen Weg, ihre Mission und ihre Entwicklung ein.

Dies ist komplexer, als wir annehmen mögen. Wenn wir beispielsweise jemandem unaufgefordert heilende Energie senden, weil er krank ist, fällen wir damit faktisch das Urteil, dass irgendetwas mit der Person nicht in Ordnung ist, da sie krank ist und es nicht sein sollte. Doch wer sind wir eigentlich, dass wir diese Entscheidung treffen? Krank zu sein, ist vielleicht genau die Erfahrung, die die Person für ihr spirituelles Wachstum braucht. Wenn die Person jedoch um eine Heilung bittet, ist dies etwas ganz anderes, und man tut dann sein Bestes, um der Bitte zu entsprechen. Trotzdem sehen wir die Person immer noch als vollkommen an.

Notiere also in diesem Kasten alles, was dich an der anderen Person stört. Welche subtilen Beurteilungen stellst du über diese

Person an, was darauf hinweist, dass du außerstande bist, sie so zu akzeptieren, wie sie ist? Welches Verhalten legst du an den Tag, das zeigt, dass du über die Person urteilst? Erkennst du, dass dein gut gemeinter Wunsch, die Person möge sich – „in ihrem eigenen Interesse" – ändern, in Wirklichkeit nur ein Urteil deinerseits ist?

Frage dich: Was spiegelt mir diese Person?

Wo handle oder bin ich so, wie ich es dieser Person vorwerfe?

Indem du deinen Anteil an der Geschichte zu dir zurücknimmst und in dir heilst, musst du auch nicht mehr über ihn oder sie urteilen. Sobald du dein Urteil fallen lassen kannst, ist es gut möglich, dass die Person sich ändert. Eigenartig, nicht?

3.9 Ich erkenne nun, dass ich mich immer dann ärgere, wenn jemand in mir die Teile anspricht, die ich verleugnet, negiert und unterdrückt und anschließend auf den anderen projiziert habe.

Bereit:	Offen:	Skeptisch:	Nicht bereit:

3.10 ________ *(X)* __________steht stellvertretend für das, was ich in mir selbst lieben und akzeptieren muss.

Bereit:	Offen:	Skeptisch:	Nicht bereit:

9 & 10. Diese Aussagen beinhalten, dass immer dann, wenn wir uns über jemanden aufregen, die Person uns genau das vor Augen hält, was wir an uns selbst am meisten verurteilen und auf sie projiziert haben.

Wenn wir uns so weit öffnen können, dass wir bereit sind zu akzeptieren, dass diese Person uns eine Gelegenheit bietet, einen Teil von uns selbst anzunehmen und zu lieben, den wir in der Vergangenheit immer verdammt haben – wenn wir sehen können, dass sie oder er in diesem Sinn unser heilender Engel ist –, dann haben wir unsere Arbeit getan.

Dabei musst du die Person gar nicht unbedingt mögen. Sieh sie einfach als einen Spiegel und danke ihrer Seele, indem du das Arbeitsblatt ausfüllst. Und dann gehe weiter.

Der Vergebungsprozess funktioniert auch, wenn wir nicht genau wissen, welcher Teil von uns widergespiegelt wird. Vertraue darauf: Deine Seele weiß genau, um was es geht. Deine Aufgabe ist es lediglich anzuerkennen, daß es etwas mit dir zu tun haben könnte.

3.11 ______ (X) ______ steht stellvertretend für eine unzutreffende Selbstwahrnehmung. Wenn ich (X) vergebe, heile ich mich selbst und erschaffe meine Wirklichkeit neu.

Bereit:	Offen:	Skeptisch:	Nicht bereit:

11. Dieser Satz erinnert uns daran, dass wir durch unsere Geschichten – die immer voll unzutreffender Wahrnehmungen sind – unsere eigene Realität und unser Leben formen. Wir werden immer Menschen anziehen, die unsere unzutreffenden Wahrnehmungen reflektieren und uns Gelegenheit bieten, den Irrtum zu heilen und uns in Richtung Wahrheit zu bewegen.

3.12 Ich erkenne jetzt, dass nichts, was (X) oder eine andere Person getan haben, falsch oder richtig ist. Ich lasse alle Urteile fallen.

Bereit:	Offen:	Skeptisch:	Nicht bereit:

12. Dieser Schritt widerspricht allem, was uns jemals über die Fähigkeit gelehrt wurde, zwischen richtig und falsch, gut und böse zu unterscheiden. Die ganze Welt wird nach diesen Kriterien aufgeteilt. Wir wissen, dass die Welt des Menschlichen in Wirklichkeit nur eine Illusion ist. Doch das ändert nichts an der Tatsache, dass die menschliche Erfahrung erfordert, diese Unterscheidungen in unserem täglichen Leben zu treffen.

Was uns bei diesem Schritt hilft, ist die Erkenntnis: Wir bestätigen, dass es weder richtig noch falsch, gut oder böse gibt, wenn wir die Dinge aus der spirituellen Perspektive – der Perspektive der göttlichen Wahrheit – sehen und das Ganze vor Augen haben. Von hier aus sind wir imstande, über das, was unsere Sinne und unser Verstand uns sagen, hinauszugehen und den göttlichen Sinn und die Bedeutung in allem zu sehen. Wenn wir das sehen können, dann sehen wir auch, dass es weder richtig noch falsch gibt.

3.13 Ich lasse das Bedürfnis los, im Recht zu sein und (X) zu beschuldigen. Ich bin jetzt *bereit*, die Vollkommenheit in dieser Situation zu sehen.

Bereit:	Offen:	Skeptisch:	Nicht bereit:

13. Dieser Schritt konfrontiert dich mit der Vollkommenheit in der Situation und stellt deine Bereitschaft auf die Probe, diese Vollkommenheit zu sehen. Es wird niemals leicht sein, die Vollkommenheit und das Gute in so etwas wie einer Kindesmisshandlung zu sehen, doch wir können *bereit* sein, die Vollkommenheit in der Situation zu sehen. Wir können *bereit* sein, *unser Urteil und unser Bedürfnis, im Recht zu sein, fallen zu lassen.* Es mag immer schwerfallen anzuerkennen, dass sowohl der Misshandler als auch der Misshandelte diese Situation erzeugt hat, um eine Lektion auf der seelischen Ebene zu lernen, und dass ihre Mission darin besteht, die Situation stellvertretend für alle misshandelten Menschen zu transformieren. Doch wir können wenigstens *bereit* sein, uns mit diesem Gedanken vertraut zu machen.

Je näher wir einer Situation sind, desto schwerer fällt es uns, die Vollkommenheit darin zu sehen. Doch die Vollkommenheit zu sehen, heißt nicht immer, sie auch zu verstehen. Wir können nicht verstehen, warum die Dinge geschehen, wie sie geschehen. Wir sollten jedoch darauf vertrauen, dass sie immer vollkommen sind und zum höchsten Wohl aller geschehen.

Achte auf dein starkes Bedürfnis, im Recht zu sein. Wir legen großen Wert darauf, Recht zu haben, und lernen von früher Kindheit an, dafür zu kämpfen. Was üblicherweise heißt, dass jemand anders nicht im Recht ist. Wir messen sogar unser Selbstwertgefühl daran, wie oft wir im Recht sind, es ist daher kein Wunder, dass es uns so schwer fällt zu akzeptieren, dass etwas einfach *ist*, ohne dass es richtig oder falsch, gut oder schlecht ist. Wenn du im Moment dein Urteil über etwas, das wirklich furchtbar erscheint, noch nicht fallen lassen kannst, solltest du wenigstens versuchen, wieder mit deinen Gefühlen in Kontakt zu kommen (siehe Schritt 3, oben). Tauche in deine Gefühle ein und gestehe ein, dass du den Schritt, die Vollkommenheit darin zu sehen, jetzt noch nicht machen kannst. Versuche jedoch, *die Bereitschaft* aufzubringen, dein Urteil fallen zu lassen. Die Bereitschaft ist immer der Schlüssel. Bereitschaft erzeugt das energetische Muster der Radikalen Vergebung. Wenn die Energie sich verschiebt, folgt alles andere.

3.14 Owohl ich es vielleicht nicht verstehen kann, erkenne ich nun, dass wir beide genau das bekommen, was wir unbewusst gesucht haben, um unseren heilenden Tanz mit- und füreinander zu tanzen.

Bereit:	Offen:	Skeptisch:	Nicht bereit:

14. Diese Aussage dient ebenfalls dazu, dich daran zu erinnern, wie wir uns schlagartig unserer unbewussten Überzeugungen bewusst werden können, wenn wir uns anschauen, was in unserem Leben geschieht. Was wir in einem jeweiligen Moment in unserem Leben erleben, ist wahrhaftig *das, was wir wollen*. Wir haben uns auf der seelischen Ebene unsere Situationen und unsere Erfahrungen ausgesucht, und unsere Wahl ist nicht falsch. Dies gilt für alle, die an dem Drama beteiligt sind. Vergiss nicht, dass es keine Bösewichte und keine Opfer gibt, nur Mitspieler. Jede Person bekommt in der jeweiligen Situation genau das, was sie will. Alle sind an dem heilenden Tanz beteiligt.

3.15 Ich danke dir, _(X)_ dafür, dass du bereit bist, eine Rolle bei meiner Heilung zu spielen, und erkenne an, dass ich bereit bin, eine Rolle bei deiner Heilung zu spielen.

Bereit:	Offen:	Skeptisch:	Nicht bereit:

15. Es ist durchaus angebracht, (X) dafür zu danken, dass sie/er zu deiner Geschichte beiträgt, um dir zu helfen, dir über die Überzeugungen, die dein Leben beeinflussen, klar zu werden. (X) hat deine Dankbarkeit und deinen Segen verdient, da diese gemeinsame Schöpfung und das daraus resultierende Bewusstsein dir die Fähigkeit gibt, deine Überzeugungen kennenzulernen. Was wiederum die Voraussetzung dafür ist, sie loszulassen. Sobald du dies tust, kannst du sofort deine Überzeugungen und deine Vorstellungen davon, was in deinem Leben passieren soll, eine andere Richtung geben.

3.16 Ich entlasse alle Gefühle (wie unter 1.2b) aus meinem Bewusstsein:
Verletzt, verlassen, betrogen, allein, traurig, wütend.

16. Dieser Schritt ermöglicht es dir zu bekräftigen, dass du die Gefühle, die du unter Punkt 2 aufgeführt hast, loslässt. Solange diese Gefühle und Gedanken in deinem Bewusstsein bleiben, kannst du die falsche Wahrnehmung, die deinen Ärger verursacht, nicht verändern. Wenn du dich noch immer über die Situation aufregst, dann hängst du auch noch an deiner unzutreffenden Wahrnehmung der Dinge – deiner Überzeugung, deinen Interpretationen, deinem Urteil. Versuche, das, was wirklich geschah, nicht zu beurteilen. Stelle einfach fest, was ist.

Deine Gefühle bezüglich der Situation werden möglicherweise nicht einfach verschwinden, sondern sie werden immer wieder aktiv werden. Auch das solltest du einfach feststellen und nicht verurteilen. Öffne dich einfach, sie zu fühlen und dann loszulassen, wenigstens für den Augenblick, sodass das Licht des Bewusstseins dich durchstrahlt und dir ermöglicht, deine unzutreffende Wahrnehmung zu sehen. Dann kannst du frei entscheiden, die Situation mit anderen Augen zu sehen.

Das Freisetzen von Gefühlen und den damit verbundenen Gedanken spielt eine wichtige Rolle im Prozess der Radikalen Vergebung. Solange diese Gedanken wirken, fahren sie fort, deine alten Überzeugungen über eine Realität, die wir eigentlich versuchen zu transformieren, mit Energie zu versorgen. Wenn wir uns zuversichtlich sagen und bekräftigen, dass wir sowohl das Gefühl als auch die damit zusammenhängenden Gedanken loslassen, beginnen wir den Prozess unserer Heilung.

3.17 Ich danke dir, (X) für deine Bereitschaft, meine unzutreffenden Wahrnehmungen widerzuspiegeln, und dafür, dass du mir die Gelegenheit gibst, radikal zu vergeben und mich selbst zu akzeptieren.

Bereit:	Offen:	Skeptisch:	Nicht bereit:

17. Dies ist eine weitere Gelegenheit, Dankbarkeit für (X) zu empfinden dafür, dass sie oder er in deinem Leben eine Rolle spielt und bereit ist, den heilenden Tanz mit dir zu tanzen.

4.18 Ich erkenne jetzt, dass das, was ich erlebt habe (meine Opfergeschichte) eine genaue Widerspiegelung meiner Menschlichen Wahrnehmung war. Wenn ich jetzt aus der Perspektive der Vollkommenheit auf diese Situation schaue, erkenne ich Folgendes… *(Beschreibe das Erlebte aus einer neuen, spirituellen Perspektive, sozusagen aus der Sicht des Göttlichen.)*

Ich sehe jetzt, dass Jeff lediglich meine falsche Annahme widerspiegelte, dass ich nicht liebenswert bin, und dass er mir das Geschenk der Heilung machte. Jeff liebte mich so sehr, dass er bereit war, die Unbequemlichkeit auf sich zu nehmen, um das Drama zu inszenieren. Ich sehe jetzt, dass ich alles bekommen habe, was ich für meine Heilung wollte, und dass Jeff alles bekam, was er für seine Heilung wollte. Die Situation war in diesem Sinn vollkommen und ist ein Beweis für das Wirken des göttlichen Geistes in meinem Leben und für die Liebe, die mir entgegengebracht wird.

18. Wenn du nicht in der Lage bist, eine neue Interpretation zu sehen, die auf deine Situation passt, dann ist das kein Problem. Der neue Rahmen der Radikalen Vergebung kann auf sehr einfache Weise allgemein formuliert werden, wie: *Was geschehen ist, ist die Entfaltung eines göttlichen Plans. Es ist von meinem Höheren Selbst gewollt für mein spirituelles Wachstum. Alle Beteiligten vollführen mit mir einen heilenden Tanz.* Eine solche Formulierung wäre durchaus ausreichend. Wenn du jedoch genauere Einsichten in die Natur der Vollkommenheit dieser Situation hast, ist dies ebenfalls gut.

Nicht hilfreich wäre es jedoch, wenn du eine Deutung aufschreiben würdest, die auf Voraussetzungen aus der Welt des Menschlichen basiert, wie etwa dem Aufzählen von Gründen, warum es geschehen ist, oder von Entschuldigungen. Du würdest dann lediglich eine Fehlwahrnehmung durch eine andere austauschen oder gar in eine Haltung der Pseudo-Vergebung geraten. Eine neue Interpretation deiner Situation sollte es dir ermöglichen, die Vollkommenheit von einem spirituellen Standpunkt aus zu sehen und dich für das Geschenk zu öffnen, das sich dir bietet. Dein neuer Blickwinkel sollte eine Möglichkeit enthalten zu sehen, wie die göttliche Hand oder die göttliche Intelligenz für dich arbeitet und dir zeigt, wie sehr sie dich liebt.

***Anmerkung:** Möglicherweise musst du einige Arbeitsblätter* über *dasselbe Thema ausfüllen, um die Vollkommenheit zu fühlen. Sei absolut ehrlich mit dir selbst und gehe immer von deinen Gefühlen aus. Es gibt hier keine richtigen Antworten, keine Ziele, keine Noten und keine Endresultate. Der Wert liegt in dem Prozess dieser Arbeit. Lasse alles, was auf dich zukommt, vollkommen sein, und widerstehe dem Drang, das, was du aufschreibst, zu verbessern und zu bewerten. Du kannst nichts falsch machen.*

4.19 Ich, ___*Jill*___, vergebe mir selbst vollständig und akzeptiere mich als liebevolle, großzügige und kreative Person. Ich lasse mein Festhalten an allen einschränkenden Gefühlen und Gedanken in Bezug auf die Vergangenheit los. Ich ziehe meine Energie aus der Vergangenheit ab und hebe alle Beschränkungen gegen die Liebe und die Fülle in mir auf. Ich erschaffe mein Leben und ich, kann wieder ganz ich selbst sein, mich selbst bedingungslos lieben und unterstützen – so, wie ich bin, mit all meinen großartigen und wundervollen Fähigkeiten.

19. Die Bedeutung dieser Aussage kann nicht genug betont werden. Sprich sie laut aus und fühle sie. Lasse die Worte in deinem Körper Widerhall finden. Selbstverurteilung ist die Wurzel all unserer Probleme, und auch wenn wir nicht mehr über andere urteilen und ihnen vergeben, verurteilen wir uns oft selbst immer weiter. Wir verurteilen uns sogar, weil wir uns selbst verurteilen!

Die Schwierigkeit, die wir erfahren, wenn wir diesen Zyklus zu durchbrechen versuchen, kommt aus der Tatsache, dass das Überleben des Egos von unseren Schuldgefühlen abhängt in Bezug darauf, wer wir sind. Je erfolgreicher wir anderen vergeben, desto mehr versucht das Ego, dies auszugleichen, indem es uns selbst Schuldgefühle empfinden lässt. Dies erklärt, warum wir auf großen Widerstand gegen den Prozess der Vergebung stoßen können. Das Ego fühlt sich auf jedem Schritt bedroht, und es wird dagegen kämpfen. Wir sehen die Folgen dieses inneren Kampfes, wenn wir ein Arbeitsblatt nicht fertig ausfüllen und fortfahren, weitere Gründe zu erfinden, um fortwährend auf X zu projizieren und uns als Opfer zu fühlen. Wenn wir uns nicht die Zeit nehmen zu meditieren oder wenn wir vergessen, andere Dinge zu tun, die uns helfen, uns daran zu erinnern, wer wir sind. Je mehr es uns gelingt, all das loszulassen, was in uns Schuldgefühle hervorruft, desto heftiger wehrt sich das Ego und lässt den Prozess der Vergebung schwieriger erscheinen, als er ist.

Mache dich also auf inneren Widerstand gefasst. Doch vergiss dabei nicht, dass auf der anderen Seite innerer Frieden und Freude zu finden sind.

4.20 Ich gebe mich nun ganz der höheren Macht hin, die ich als *Das Göttliche* bezeichne. Ich vertraue dem Wissen, dass diese Situation sich weiterhin in Vollkommenheit und im Einklang mit der göttlichen Führung und der spirituellen Gesetzmäßigkeit entfalten wird. Ich erkenne meine Einheit und fühle mich vollkommen mit der Quelle meines Seins verbunden. Meine wahre Natur, die Liebe, ist wiederhergestellt, und ich stelle nun die Liebe für (X) wieder her. Ich schließe meine Augen, um die Liebe zu fühlen, die in meinem Leben fließt, und die Freude, die aufkommt, wenn ich die Liebe fühle und ausdrücke.

20. Dies ist der letzte Schritt im Prozess der Vergebung. Es ist jedoch nicht in *deiner* Hand, diesen Schritt zu tun. Du bekundest, dass du bereit bist, ihn zu tun, und überlässt den Rest den höheren Mächten. Bitte darum, dass die Heilung durch die göttliche Gnade vollendet wird und du und X wieder zu eurem wahren Wesen, der Liebe, und zu eurer Quelle finden möget, die ebenfalls Liebe ist.

Dieser letzte Schritt ist deine Gelegenheit, die Liebe in deinem Leben wirklich zu spüren. Wenn du in der Essenz angekommen bist, gibt es nur noch Liebe. Wenn du Zugang zur Liebe bekommst, hast du es geschafft. Du brauchst nichts weiter zu tun.

Nimm dir also ein paar Minuten Zeit, um über diesen Satz zu meditieren, und öffne dich für das Gefühl der Liebe. Möglicherweise musst du diese Übung mehrmals ausführen, bevor du es wirklich spüren kannst. Doch eines Tages, wenn du es am wenigsten erwartest, wirst du von der Liebe und der Freude durchströmt werden.

5.21 Eine Notiz für dich, (X) ___*Jeff*___. Nun, da ich dieses Arbeitsblatt ausgefüllt habe, möchte ich dir Folgendes mitteilen:

Ich sehe jetzt, was für ein Glück ich habe, dass du in meinem Leben bist. Ich wusste, dass wir aus einem bestimmten Grund zusammen sind, und jetzt weiß ich auch, was dieser Grund ist.

Ich vergebe dir, (X) ___*Jeff*___, vollständig, da ich nun sehe, dass du nichts falsch gemacht hast, und alles in göttlicher Ordnung ist. Ich akzeptiere dich daher bedinungslos, so wie du bist und ich liebe dich. (Anmerkung: Das heißt jedoch nicht, dass du das Verhalten billigen musst. Dich abzugrenzen kann in der „Welt des Menschlichen" sinnvoll und notwendig sein.)

21. Am Anfang des Arbeitsblattes zur Vergebung hast du dich dem Problem, das du mit (X) hattest, gestellt. Seitdem hat sich deine Energie wahrscheinlich verändert, selbst wenn diese Veränderung erst vor einem kurzen Moment geschehen ist. Wie fühlst du dich jetzt, wenn du an (X) denkst? Was würdest du (X) jetzt sagen wollen? Erlaube dir, zu schreiben, ohne bewusst darüber nachzudenken, und beurteile deine Worte nicht. Lasse dich von deinen Worten überraschen.

Während du (X) anerkennst, akzeptierst und bedingungslos liebst, so wie sie oder er ist, erkennst und vergibst du die Projektion, die dazu geführt hat, dass du (X) als eine mit Fehlern behaftete Person gesehen hast. Du kannst (X) nun lieben, ohne über ihn oder sie zu urteilen. Denn du erkennst, dass dies die einzige Art ist, wie eine Person geliebt werden kann. Du kannst (X) nun lieben, weil du erkannt hast, dass er/sie in dieser Welt keine andere Möglichkeit hat, als so zu sein, wie er/sie ist. Der göttliche Geist hat gewollt, dass sie oder er diese Rolle für dich einnimmt.

5.22 Notiz für mich selbst:

Ich respektiere mich selbst dafür, dass ich den Mut aufbringe, dies zu durchleben und dass ich mein Opferdasein überwinde. Ich bin jetzt frei!

Ich erkenne an, dass ich ein spirituelles Wesen bin, das eine menschliche Erfahrung macht, und ich liebe und unterstütze mich in allen Aspekten meines Menschseins.

22. Vergiss nicht, das dein Vergebungsprozess unter Umständen mit einem „So tun als ob" anfängt. Du beginnst den Prozess eventuell, ohne wirklich von Herzen vergeben zu können, dann tu einfach so, als ob, bis es wahr wird. Wertschätze die Tatsache, dass du dich überhaupt auf diesen Prozess eingelassen hast, und habe Geduld mit dir. Lasse dem Prozess der Vergebung so lange Zeit, wie es braucht. Respektiere dich selbst für den Mut, den du aufbringst, um das Arbeitsblatt zur Radikalen Vergebung vollständig auszufüllen. Denn du stellst dich damit deinen eigenen inneren Dämonen. Diese Arbeit erfordert enormen Mut, große Bereitschaft und ein gutes Maß an Vertrauen.

21: DIE GESCHICHTE AUSEINANDERNEHMEN

Unsere Geschichte ist der Ort, an dem der Schmerz wohnt. Sie ist das, was wir unter Punkt 1 des Arbeitsblattes schreiben, wenn wir den Satz vervollständigen: *Die Situation, die mir zu schaffen macht, stellt sich mir gegenwärtig so dar ...*

Die Geschichte scheint die Quelle unseres Schmerzes und unseres Unwohlseins zu sein. So ist es angebracht, unser Opferdasein einmal näher unter die Lupe zu nehmen und zu sehen, inwieweit es real und das Festhalten des Schmerzes gerechtfertigt ist. Wir werden merken, dass möglicherweise nur sehr wenig tatsächlich wahr ist. Vielleicht haben wir ja nur eine Geschichte erfunden, um uns in unserer Überzeugung zu bestärken, wir seien vom Göttlichen getrennt und nicht alle eins. Vielleicht haben wir sie auch erfunden, um uns Hinweise darauf zu geben, was wir brauchen, um innerlich zu heilen (zu vergeben). Damit wir erkennen können, dass wir in Wirklichkeit alle eins sind.

Dieser Gedanke steht im Mittelpunkt der Radikalen Vergebung. Denn wir sind zu der Überzeugung gelangt, dass der eigentliche Sinn unserer Geschichte – einschließlich sämtlicher Mitspieler – darin besteht, uns das, was geheilt werden muss, ins Bewusstsein zu bringen. Durch das Zerlegen der Geschichte bekommen wir Gelegenheit, die Wahrheit über uns selbst herauszufinden und uns daran zu erinnern, wer wir wirklich sind.

Wenn wir die Geschichte bis zu ihrer Entstehung zurückverfolgen, sehen wir, wie eine unzutreffende negative Überzeugung ursprünglich entstand, dann unterdrückt und schließlich im Unterbewusstsein aktiviert wurde, um fortwährend Umstände zu schaffen, die sie noch weiter festigen. So erging es Jill (siehe Kapitel 1). Ihre unterbewusste Überzeugung war: „Ich bin nicht gut genug – für keinen Mann“, und sie verwirklichte diese Überzeugung in ihrem Leben. Sobald wir die Geschichte jedoch zerlegten und sahen, dass dies nicht stimmte, heilte sie ihre Überzeugung, und alles wendete sich zum Besseren.

Derartige Grundüberzeugungen bilden sich gewöhnlich, wenn wir noch sehr jung sind. Wenn uns etwas passiert, deuten wir dieses Erlebnis und verleihen der Situation eine persönliche Bedeutung. Dann verwechseln wir das wirkliche Geschehen mit unserer Deutung des Geschehens. Die Geschichte, die wir uns aus dieser Mischung aus Phantasie und Realität zurechtbasteln, wird zu unserer Wahrheit und zu einem bestimmenden Faktor in unserem Leben.

Nehmen wir an, dein Vater verlässt die Familie, wenn du fünf Jahre alt bist. Dies ist ein traumatisches und schmerzhaftes Erlebnis für dich, doch für dein Bewusstsein ist dies erst der Anfang der Geschichte. In diesem Alter glauben wir noch, die ganze Welt drehe sich nur um uns. Wir sehen alles ausschließlich aus dieser egozentrischen Perspektive. Also stellen wir aus dieser Perspektive unsere eigenen Spekulationen an. Unsere erste Spekulation heißt: „*Er* hat ***mich*** verlassen.“ Anschließend gibt es noch eine ganze Reihe mehr, wie: „Es muss an mir liegen. Ich muss etwas angestellt haben, das ihn vertreibt. Er liebt mich nicht mehr. Vielleicht hat er mich niemals geliebt. Ich bin offenbar keine liebenswerte Person, wenn mein Vater mich verlässt. Er macht sich nichts aus mir, und wer soll sich dann überhaupt etwas aus mir machen, wenn nicht er? Ich glaube, wenn er mich nicht liebt, dann liebt mich niemand. Und selbst wenn jemand es tut, dann wird er mich sicherlich nach fünf Jahren verlassen. Das ist bei Männern so, wenn sie sagen: ‚Ich liebe dich.‘ Man kann Männern nicht vertrauen, wenn sie sagen, dass sie dich lieben – weil sie dich sowieso nach fünf Jahren wieder verlassen. Ich bin wohl nicht sehr liebenswert. Ich werde niemals eine Beziehung haben, die länger währt als fünf Jahre. Wenn ich für meinen Vater nicht gut genug war, werde ich wohl für niemanden gut genug sein können."

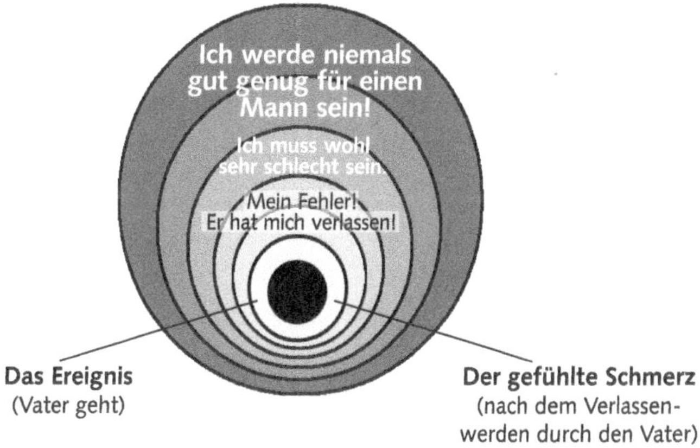

Abb. 14: Wie eine (falsche) Geschichte heranwächst

Wenn du eine Frau bist, geht es dir vielleicht so wie einer Teilnehmerin an einem meiner Workshops: Sie war überzeugt, Männer seien immer gefährdet, von anderen Frauen „gestohlen" zu werden. Und sie führte daher unbewusst Situationen herbei, in denen dies geschah – in diesem Fall nach einer fünfjährigen Beziehung.

Diese Geschichten entwickeln ihre eigene Dynamik und lenken unser Leben in eine Richtung, die aufgrund ihrer jeweiligen Schwingung bestimmte Ereignisse und Menschen anzieht, die dann das Drama für uns gemäß unseren Überzeugungen inszenieren.

Doch wie wir sehen, ist der einzige wahre Teil der Geschichte das ursprüngliche Ereignis. Vater geht. Dies sind vielleicht fünf Prozent der gesamten Geschichte. Der Rest ist Interpretation – Vermutungen einer unreifen, verängstigten Person. 95 Prozent der Geschichte beruhen auf unserem Glaubenssystem.

Dein Höheres Selbst weiß, dass diese Gedanken nicht nur Unsinn sind, sondern auch sehr schädlich. Es kann zwar nicht direkt eingreifen, da der göttliche Geist uns freien Willen gegeben hat. Doch es kann Menschen in unser Leben bringen, die Teile unserer Geschichte auf liebevolle Weise immer wieder neu inszenieren, bis du erkennst, dass diese Gedanken nicht wahr sind.

Genau dies passierte meiner Schwester Jill. Als unser Vater für meine Tochter Lorraine die Liebe entwickelte, die Jill sich immer von ihm gewünscht, aber niemals bekommen hatte, deutete Jill dies als ein Zeichen dafür, dass sie von Grund auf der Liebe nicht würdig sei. Dies war die Geschichte, an die sie glaubte, bis jemand in ihr Leben trat (Jeff). Sein Verhalten trug dazu bei, dass sie ihre Geschichte entdeckte und als falsch erkannte.

Wenn man seine Geschichte entdeckt, hat man schon die halbe Schlacht gewonnen. Manchmal ist man sich ihrer bewusst, manchmal nicht. Glenda war eine gebildete, intelligente, attraktive und wohl situierte Frau Ende vierzig. Sie war niemals verheiratet. Tatsächlich hatte sie nie eine Beziehung, die länger als zwei oder drei Jahre anhielt. Es schien, als sei sie einfach nicht imstande, den Richtigen zu treffen. Immer wenn sie einen Mann näher kennenlernte, entdeckte sie etwas an ihm, das ihr nicht gefiel oder das sie in der Beziehung unzufrieden machte. Also beendete sie die Beziehung. Dies passierte immer wieder. Sie sah dies jedoch nicht als Problem. Als Karrierefrau war sie der Meinung, ihr Beruf gebe ihr genügend Befriedigung. Auf der anderen Seite gestand sie sich ein, dass sie sich einsam fühlte.

Eines Tages fragte ein guter Freund sie: „Hast du dich jemals gefragt, warum bei dir keine Beziehung hält? Ist dir jemals in den Sinn gekommen, dass es nicht etwas ist, was du in ihnen siehst, das dich ärgerlich oder unzufrieden macht? Sondern dass es etwas in dir selbst ist, das du noch nicht verarbeitet hast, und das verhindert, dass du eine gute Beziehung zu einem Mann eingehst?"

Damals wies Glenda diesen Gedanken des Freundes weit von sich. Doch später begann sie, über seine Worte nachzudenken. Sie beschloss, einen Therapeuten aufzusuchen, um zu sehen, ob ihr Beziehungsmuster eine tiefere Ursache hatte. Der Therapeut versetzte sie unter Hypnose zurück in ihre Vergangenheit im Alter von acht Jahren.

Sie erinnerte sich daran, dass sie in diesem Alter jeden Tag nach der Schule mit ihrem Freund Mark spielte. Die beiden waren von früher Kindheit an eng befreundet und mit acht Jahren unzertrennliche Spielkameraden geworden. Dann erinnerte sie sich an etwas, das eines Tages passierte, nachdem sie die Schulkleidung gewechselt hatte und hinüber zu Marks Haus rannte. Sie klopfte an die Tür, und niemand öffnete. Sie drückte ihre Nase gegen die Glasscheibe an der Haustür und schaute hinein. Als sie sah, dass das Haus ganz leer war, wurde sie sehr traurig. Wo waren sie alle? Wo waren die Möbel? Wo war Mark? Sie verstand nicht, was los war. Erst als sie umkehrte und über den Rasen lief, sah sie das Schild im Gras liegen: „Verkauft".

Allmählich begriff Glenda, dass Marks Eltern das Haus verkauft hatten und weggezogen waren. Mark hatten sie natürlich mitgenommen. Sie waren gegangen, ohne ein Wort zu sagen, hatten sich nicht einmal verabschiedet, ihr nichts gesagt. Mark hatte ihr gegenüber nicht einmal erwähnt, dass sie umziehen würden.

Verletzt und verwirrt saß Glenda mehrere Stunden lang auf der Veranda des Hauses, bevor sie wieder den kurzen Weg nach

Hause ging. Sie erinnerte sich, dass sie damals zwei Entschlüsse gefasst hatte. Der erste war, dass sie ihren Eltern nichts erzählen würde. Wenn diese erwähnten, dass Mark fortgezogen war, würde sie so tun, als interessiere sie das gar nicht. Und der zweite Entschluss war, sie würde niemals wieder einem Jungen (Mann) vertrauen.

Offenbar hatte sie diesen Vorfall vollständig vergessen. Doch als während ihrer Therapiesitzung ihre Erinnerung wieder an die Oberfläche kam, war sie sehr bewegt. Jahre unterdrückter Trauer darüber, von ihrem besten Freund verlassen zu worden zu sein, brachen ebenso hervor wie die Wut über das, was sie als einen Verrat empfand.

Nach der Hypnosesitzung besuchte sie ihre Mutter. Sie sprach über Mark und fragte ihre Mutter, was damals mit ihm und seiner Familie passiert war. „Sein Vater wurde versetzt", sagte ihre Mutter. „Es geschah alles sehr schnell, doch wir waren sehr erstaunt darüber, dass du nichts über ihren Fortgang erzählt hattest. Wir dachten, dass du sehr traurig darüber sein müsstest, doch du schienst es leicht zu nehmen. Wir sprachen sogar noch mit Marks Eltern, bevor sie wegzogen, weil wir alle uns Sorgen machten, dass du und Mark furchtbar traurig sein würdet. Wir stimmten darin überein, es sei langfristig das Beste, weder dir noch Mark bis zu dem Tag des Umzugs davon zu erzählen. Sie stellten nicht einmal ein Schild auf, dass das Haus zu verkaufen ist. Mark erzählten sie erst von dem Umzug, als sie schon im Auto saßen und auf dem Weg zu ihrem neuen Haus waren."

Glenda war sprachlos. Wenn Mark nichts von dem Umzug wusste, dann hatte er sie auch nicht verraten. Diese Erkenntnis traf sie wie ein Schlag. Seit über dreißig Jahren hatte sie zugelassen, dass eine völlig verborgene unterbewusste Geschichte ihr Leben beherrschte und jede Liebesbeziehung verdarb. Nicht nur das, ihre gesamte Überzeugung basierte auf einer völlig falschen Annahme.

Sobald irgendein Mann Glenda nahe genug kam, um ihr Freund und Liebhaber zu werden, beendete sie die Beziehung. Sie war der Überzeugung, dass in dem Moment, in dem sie einem Mann nahekommen würde – so wie bei Mark –, er sie verlassen und auf dieselbe Weise verraten werde. Sie war nicht bereit, das Risiko einzugehen, noch einmal einen solchen Schmerz für irgendeinen Mann zu erleben. An dem Tag, an dem sie entdeckte, dass Mark weggezogen war, verschloss sie sich völlig und verdrängte das Gefühl, verlassen und verraten worden zu sein. Später stürzte sie sich in ihre Karriere als eine Möglichkeit, diese Gefühle zu vermeiden.

Der Freund, der Glenda mit ihrem selbstzerstörerischen Muster konfrontierte, sah hinter ihre Geschichte und merkte, dass da noch etwas anderes war. Sie hatte zahlreiche Gelegenheiten zu heilen geschaffen, aber alle verpasst.

Glenda kam zu einem Workshop in Radikaler Vergebung. Sie vergab dem Mann, von dem sie sich vor kurzem getrennt hatte, und in der Folge allen anderen, die sie vor ihm als nicht vertrauenswürdig eingestuft hatte. Dies neutralisierte die ursprüngliche Vorstellung, niemals mehr einem Mann vertrauen zu können, und ermöglichte es ihr, die Beziehung einzugehen, die sie wirklich wollte.

Im Gegensatz zu Glenda schien Jesse, eine andere Teilnehmerin des Workshops, sich ihrer Geschichte völlig bewusst zu sein, doch sie sah noch immer nicht, wo der Fehler lag – und dies trotz der Tatsache, dass sie spirituell sehr bewusst lebte. Sie verkündete in dem Workshop, dass sie gerade ihren Job verloren hatte.

„Das ist in Ordnung“, sagte sie, „es ist wieder einmal das Thema Verlassenwerden, das hier inszeniert wird. Ich werde alle paar Jahre gefeuert, oder meine Beziehung geht in die Brüche. Das liegt daran, dass ich als Kleinkind von meinen Eltern verlassen wurde.“

Ich vermutete, dass es sich um eine Geschichte ihres Glaubenssystems handelte, also ging ich dem „Verlassenwerden“ etwas näher auf die Spur. Wir fanden schnell heraus, dass ihr Vater kurz vor ihrer Geburt gestorben war. Ihre Mutter wurde krank und war mit ihrer Tochter völlig überfordert, als Jesse etwa zwei Jahre alt war. Eine Zeit lang wurde sie daraufhin von ihren Großeltern betreut.

Obwohl sie zweifellos durch die Trennung von ihrer Mutter traumatisiert war, war die Wahrheit jedoch, dass sie niemals von ihren Eltern verlassen wurde. Sie waren einfach nicht da, jedoch nicht aus eigener Schuld. Sie hatten sie ganz gewiss nicht im Stich gelassen. Um jemanden im Stich zu lassen, muss man eine ganz bewusste, berechnende Entscheidung treffen. Das wäre dann ein bewusster Akt. Die bloße Abwesenheit macht noch kein Verlassen aus.

Die Abwesenheit als Verlassenheit zu sehen ist eine Interpretation, die ein kleines Kind leicht macht. Indem sie die Abwesenheit ihrer Eltern als ein Im-Stich-Lassen interpretierte, startete sie eine ganze Kette von Schlussfolgerungen wie: „Wenn meine Eltern mich im Stich lassen, muss ich eine wenig liebenswerte Person sein. Niemand wird je länger als zwei Jahre mit mir zusammenbleiben. Wenn meine Mutter mich nach dieser Zeit im Stich lässt, wird jeder andere dies ebenfalls tun. Sie werden mich nicht mehr wollen. Sie werden merken, dass ich ein schlechter Mensch bin, und weggehen. So ist das im Leben.“

Jesse hatte diese Geschichte 52 Jahre lang zur Grundlage ihres Lebens gemacht, obwohl sie auf einer völlig unzutreffenden Deutung eines Vorfalls beruhte. Sobald sie das sah, war sie imstande, diese Geschichte fallen zu lassen und sich von der Notwendigkeit zu befreien, alle zwei Jahre eine Situation herbeizuführen, in der sie verlassen wurde.

Obwohl Jesse ein spirituell orientierter Mensch war, konnte sie nicht erkennen, dass der göttliche Geist ihr dadurch, dass er ihr alle zwei Jahre ein Verlassenwerden bescherte, reichlich Gelegenheit gab, aufzuwachen und jene Geschichte, die ihr Leben eingrenzte und ihre Seele verwundete, zu heilen. Es half Jesse, einige Arbeitsblätter über die Person, die sie zuletzt entlassen hatte, auszufüllen. Bei der Gelegenheit klärte sie gleichzeitig alle weiteren Situationen, in denen sie im Verlauf von 52 Jahren „verlassen" worden war. So neutralisierte sie ihre ursprüngliche Geschichte des Verlassenwerdens.

Die Vergebungszentrifuge

Wenn Jill, Jesse oder Glenda von diesem Werkzeug gewusst hätten, hätten sie sich viele Jahre schmerzlichen Ringens ersparen können. Die Vergebungszentrifuge hilft uns, auseinander zu halten, was in *Wirklichkeit* in einer Situation *geschehen* ist und wie

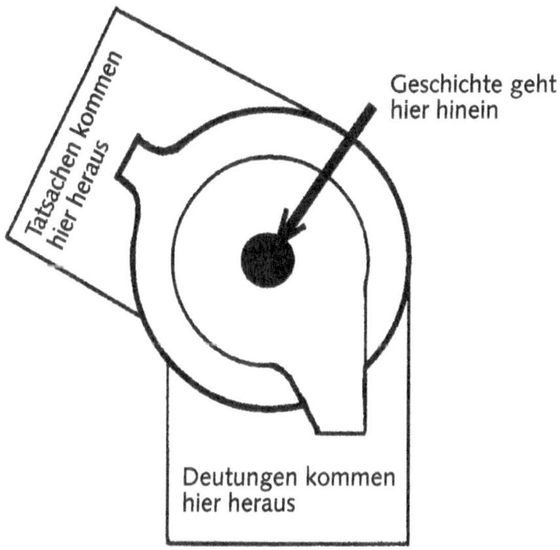

Abb. 15: Tatsachen und Deutungen trennen

wir das Geschehen *gedeutet* haben. Wenn du in deiner Küche einen Entsafter hast, in den man Möhren und andere Früchte oben hineinstecken kann, und der Saft durch die Zentrifugalkraft einer drehenden Trommel von der Fruchtmasse getrennt wird, dann weißt du, was mit einer Zentrifuge gemeint ist. Zentrifugen werden auch verwendet, um Plasma von Blut zu trennen, Sahne von Milch und so weiter. Eine Wäscheschleuder, die das Wasser aus der Kleidung presst, funktioniert auf die gleiche Weise.

Die Vergebungszentrifuge kehrt den Prozess, bei dem wir uns Geschichten über das Geschehene ausdenken, um. Um sie als Werkzeug einzusetzen, nimm deine die Geschichte, die dir Probleme macht. Du weißt, dass es sich dabei um eine hoffnungslose Mischung aus Tatsachen (was wirklich geschah) und Deutungen (all deine Gedanken, Urteile, Bewertungen, Annahmen und Überzeugungen hinsichtlich des Geschehens) handelt. Stecke die Geschichte oben in die Vergebungszentrifuge hinein, genauso wie du es mit den Möhren deines Entsafters tun würdest, und stelle dir vor, wie die Maschine Tatsachen von Deutungen trennt.

Wie ein gründlicher Forscher stellst du als Erstes eine Liste aller Fakten auf. Sei dabei so objektiv wie möglich. Anschließend erstelle eine Liste der Interpretationen, die du über die einzelnen Fakten angestellt hast.

Nachdem du deine Ergebnisse aufgeschrieben hast, stelle die Fakten fest und akzeptiere sie. Erkenne an, dass die Fakten das sind, was geschehen ist – und dass niemand irgendetwas tun kann, um dies zu ändern. Du hast an dieser Stelle keine Wahl. Du musst das, was geschehen ist, genau so anerkennen, wie es geschehen ist. Beobachte deine Tendenz, das Geschehen zu entschuldigen oder zu rechtfertigen. Dies würde bedeuten, du beginnst wieder, die Fakten zu interpretieren. Bleibe einfach bei dem, was tatsächlich geschehen ist.

	Die Tatsachen: Was wirklich geschah.

Als Nächstes untersuche jeden Gedanken, jede Überzeugung, jede Überlegung, Idee oder Einstellung, die du dem Geschehen gegenüber entwickelt hast. Und dann erkläre alles als *unwahr*. Bekräftige die Vorstellung, dass nichts davon auch nur den geringsten Wert hat. Sage dir, dass dies alles nur „inneres Gerede" ist.

	Meine Interpretationen des Geschehens:

Dann stelle fest, wie wichtig deine Ideen, Überzeugungen und Einstellungen für dich sind. Schaue dir an, wie stark du an jeder Einzelnen hängst. Entscheide, welche du möglicherweise nun fallen lassen kannst und welche nicht.

	Interpretationen	% Anhaften

Sei freundlich zu dir selbst!

Kritisiere dich nicht dafür, dass du an diesen Vorstellungen hängst oder nicht bereit bist, sie loszulassen. Vielleicht hast du diese Ideen, Überzeugungen und Einstellungen schon seit sehr langer Zeit. Vielleicht ist deine ganze Identität dadurch definiert. Wenn du beispielsweise ein Inzestopfer bist oder das Kind eines Alkoholikers, dann sind diese Merkmale, die für bestimmte Überzeugungen über dich selbst stehen, möglicherweise die Referenzpunkte deiner Identität. Wenn du die Verbindung zu diesen Merkmalen loslässt, kannst du deine gesamte Identität verlieren. Wenn du also auf der einen Seite mit Bestimmtheit die Wirklichkeit von deinen interpretierenden Vorstellungen trennst, solltest du auf der anderen Seite freundlich zu dir sein und dir Zeit nehmen, die Überzeugungen loszulassen.

Der nächste Schritt besteht in der Neufassung deiner Vorstellungen im Rahmen der Radikalen Vergebung – zu sehen, dass die Geschichte vollkommen war und genau auf diese Weise zu geschehen hatte. Sei auf der Hut vor der Schuld, der Wut, der Depression und der Kritik, die du möglicherweise spürst und gegen dich selbst richtest, sobald du bemerkst, dass du dein Leben auf unzutreffende Überzeugungen aufgebaut hast. *Bitte, tu dir das nicht an!* Denke stattdessen daran, dass alles einen Sinn hat und das Göttliche keine Fehler macht. Verwende eines oder mehrere der Hilfsmittel der Radikalen Vergebung, um daran zu arbeiten, dir selbst zu vergeben und die Vollkommenheit in dieser Situation zu sehen.

Falls die Fakten noch immer zeigen, dass etwas *Schlimmes* passiert ist – so bleibt beispielsweise ein Mord immer ein Mord, ganz gleich, welche Interpretationen du angestellt hast –, dann ist das Arbeitsblatt zur Radikalen Vergebung das beste Werkzeug, um das Energiefeld dieses Ereignisses auf eine andere Stufe zu bringen.

22: VIER SCHRITTE ZUR VERGEBUNG

Diese Variation eines von Arnold Patent gelehrten Drei-Schritte-Prozesses dient als Erinnerung an unsere Fähigkeit, die Ereignisse und Menschen anzuziehen, die wir brauchen, um jene Gefühle zu spüren, die wir in bestimmten Problembereichen haben.

Dieser Prozess dauert nur ein paar Minuten. Doch er kann dich davor bewahren, total in dem Drama des Geschehens verwickelt zu werden und auf unbestimmte Dauer im „Opferland" zu verweilen.

Wenn etwas geschieht und wir uns darüber aufregen, kann es leicht passieren, dass wir alles, was wir über Radikale Vergebung wissen, wieder vergessen. Bis diese Prinzipien fest in unserem Denken verankert sind, haben wir immer die Tendenz, in unser Opferbewusstsein zurückzufallen, sobald unser Ärger emotionalen Aufruhr erzeugt. Das Problem ist nur: Wenn wir einmal da sind, kommen wir gewöhnlich eine sehr lange Zeit nicht wieder heraus. Ohne die Perspektiven der Radikalen Vergebung würde man wahrscheinlich für Jahre dort verharren, was viele Menschen tun. (Siehe Diagramm nächste Seite.) Wenn du jedoch jemanden hast, der Radikale Vergebung kennt und deine Symptome erkennt, wird dieser Mensch dich daran erinnern, ein Arbeitsblatt auszufüllen, sodass du deinen inneren Frieden wiederfindest. Wie du auf dem Diagramm sehen kannst, fallen wir jedes Mal, wenn etwas passiert, wieder in unsere Opferrolle zurück und bleiben für eine unbestimmte Zeit im „Opferland". Dann werden wir daran erinnert, wie alles perfekt sein könnte. Wir setzen die Werkzeuge ein, um unsere Bereitschaft zum Ausdruck zu bringen, die Vollkommenheit zu sehen und schließlich wieder Frieden zu finden.

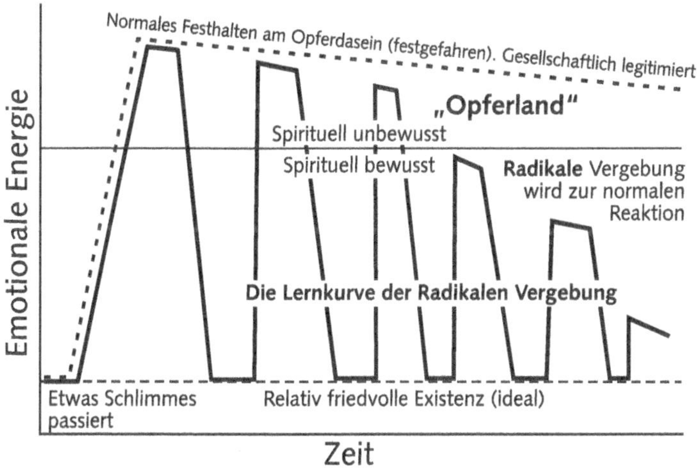

Abb. 16: Die Achterbahn des „Opferlandes"

Der Weg kann schwierig sein, und manchmal ist es sinnvoll, sich auf diesem Weg Unterstützung zu gönnen. Um die Achterbahn anzuhalten, empfiehlt es sich, von dem Vier-Schritte-Prozess Gebrauch zu machen, *bevor* man ein Zimmer im „Opferland" bucht. In dem Diagramm ist dies durch die Kurven dargestellt, die eine Wende vollziehen, bevor wir den Bereich des Unbewussten aufsuchen. Wenn wir merken, dass uns diese Wende in Fleisch und Blut übergegangen ist, dann ist die Radikale Vergebung zu unserer normalen Lebensweise geworden – unter anderem dank des Vier-Schritte-Prozesses.

Sobald du bemerkst, dass du dich über etwas aufregst, oder einfach nur über jemanden urteilst, dich selbstgerecht fühlst oder eine Situation anders haben willst, als sie ist, setze diesen Prozess ein. So kannst du dein Bewusstsein wieder an den Prinzipien der Radikalen Vergebung ausrichten.

Erster Schritt: „Schau, was ich kreiert habe!"

Der erste Schritt erinnert uns daran, dass wir selbst unsere Realität erzeugen. Die Umstände, die wir herbeiführen, dienen jedoch unserer Heilung. Wir sollten uns also nicht schuldig fühlen für das, was geschieht. Wir bestrafen uns allzu gern selbst, denn wir sind schnell im Verurteilen. Wir sagen: „Schau, was ich wieder angerichtet habe. Schrecklich. Ich bin eine furchtbare Person, eine spirituelle Niete." Gehe bitte nicht in diese Falle. Wenn du es tust, lässt du dich von einer Illusion blenden.

Zweiter Schritt: „Ich bemerke meine Gefühle und meine Urteile und liebe mich dennoch."

Dieser Schritt ist die Feststellung, dass wir als Menschen automatisch eine Kette von Beurteilungen, Interpretationen, Fragen und Überzeugungen mit jeder Situation verbinden. Unsere Aufgabe besteht nun darin, die Unvollkommenheit unseres Menschseins zu akzeptieren und uns dafür zu lieben, dass wir diese Beurteilungen machen – einschließlich des Urteils, dass wir angesichts dieser Realität, die wir herbeigeführt haben, spirituell versagt hätten. Unsere Urteile sind ein Teil von uns, also sollten wir sie so lieben wie uns selbst. Dies bringt uns in Verbindung mit allem, was wirklich in unserem Körper und Geist vor sich geht. Es führt uns über unsere Gefühle in die Gegenwart. Unsere Energie wird sich dann schnell verändern und uns gestatten, den dritten und vierten Schritt in diesem Prozess zu machen.

Dritter Schritt:
„Ich bin *bereit*, die Vollkommenheit in dieser Situation zu sehen."

Die *Bereitschaft* ist der wichtigste Schritt im Prozess der Radikalen Vergebung. Sie gleicht der Hingabe an den göttlichen Plan in der Gegenwart und der Bereitschaft, uns zu lieben für unsere Unfähigkeit, diesen Plan unmittelbar zu sehen.

Vierter Schritt:
„Ich entscheide mich für die Kraft des Friedens."

Der vierte Schritt ist die Konsequenz aller vorangegangenen Schritte. Wir akzeptieren, dass diese Situation dem göttlichen Plan dient und dass alles, was zu geschehen scheint, möglicherweise eine Illusion ist. Dadurch entscheiden wir uns dafür, Frieden zu schließen und die Kraft dieses inneren Friedens für alle Herausforderungen zu nutzen, denen wir uns stellen. Die Kraft des Friedens finden wir, wenn wir vollkommen in der Gegenwart präsent sind; wenn wir mit Klarheit und Konzentration das Erforderliche tun und uns unserer Gefühle voll bewusst sind.

Übe diese vier Schritte, so oft du kannst. Mache sie zu einem Teil deines Bewusstseins. Sie werden dir im Alltag einen Weg in die Gegenwart bereiten.

Es ist eine gute Idee, sich die vier Schritte auf ein Kärtchen von der Größe einer Visitenkarte oder auf eine Karteikarte zu notieren, die du immer bei dir tragen oder im Auto oder zu Hause an verschiedenen Stellen anbringen kannst.

Anmerkung: *Im Epilog beschreibe ich ein praktisches Beispiel für die Anwendung dieser vier Schritte anhand der Heilung der Ereignisse vom 11. September 2001. Wenn du mehr* über *diesen Prozess wissen möchtest, solltest du dieses Kapitel durchlesen.*

23: DAS GÖTTLICHE IM ANDEREN SEHEN

Wenn du erkennst, dass eine Situation zwischen dir und einer anderen Person eine Gelegenheit zur Heilung für dich ist, dann kannst du diese Heilerfahrung herbeiführen, indem du vollkommen in den gegenwärtigen Moment gehst. Anstatt deine Energie in der Vergangenheit oder in der Zukunft zu belassen, kannst du deine Energie in die Gegenwart bringen, indem du dir die betreffende Person anschaust und Christus in ihr siehst.

In diesem Zusammenhang meint das Wort „Christus" den Teil der Person, der das Göttliche repräsentiert und mit dir und dem Göttlichen vereint ist. Wenn du dies tust, wirst du mit der Person eins und erkennst in diesem Moment gleichzeitig Christus in dir selbst. Wenn du die Geistesgegenwart besitzt, dies zu tun, wirst du die Situation schlagartig transformieren.

Wenn wir wirklich mit einer anderen Person eins werden, transzendieren wir das Ego, dessen ganze Existenz auf Trennung basiert. Ohne Trennung besteht für uns keine Notwendigkeit, jemanden zu attackieren oder uns zu verteidigen. Im Augenblick der Vereinigung erhöhen wir unsere Schwingung, lassen alle Verteidigungsmechanismen fallen und werden zu unserem wahren Selbst. Gleichzeitig lassen wir unsere Projektionen fallen und sehen den anderen als „Kind Gottes" – in jeder Hinsicht vollkommen. Dies ist Radikale Vergebung.

Das Göttliche in uns selbst sehen

Wir dürfen die Augen nicht davor verschließen, dass der Mechanismus der Projektion nicht nur ein Teil unserer Schattenseite ist. Wir projizieren ebenso die Dinge, die wir an uns mögen, aber uns nur schwer eingestehen können, auf unsere Mitmenschen. Wir sehen daher in diesen Menschen auch unsere eigene innere Schönheit, unsere kreativen Talente, unsere Intelligenz und so weiter.

Positive Reflexion

Dies ist eine Übung, die von Arnold Patent entwickelt wurde. Sie hat eine starke Wirkung. Als Erstes erfordert sie, alles Schöne an einer Person zu sehen, und dann, diese Eigenschaften als unsere eigenen zu begreifen. Dies bringt uns mit unserem inneren Wesen in Verbindung, mit dem „Christus" in uns, und gestattet uns, wirklich zu sehen, wer wir sind. Die Übung wird gewöhnlich in einer Gruppe durchgeführt, doch man kann sie ebenso gut zu zweit ausführen. Sie ähnelt der Übung, das Göttliche im anderen zu sehen – mit dem Unterschied, dass man sie, statt in Stille, in ausgesprochener Form und mit Augenkontakt vollzieht.

Person A sagt Person B mit offenem Herzen: „Die schönen, wundervollen Eigenschaften, die ich in dir sehe, und die du mir zurückspiegelst, sind ..." Person A zählt dann Person B all die Eigenschaften auf, die sie in ihr sieht. Person B hört zu und antwortet, indem sie sagt: „Danke." Anschließend wird die Übung mit umgekehrten Rollen wiederholt.

24: VERGEBUNG MIT DREI BRIEFEN

In dieser Übung geht es um das Schreiben von drei Briefen an die Person, von der du das Gefühl hast, dass sie dich schlecht behandelt oder verletzt hat. Sie funktioniert am besten, wenn du ein Thema wählst, das dich wirklich aufgeregt oder in der Vergangenheit aufgeregt hast.

Im ersten Brief machst du deinem Ärger und deiner Wut Luft. Halte nichts zurück. Du kannst Rache schwören und die übelsten Drohungen ausdrücken, wenn du dich danach besser fühlst. Schreibe so lange, bis du nichts mehr zu sagen hast. Vielleicht musst du beim Verfassen dieses Briefes weinen – Tränen der Wut, der Trauer, des Grolls oder der Verletztheit. Lasse sie fließen. Lege dir genügend Taschentücher bereit. Wenn du wütend bist, schreie in ein Kissen oder tobe dich sportlich aus, um deine Wut zu spüren. *Schick diesen Brief auf keinen Fall ab!*

Am nächsten Tag schreibst du einen weiteren Brief. Dieser Brief sollte etwas weniger von Wut und Rache geprägt sein – obwohl du die Person, die dich wütend macht, noch nicht freisprechen kannst von dem, wovon du glaubst, dass sie es dir angetan hat. Jedoch solltest du schon in der Lage sein sein, Mitgefühl, Verständnis und Großzügigkeit walten zu lassen und die Möglichkeit in Betracht zu ziehen, zu verzeihen. *Auch diesen Brief schicke nicht ab.*

Am folgenden Tag schreibe einen dritten Brief. In diesem Brief versuchst du eine neue Interpretation der Situation, die auf den Prinzipien der Radikalen Vergebung basiert. Nimm dir das Arbeitsblatt zur Radikalen Vergebung zur Hand und mache es zu diesem Thema. Dies wird dir Anhaltspunkte geben. Gebrauche dann jedoch deine eigenen Worte, und drücke dich so aus, wie es sich für dich stimmig anfühlt. (Siehe Kapitel 20.) Vielleicht fällt es dir anfangs noch etwas schwer, doch gib nicht auf. Denke daran, dass du vielleicht erst einmal eine Weile so tun musst, als ob, bevor es dir wirklich gelingt.

Keiner dieser Briefe wird jemals abgeschickt. Es ist weder notwendig noch wünschenswert, sie zu versenden. Sie sind dazu da, *deine* Energie zu verändern, nicht die des Empfängers. Das Ziel ist, deinen Gefühlen Luft zu machen, statt sie einmal mehr auf die andere Person zu projizieren. Den wütenden Brief zu schicken, würde überhaupt nichts bringen. Im Gegenteil, es würde den Kreislauf von Angriff und Verteidigung weiter fortsetzen und dich noch tiefer in das Drama hineinziehen. Vergiss nicht, dass sich die Energie der anderen Person automatisch ändert, wenn du deine Energie in Richtung Radikaler Vergebung verschiebst.

Du kannst die Briefe aufbewahren, um sie sich später noch einmal anzuschauen, oder du benutzt sie für ein Vergebungsritual. Ich ziehe es vor, das Feuerritual zu benutzen, um die Energie zu transformieren. Etwas Kraftvolles geschieht, wenn du siehst, wie deine Worte zu Asche zerfallen und in Rauch aufgehen und deine Energie sich dabei transformiert.

25: VERGEBUNGSRITUALE

Die Kraft von Ritualen wird in unserer heutigen Gesellschaft unterschätzt. Wenn wir einen beliebigen Vorgang ritualisieren, machen wir ihn zu etwas Geheiligtem, und damit spricht ein Ritual direkt unsere Seele an. Rituale können sehr einfach, aber auch sehr komplex sein. Es kommt allerdings weniger auf die Komplexität als auf die Hingabe an, die du für das Ritual entwickelst. Das Ritual lädt das Göttliche ein, am menschlichen Bereich Anteil zu nehmen, und ist als solches eine andere Form des Gebets.

Wenn wir ein Ritual selbst gestalten, wird es umso wirksamer. Sei kreativ bei der Gestaltung deines eigenen Rituals. Hier sind einige Anhaltspunkte und Ideen:

Ritual mit Feuer

Feuer war schon immer ein Element der Transformation und der Alchemie. Immer wenn wir etwas dem Feuer opfern, bekommen wir Zugang zu einer Urform des Glaubens an die transformierende Kraft des Feuers. Die rituelle Verbrennung eines Arbeitsblattes zur Radikalen Vergebung oder der drei Briefe kann ein Gefühl von Vollendung und Transformation geben. Gestalte die Verbrennung als kleine, hingebungsvolle Zeremonie. Sprich ein Gebet, während der Brief oder das Arbeitsblatt verbrennt.

Das Verbrennen von aromatischen Hölzern, Salbei, duftendem Mariengras, Weihrauch oder anderem Räucherwerk verstärkt jedes Ritual und verleiht einer Vergebungszeremonie eine besondere Note. Der Rauch von Salbei und duftendem Mariengras dient überdies zur Reinigung deiner Aura und beseitigt so unerwünschte Energien aus deinem Energiefeld.

Ritual mit Wasser

Wasser besitzt heilende und reinigende Eigenschaften, und Wasser hat die Fähigkeit, Dinge zu heiligen. Rituelle Waschungen, Eintauchen und Schwimmenlassen können sehr wirkungsvoll eingesetzt werden. Statt beispielsweise einen der Vergebungsbriefe zu verbrennen, kann man ihn zu einem kleinen Boot falten und ihn auf einem schnell fließenden Bächlein davontreiben lassen.

Sei kreativ mit deinen Ritualen und mache sie zu etwas Besonderem! Erinnere dich an die Geschichte der an Gehirnkrebs erkrankten Jane. Sie verstaute einen Karton mit allem, was mit dem Mann in Verbindung stand, der ihr das Herz gebrochen hatte, auf dem Dachboden. Ich bat sie, den Karton vom Dachboden zu holen und ihn in die Therapiesitzung mitzubringen. Leider verstarb sie, bevor sie noch einmal zu mir kommen konnte. Ansonsten hätten wir uns jeden Gegenstand in dem Karton noch einmal genau angeschaut und herausgefunden, was er für sie bedeutet. Dann hätten wir jeden Gegenstand nacheinander in einem Ritual, das für sie eine Bedeutung hat, geklärt. Dieser Prozess hätte ein hohes Maß an unterdrückter Energie freigesetzt.

26: VERGEBUNG MIT KUNST

Kunst kann eine höchst wirkungsvolle Hilfe bei der Vergebung und emotionalen Lösung sein. Eine der dramatischsten Heilungen durch Kunst, die ich jemals erleben durfte, geschah während eines Seminars, das wir in England gaben. Eine der Teilnehmerinnen war eine junge Frau mit multipler Sklerose. Ihr Körper war schwach und zerstört, ihre Stimme kaum hörbar. Ihr Hals-Chakra war so gut wie geschlossen. Sie war verheiratet und hatte zwei Kinder, doch ihre Ehe war praktisch nicht mehr existent, und sie fühlte sich gefangen, hilflos und hoffnungslos.

An einem Punkt während der Kunsttherapiesitzung in der Gruppe begann sie, auf eine sehr ungewöhnliche Weise zu zeichnen. Sie konnte nicht sprechen, zeichnete jedoch unaufhörlich. Es war schwer zu sagen, was sie zeichnete. Doch es wurde allmählich immer klarer, dass sie das Medium des Zeichnens verwendete, um in ihre Kindheit zurückzugehen und alte Schmerzen zu lösen.

Meine Frau und ich saßen mit ihr zusammen, als sie Stunde um Stunde zeichnete. Ihre Zeichnungen wurden immer kindlicher. Zusätzlich zu ihren Bildern kritzelte sie gelegentlich Ausdrücke wie „böses Mädchen“ oder „Gott liebt mich nicht“ sowie andere Worte, die tiefe Scham, Schuld und Angst ausdrückten. Schließlich machte sie eine grobe Kreidezeichnung von etwas, an das sie sich später als Vergewaltigung als Kind durch einen Onkel erinnerte. In dieser kathartischen Loslösung konnte sie in Form von Zeichnungen zum Ausdruck bringen, was sie in Worten und Tönen nicht hatte artikulieren können. Ihr Hals-Chakra hatte sich wegen etwas geschlossen, das sie mit ihrem Mund zu tun gezwungen worden war. (Ihr Onkel zwang sie, Oralsex mit ihm zu machen.) Plötzlich wurde der künstlerische Ausdruck zu einem Ventil für Erinnerungen und Gefühle, die sie viele Jahre lang unterdrückt hatte. Diese Erinnerungen und Gefühle waren für ihre Krankheit verantwortlich.

Um diese Frau in ihrer Katharsis zu unterstützen, ging meine Frau an das andere Ende des großen Raums, in dem wir das Seminar abhielten. Dann baten wir die Frau, ihre Stimme zu erheben, um meiner Frau zu sagen, dass sie *ein gutes Mädchen* sei und dass *Gott sie liebt*. Ich hielt sie an, dies mehrmals zu sagen, und dabei immer lauter zu sprechen, bis sie aus vollem Hals schrie. Nachdem sie etwa zwanzig Mal hintereinander: „Gott liebt mich!", geschrien hatte, hielt sie inne. Sie schaute mich an und bestätigte noch einmal: „Gott liebt mich wirklich, stimmt's?" Diesen heilenden Moment werde ich nie wieder vergessen.

Drei Monate, nachdem wir aus England zurückgekehrt waren, erhielten wir einen Brief von ihr, in dem sie uns mitteilte, sie habe ihren Mann verlassen, sei umgezogen und habe eine neue Arbeit gefunden. Sie hatte ihre Stimme wiedergefunden und war in der Lage zu fragen, wenn sie etwas wollte. Sie war dabei, herauszufinden, dass sie nicht nur die Fähigkeit hatte zu fragen, sondern auch die Fähigkeit, anzunehmen. Sie gründete sogar eine Selbsthilfegruppe für Leute mit multipler Sklerose und machte mit ihnen Kunsttherapie. Von Tag zu Tag fand sie mehr zu ihrer Kraft zurück, und nach drei Jahren hörten wir wieder von ihr und freuten uns über ihre ständig stärker werdende innere Kraft.

Wenn du dich nicht gern in Worten ausdrückst und nicht gern Dinge niederschreibst, versuche es mit Zeichnen. Du wirst staunen, was passieren kann, wenn du dich auf diese Weise äußerst. Besorge dir schwarzes und weißes Zeichenpapier in einer guten

Größe und einige farbige Pastell- und Ölkreiden. (Pastellkreiden lassen sich sehr gut auf schwarzem Papier verwenden.)

Denke daran, dass diese Übung keinerlei künstlerisches Talent braucht. Es geht nicht darum, hübsche Bilder zu malen. Wenn du voller Wut und Ärger bist, werden deine Bilder wahrscheinlich alles andere als hübsch sein. Es geht darum, Gefühle und Gedanken aufs Papier zu bringen.

Fange völlig frei von Erwartungen und vorgefertigten Ideen an. Vielleicht möchtest das Göttliche oder deine geistigen Begleiter um Hilfe bitten, durch den Prozess des Zeichnens und Malens all das zu lösen, was der Lösung bedarf. Fange dann einfach an. Was auch immer kommt, lasse es zu. Beurteile es nicht. Lasse dich einfach von deinem inneren Fluss leiten. Tue dies wie eine Meditation. Wenn du eine Geschichte erzählen willst, dann tue es. Wenn du einfach nur Farben benutzen willst, tue es. Tue, was immer dir in den Sinn kommt.

Um Kunsttherapie als Mittel zur Radikalen Vergebung einzusetzen, gehe so ähnlich vor wie beim Schreiben der drei Briefe. Mache eine Reihe von Zeichnungen, um deine Gefühle zu äußern bei dem Gedanken daran, was eine bestimmte Person dir angeblich angetan hat. Diese Bilder bringen deine Wut, deine Angst, deinen Schmerz und deine Trauer zum Ausdruck. Dann nimm eine andere, eher von Mitgefühl und Verständnis geprägte Haltung ein und zeichne etwas, was dieser Einstellung entspricht. Eine dritte Serie bringt das Gefühl der Radikalen Vergebung zum Ausdruck. Vielleicht läßt du dir zwischen den einzelnen Phasen etwas Zeit, oder du führst alle in einer Sitzung aus. Stelle jedoch sicher, dass du, wenn du diese Form von Kunsttherapie beginnst, alle drei Phasen durchläufst – selbst, wenn du insgesamt nicht mehr als drei Bilder malst. Wenn du nur das erste fertig bekommst, könntest du beispielsweise in deiner Wut gefangen bleiben.

Wenn du ein Bild fertig hast, hänge es an die Wand. Hänge die Bilder in der Reihenfolge auf, in der du sie fertiggestellt hast, und erzeuge so eine vertikale oder horizontale Bilderfolge. Wenn du die Bilder vertikal anordnest, fange an der untersten Stelle mit den wütendsten Bildern an, und ende mit den Bildern der Radikalen Vergebung ganz oben. Wenn du sie auf diese Weise anordnest, wirst du erstaunt sein über den Fortschritt und die Veränderungen in der Qualität der zum Ausdruck gebrachten Energie in jedem einzelnen Bild.

Gib jeder Zeichnung einen Titel, und datiere sie. Verbringe etwas Zeit mit deinen Bildern. Lasse sie zu Ihnen „sprechen". Jedes der Bilder ist mit bestimmten Gedanken verbunden. Wenn du später die Bilder anschaust, mache dich von diesen Gedanken frei und suche in den Bildern nach anderen, wichtigen Dingen. Bitte jemanden, dem du vertraust, die Bilder für dich zu interpretieren. Vielleicht sehen andere Dinge, die du selbst in dem Bild nicht sehen kannst. Frage sie nach ihrer Meinung: „Was wäre, wenn dies dein Bild wäre? Was würdest Du darin sehen?" Wenn das, was andere sehen, in dir eine Resonanz findet, ist dies gut. Wenn es dir nicht einleuchtend erscheint, ist es auch gut. Andere sehen die Bilder mit ihrem eigenen Unterbewusstsein, nicht mit deinem. Aber du wirst feststellen, dass die Beobachtungen anderer dir völlig neue Betrachtungsweisen deiner Zeichnungen eröffnen, was dir neue Einsichten ermöglicht.

27: SATORI-ATEMARBEIT

Unterdrückte und verdrängte Gefühle haben sowohl körperlich als auch geistig eine toxische Wirkung. Die Lösung dieser Gefühle ist der erste Schritt im Prozess der Radikalen Vergebung. Wir können festgehaltene Gefühle am schnellsten und effektivsten lösen, indem wir einen Prozess durchlaufen, den wir Satori-Atmung nennen. (Satori ist Japanisch und bedeutet „Einsicht" oder „Erwachen".)

Satori-Atemarbeit wird gewöhnlich ausgeübt, indem man sich flach auf den Rücken legt und mit vollem Bewusstsein eine kreisförmige Atmung beginnt, Das sogenannte verbundene Atmen. Atme bewusst so, dass es keine Pause zwischen Einatmen und Ausatmen gibt. Während des Prozesses wird unterstützende, sorgfältig ausgewählte Musik gespielt.

Man atmet zwischen 40 und 60 Minuten durch den geöffneten Mund oder durch die Nase, manchmal lang und tief in den Bauch und manchmal schnell und flach in den oberen Brustbereich. Dies versorgt den Körper mit Sauerstoff, sodass er unterdrückte Gefühle aus den Zellen entlässt, die sich als Energiepartikel dort abgelagert haben. Wenn diese Energiepartikel freigesetzt werden, wird sich die Person häufig dieser alten Gefühle bewusst.

Die Gefühle können als reines Gefühl, wie Traurigkeit, Wut oder Verzweiflung, gespürt werden, unabhängig von jeglichen assoziierten Erinnerungen. Auf der anderen Seite kann auch ein Ereignis, ein Gedanke, eine Assoziation oder ein Missverständnis, das ursprünglich zum Gefühl und zu seiner Unterdrückung führte, deutlich bewusst werden. Möglicherweise kommt es auch in symbolischer Form an die Oberfläche oder als Metapher. Es kann aber auch zu gar keiner bewussten Erinnerung an irgendetwas kommen. Für jede Person und in jeder Atemsitzung ist das Erlebnis anders und völlig unvorhersagbar.

Wenn Gefühle hochkommen, atmet die Person *durch sie hindurch,* was ihr gestattet, sie nicht nur vollständig zu fühlen, sondern sie auch loszulassen. Wir hören oft auf zu atmen, wenn wir ein eine Emotion in Schach halten wollen. Bewusst zu atmen, erlaubt uns daher, sie zu fühlen und loszulassen. In einigen Fällen drückt die Person sie verbal und kinästhetisch während des Atmens aus. Gleichgültig, wie die Gefühle freigesetzt werden – am Ende des Prozesses bleibt doch mit großer Gewissheit ein Gefühl tiefer Ruhe und inneren Friedens.

Diese einfache Technik bietet unglaubliche und langanhaltende Heilungswirkungen. Ich empfehle diese Methode des Atmens allen, denen es ernst damit ist, wieder Zugang zu unterdrückten und verdrängten Gefühlen zu bekommen und diese zu transformieren.

Die Auswirkungen der Satori-Atmung sind so tiefgreifend, weil sie sich vollständig innerhalb der Person vollziehen, ohne Eingriff, Steuerung oder Manipulation durch den Therapeuten oder Begleiter. Der Begleiter ist lediglich da, um die Sicherheit zu geben, dass man ungestört ist, und um den Atmenden auf seinem Weg durch seine Gefühle – welcher gelegentlich beängstigend sein kann – zu unterstützen, statt sie wieder zu unterdrücken. Aus diesem Grund ist es nicht zu empfehlen, dabei allein zu sein.

Bewusstes, verbundenes Atmen wird auch *Rebirthing* genannt, weil in Studien herausgefunden wurde, dass diese Atemarbeit uns Zugang zu Erinnerungen und Gefühle gibt, die in unseren Zellen zu einem frühen Zeitpunkt, möglicherweise sogar vor der Geburt im embryonalen Zustand, während des Geburtsvorgangs oder kurz nach der Geburt entstanden. Die Geburt ist unser erstes großes Trauma im Leben, und wir formen während dieses Erlebnisses tiefsitzende Vorstellungen über Kampf, Einsamkeit, Sicherheit und Geborgenheit. Diese Vorstellungen werden häufig zu Überzeugungen, die unser Leben wesentlich bestimmen. Wenn man die Geburt wieder erlebt und die Traumata und Überzeugungen löst, die damals geformt wurden, kann sich das Leben tiefgreifend verändern.

Ein weiterer Nutzen der Satori-Atemarbeit besteht darin, dass sie neue Energiemuster in unsere existierenden Energiefelder eingliedert und unsere feinstofflichen Körper entsprechend neu ordnet. Wenn wir unsere Wahrnehmung verändern, eine Einsicht haben oder alte emotionale Muster lösen, kann die Atemarbeit dies in die Datenbank unseres Körpers integrieren. Um die Computeranalogie noch weiterzuführen: Es ist, als funktioniere die Atemarbeit als eine Art Speichervorgang, bei dem die Daten, die gegenwärtig in einem Kurzzeitspeicher abgespeichert sind, auf die Festplatte zur dauerhaften Archivierung geladen werden.

Dies erklärt auch, warum Satori-Atemarbeit innerhalb des Prozesses der Radikalen Vergebung eine so wichtige Rolle spielt – nicht nur zu Beginn des Prozesses zum Zweck der emotionalen Lösung, sondern auch anschließend, wenn unsere Überzeugungen sich ändern und die daraus folgenden Veränderungen in unsere Energiefelder eingegliedert werden müssen. Der Integrationsprozess verankert die Veränderung in unserem Körper und bewahrt uns davor, in alte Muster zurückzufallen.

Ich empfehle, innerhalb eines Jahres zwischen zehn und zwanzig begleitete Atemsitzungen durchzuführen. Danach kann man diese Form des Atmens wahrscheinlich auch allein durchführen.

28: EIN RADIKALER LÖSUNGSBRIEF

Der Lösungsbrief ist die Variation eines Briefs, den mir die Hypnose- und Geist-Körper-Therapeutin Dr. Sharon Forrest von der Forrest Foundation – einer gemeinnützigen Stiftung in Mexiko, die sich alternativen holistischen Heilweisen verschrieben hat – zeigte.

Der Lösungsbrief erklärt deinem Höheren Selbst und jedem Bestandteil deines Wesens, dass du die volle Erlaubnis erteilst, alle Aspekte von Unversöhnlichkeit, die noch in irgendeiner Situation deines Lebens übrig sein sollten, liebevoll loszulassen.

Er dient darüber hinaus als Instrument, um sich selbst zu vergeben. Denn er erkennt an, dass du dir deine Lebenserfahrungen als einen Weg geschaffen hast, zu lernen und zu wachsen.

Unter **www.tipping-methode.de** kannst du diesen Brief an dein Höheres Selbst herunterladen, sodass du ihn jederzeit für dich nutzen kannst.

Um den Lösungsbrief zu verwenden, fülle die leeren Stellen aus, lasse es dir, falls möglich, von jemandem bezeugen und verbrenne ihn dann in einer rituellen Weise.

Anmerkung: *Diese Übung eignet sich auch sehr gut nach dem Prozess der drei Briefe, um diese abzurunden und auf allen Ebenen zu integrieren.*

Lösungsbrief

Datum: ____________________ Name: ____

Liebes Höhere Selbst,

Ich, ________________, gewähre hiermit Dir, meinem Höheren Selbst, meiner Seele, meinem höheren Bewusstsein, meiner DNA, meinem zellulären Gedächtnis und allen Teilen von mir, die an der Unversöhnlichkeit aus welchem Grund auch immer festhalten wollen, die Erlaubnis, alle Missverständnisse, unbegründeten Überzeugungen, Fehlinterpretationen und fehlgeleiteten Gefühle, wo immer sie sitzen mögen, in meinem Körper, meinem Unbewussten, meiner DNS, meinem Bewusstsein, meinem Unterbewusstsein, meinen Chakren oder in meiner Seele, zu lösen, und ich bitte alle, die mir das Beste wünschen, mich in diesem Lösungsprozess zu unterstützen.

Ich, ________________, danke Dir, meiner Seele, dafür, dass Du mir die Erfahrungen geschenkt hast, die meine Unversöhnlichkeit herbeigeführt haben, und erkenne, dass auf einer bestimmten Ebene alle meine Lehrer gewesen sind und mir Gelegenheiten geboten haben, zu lernen und zu wachsen. Ich nehme alle Erfahrungen an, ohne über sie zu urteilen, und löse sie hiermit in dem Nichts auf, aus dem sie ihren Ursprung nahmen.

Ich, ________________, vergebe hiermit ______________________________________.

Ich gebe ihn/sie frei, zu seinem/ihrem höchsten Gut und lasse ihn/sie gehen.
Ich segne und danke ihm/ihr dafür, mein Lehrer gewesen zu sein. Ich löse alle ungesunden Abhängigkeiten an diese Person und sende ihr bedingungslose Liebe und Unterstützung.

Ich, ________________, vergebe hiermit mir selbst und akzeptiere mich selbst so, wie ich bin, und liebe mich selbst bedingungslos so, wie ich bin, in all meiner Kraft und Größe.

Ich, ________________, gebe mich hiermit frei zu meinem höchsten Wohl und nehme für mich Freiheit, Erfüllung meiner Träume, Wünsche und Ziele, Klarheit, Liebe, vollständigen Ausdruck meiner Selbst, Kreativität, Gesundheit und Wohlstand in Anspruch.

Unterzeichnet: ____________________________________ Datum: ________________

Bezeugt von: ______________________________________ Datum: ________________

29: DIE ROSE DER VERGEBUNG

Wenn wir unser Herz für einen Menschen öffnen, werden wir verletzlich und laufen Gefahr, zum Ziel seiner Projektionen zu werden. Seine psychische Energie kann sich mit unserer vermischen, was unseren Energiehaushalt eventuell erheblich durcheinanderbringt.

Je mehr Workshops und Seminare ich leite, desto klarer wird mir: In vielen Fällen kommen die Probleme, die wir mit bestimmten Menschen zu haben scheinen, daher, dass diese imstande sind, in unser Energiefeld einzudringen und es zu verändern. Fast immer treten sie durch das dritte Chakra ein, in dem alle Angelegenheiten gespeichert sind, die Macht und Kontrolle betreffen. Wenn sie erst einmal drin sind, finden sie es leicht, uns zu beherrschen. Sie können nach Belieben unsere Energie abziehen oder uns ihre eigene überstülpen.

Natürlich geschieht all dies unbewusst – und hoffentlich ohne böse Absicht. Doch es kann für jemanden, der auf diese Weise manipuliert wird, sehr hinderlich sein und eine Beziehung stark belasten.

Es ist kaum verwunderlich zu erfahren, dass es häufig die Mutter ist, die sich auf diese Weise einmischt und die Kontrolle übernimmt – sogar noch aus dem Grab. Es kann auch der Vater oder der Lebensgefährte sein oder jede beliebige andere Person, die unser Leben irgendwie beeinflussen will. Doch am häufigsten ist es die Mutter.

Ebenso kann es sein, dass du besonders feinfühlig bist und die Energien der anderen übernimmst, ob bewusst oder unbewusst. In beiden Fällen kannst du die Rose als Schutz für dich nutzen, um nicht alle Energien ungefiltert in dein Energiefeld eindringen zu lassen.

Die einfachste Methode, dies bei Menschen, mit denen du in Kontakt kommst, zu stoppen oder dem vorzubeugen, besteht darin, eine Rose zwischen dir und der anderen Person zu visualisieren. Dies ist ein erstaunlich wirksamer Schutz.

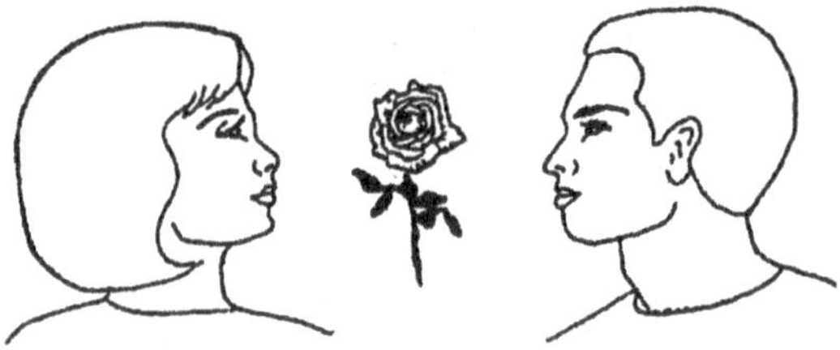

Abb. 17: Die Rose

Die Rose ist in vielen esoterischen Schriften ein Symbol für psychischen Schutz. Die Rose besitzt – warum auch immer – hohe Wirksamkeit in dieser Hinsicht. Vielleicht, weil sie das universelle Symbol für die Liebe ist. Das Visualisieren einer Rose verleiht uns Schutz vor den Projektionen anderer und bietet uns eine Möglichkeit, negative Energie von uns fernzuhalten, ohne unser Herz für die Person zu verschließen. Ich kann nicht erklären, warum die Visualisierung einer Rose in dieser Hinsicht so gut funktioniert. Tatsächlich können wir durch jegliche Art von Visualisierung einen psychischen Schutz aufbauen. Es einfach zu tun, schafft die Intention des Selbstschutzes. Die Rose wird jedoch seit Jahrhunderten zu diesem Zweck benutzt und scheint besser zu funktionieren als die meisten anderen Symbole.

Von nun an solltest du immer dann, wenn du eine Person triffst, deren Energie du nicht mit deiner vermischt haben willst, eine Rose am Rand ihrer Aura visualisieren – oder auf halbem Weg zwischen dir selbst und der anderen Person. Versuche zu spüren, wie du dich dadurch in der Gegenwart der Person anders fühlst. Entwickle so ein spürbar besseres Gefühl für deinen eigenen psychischen Raum und deine Identität, während du gleichzeitig für dein Gegenüber völlig präsent bist. Du musst nicht unbedingt körperlich in der Nähe einer Person sein, um deren energetischen Einflüssen ausgesetzt zu sein. Es ist eine gute Idee, die Rose auch dann zu visualisieren, wenn ihr beispielsweise am Telefon miteinander sprecht.

Du kannst diese Visualisierung täglich einsetzen, und zu deinem psychischen Schutz die „Rose des Tages“ aufstellen. Am Abend gebe vor dem Zubettgehen alles, was im Verlauf des Tages geschehen ist, in deine Rose und lasse sie sich auflösen.

30: IM FRIEDEN MIT DEM INNEREN KIND

Unsere spirituelle Entwicklung und unser innerer Frieden hängen sehr davon ab, inwieweit es uns gelingt, unsere schlimmste Abhängigkeit zu überwinden: die Abhängigkeit vom Opfer-Archetyp, der uns in der Vergangenheit gefangen hält und uns die Lebensnergie raubt. Unser inneres Kind ist oft eine Metapher für unsere Verletztheit und eine verharmlosende Form von Opferbewusstsein. Wenn wir unser Opferbewusstsein in Babykleidung hüllen, wird es dadurch jedoch keineswegs akzeptabler. Uns auf unser inneres Kind zu berufen, kann eine weitere Form von Abhängigkeit sein.

Bitte verstehe mich nicht falsch. Ich spreche nicht von dem verspielten, kreativen und lebensbejahenden inneren Kind, wie es beispielsweise von Richard Bach* beschrieben wird. Noch spreche ich von dem Teil in uns, der uns aufsucht, um uns zu inspirieren und aufzuwecken. Ich spreche von dem jammernden kleinen Quengler, der irgendwo im Hinterstübchen unseres Bewusstseins wohnt – dem unglücklichen Opfer, das unweigerlich andere für sein Unglück verantwortlich macht. Dieser Version des inneren Kindes haben wir leider in einigen Workshops in den achtziger Jahren zu viel gefrönt.

Für unsere spirituelle Entwicklung und unsere Lösung vom Opfer-Archetyp müssen wir diesen ungesunden Teil in uns befrieden und sein Potenzial auf neue und kreative Weise nutzen.

---

* Richard Bach, **Running From Safety**, 1995 dt. **Heimkehr. Ein Abenteuer des Geistes**, 1995

Ich lade dich hier zu einer Übung ein, bei der du die Gelegenheit hast, dein inneres Kind aus dem Opferstatus zu entlassen, noch einmal zu betrauern, was es vermisst hat, und zu erkennen, dass du jetzt die Möglichkeit hast, dich eigenverantwortlich um all das zu kümmern.

Radikale Vergebung befreit dich von der Notwendigkeit, an deinen Wunden festzuhalten. Also kannst du dir erlauben, auch dein inneres Kind in eine neue Kraft zu führen.

Solange du an alten Wunden festhältst, ist Radikale Vergebung unmöglich. Wenn du am Opfersein deines inneren Kindes festhältst, behindert das deine Weiterentwicklung. Denn das verletzte innere Kind steht für vergangene Wunden. Wenn du in deinem Leben weitergehen willst, erkenne an, dass dein inneres Kind ebenfalls gerne weitergehen möchte. Um dein inneres Kind zu befreien, mache die folgende Meditation.

Die Meditation „Das verletzte innere Kind befreien"

Setze dich bequem hin und atme einige Male tief ein und aus. Entspanne dich mit jedem Ausatmen. Spüre, ob es noch Teile deines Körpers gibt, die angespannt sind. Lasse dort ganz bewusst los. Vertraue darauf, dass sich dein Körper während der Meditation mit jedem Atemzug noch weiter entspannen wird. Erlaube dir, vollkommen entspannt zu sein, von den Haarwurzeln bis in die Zehenspitzen.

Schaue nun nach innen und finde den Raum, in dem dein jüngeres Ich sitzt, das bereitwillig deine Schmerzen getragen hat. Finde das innere Kind, das deine Erinnerungen daran hält, wie du misshandelt, ignoriert, betrogen, allein gelassen, nicht angenommen und nicht geliebt wurdest.

Wenn du in diesem Raum dieser kleinen Person begegnest, lass noch einmal alles auftauchen, was dieses Kind verletzt hat, wo es das Gefühl hatte, hilflos der Situation ausgeliefert zu sein, wo es sich ohnmächtig gefühlt hat.

Erkenne auch den Preis, den es für diese Erfahrungen bezahlt hat. Spüre die freudlose Atmosphäre in diesem Raum. Wenn du dir das innere Kind anschaust, siehst du, wie traurig es ist, eingeschlossen in diesem Raum mit all seinem Schmerz, festgefahren in seinem Opferbewusstsein.

Du spürst, dass es Zeit für einen Wandel ist, und gehst quer durch den Raum, öffnest die Fenster und lässt das Licht herein. Die Sonne scheint in den Raum und die schmerzhaften Erinnerungen verblassen langsam. Schau dir die kleine Person an, die all die Jahre in diesem Raum lebte und all diese Erfahrungen gemacht hat. Schau dir dein jüngeres Ich an und frage es:

„Was hättest du damals gebraucht?"

„Bist du bereit, das jetzt von mir anzunehmen?"

Halte es, sei mit ihm, schenke ihm, was immer es jetzt braucht.

Nimm dir Zeit dafür. Schenke ihm deine Liebe.

Danke ihm, dass es all die Schmerzen und all das Schwere getragen hat und sage ihm, dass dies jetzt nicht mehr notwendig ist.

Sieh, wie die kleine Person lächelt und immer fröhlicher wird. Sieh, wie glücklich sie ist, endlich aus diesen Erfahrungen aussteigen zu können.

„Kann ich jetzt gehen?", fragt das Kind.

„Wo willst du denn hin?", fragst du zurück.

„Ich kann gehen, wohin ich will. Ich hätte schon vor Jahren gehen sollen. Aber ich habe darauf gewartet, dass du mich von dieser Arbeit entlässt."

Plötzlich bemerkst du, dass diese junge Person sich auf einmal direkt vor deinen Augen verwandelt. Ihre Traurigkeit und Ohnmacht haben einem inneren Frieden Platz gemacht. „Danke, dass du mich gehen lässt", flüstert sie.

Du sagst: „Es tut mir leid, dass es so lange gedauert hat, etwas Licht in diesen Raum zu bringen. Es tut mir leid, dass ich dich zurückgehalten habe."

„Das ist schon in Ordnung", antwortet die kleine Person leise. „Es macht wirklich nichts. Zeit ist ohnehin nur eine Illusion. Mach's gut!"

Mit diesen Worten macht sie sich auf den Weg in ihre neue Freiheit – ein friedliches und gelassenes Lächeln im Gesicht.

Auf ihrem neuen Weg sieht sie, dass alle Menschen, die jemals in ihrem Leben waren, ihr Respekt zollen. Sie kann sehen, dass alle vergangenen Verletzungen ihres Lebens ihr gedient haben, dass sie dadurch reifer und weiser geworden ist. Auch sie kann jetzt diesen Menschen ihre Wertschätzung und ihren Dank schenken, sich dafür bedanken, dass sie Engel der Heilung für sie waren. Liebe ist überall und sie fühlt eine neue Freiheit und Liebe in sich aufsteigen.

Sie geht zu einem rasch fließenden Bach, wäscht sich die Hände, das Gesicht und sieht ihr Spiegelbild auf der Wasseroberfläche. Sie fühlt das reinigende Wasser des Baches durch ihr ganzes Wesen fließen. All der Staub und Müll des Raums, in dem sie einst gewohnt hat, werden fortgewaschen.

Du bedankst dich noch einmal bei ihr und erkennst, dass es sich jetzt mit dem lichten, freudvollen Teil des inneren Kindes integriert hat. Alles ist eins!

Lausche nun dem Wasser, das über die Steine rinnt. Sieh, wie die Sonne auf dem Wasser funkelt, und fühle die Wärme der Sonne auf deinem Körper. Achte auf all das Grün um dich herum und die vielen bunten Blumen. Alles ist gut!

Nimm nochmals einige tiefe Atemzüge und wann immer du bereit bist, öffne wieder deine Augen.

*(**Anmerkung:** Diese Meditation kannst du auch für dich aufnehmen und hören oder sie dir vorlesen lassen. Dadurch kann sie noch kraftvoller werden.)*

Ohne das verwundete innere Kind zu leben, wird sich für eine Weile etwas seltsam anfühlen. Doch du wirst auch einige positive Veränderungen spüren. Du wirst dich leichter fühlen, weniger belastet, mehr im Augenblick. Deine Lebensenergie wird sich verstärken und du kannst die freigewordene Energie nutzen, die vorher nötig war, um an den Wunden des inneren Kindes festzuhalten.

Mache dich darauf gefasst, dass du mit guten Freunden, mit denen du in der Vergangenheit Zeit verbracht hast, um euch über eure Wunden auszutauschen, möglicherweise Probleme bekommen wirst. Sie werden diese Veränderungen in dir vielleicht nicht schätzen, denn sie werden sehen, dass du deinen alten Verletzungen nun keine Nahrung mehr gibst. Da diese Freunde weiterhin ihre Wunden pflegen, fühlen sie sich in deiner Gegenwart möglicherweise nicht wohl. Vielleicht haben sie sogar den Eindruck, du hättest sie verraten. Wenn du einer Selbsthilfegruppe angehörst, die auf dem Austausch über Wunden basiert, wie etwa die Adult Children of Alcoholics (Erwachsene Kinder von Alkoholikern) oder einer anderen Selbsthilfegruppe, sei darauf gefasst, dass du dich möglicherweise von dieser Gruppe trennen wirst. Du wirst erkennen, dass die Teilnahme an der Gruppe für dich immer weniger notwendig wird, da du jetzt eine andere Sichtweise auf deine Vergangenheit hast und dein Leben nicht mehr vom Opfersein bestimmt wird. Stehe zu deiner neu gewonnenen Freiheit und nimm es nicht persönlich, wenn sich andere von dir fernhalten oder von Verrat sprechen. Vielleicht werden sie irgendwann wiederkommen und daran interessiert sein, wie auch sie ihre Sichtweise verändern können. Und ansonsten öffne dich für neue Menschen in deinem Leben die dir guttun und dich auf deinem neuen Weg unterstützen.

EPILOG 11. SEPTEMBER

Als ich im November 1997 die erste Auflage dieses Buches druckfertig machte, passierte der tödliche Unfall von Prinzessin Diana. Ich verschob die Drucklegung und nahm mir die Zeit, einen Epilog zu schreiben. Ich versuchte, dem scheinbar tragischen Ereignis eine Perspektive der Radikalen Vergebung zu geben. Im Jahr 2001 – am 20. August, kurz bevor ich auf eine weltweite Vortragstour aufbrach – stellte ich das Manuskript zur zweiten Auflage fertig und hatte die feste Absicht, es sofort nach meiner Rückkehr in die USA Ende November zum Drucker zu schicken. Nach meiner Rückkehr hatte sich die Welt jedoch dramatisch verändert, und ich fand mich abermals in der Situation, einen neuen Epilog zu schreiben.

Ein Wort der Warnung:

Falls dieser Epilog das Erste ist, was du von diesem Buch liest, muss ich dich warnen: Das Folgende ergibt für dich möglicherweise nicht viel Sinn. Es mag sogar lächerlich oder ungehörig erscheinen. Wenn du einfach nur neugierig bist, dann kannst du ruhig weiterlesen. Doch warte mit deinem Urteil, bis du auch die vorangegangenen Kapitel gelesen hast.

Als wir die furchtbaren Nachrichten hörten, waren meine Frau und ich in Ayer's Rock (der jetzt *Uluru* heißt), mitten im Zentrum von Australien. Wir waren dort, um eine besondere Versöhnungszeremonie durchzuführen. Wie alle anderen waren auch wir von den Ereignissen völlig gelähmt und saßen fast den ganzen Tag vor dem Fernseher.

Wir wussten nicht, was wir am nächsten Tag tun sollten. Also gingen wir zurück nach *Uluru* und machten die Dreieinhalb-Meilen-Wanderung rund um die Basis des heiligen Felsens. Unsere Gruppe von 15 Leuten ging schweigend den Weg. Die Teilnehmer der Wanderung beteten gemeinsam in Stille und trugen eine Stimmung des Friedens in ihren Herzen. Gleichzeitig ließen wir jedoch auch die Gefühle von Trauer, Wut und Angst zu – Angst davor, was als Nächstes passieren könnte.

Als wir später zusammensaßen und miteinander sprachen, teilten wir diese Gefühle. Und wir stellten uns jene Frage, die sich an diesem Tag Menschen auf der ganzen Welt stellten: Warum?

Wir alle waren tief im Denken der Radikalen Vergebung verwurzelt und wussten: Diese Frage war nicht zu beantworten – zumindest nicht als Frage nach dem Sinn in einem größeren spirituellen Zusammenhang. Wir wussten: Das Warum? ist immer die Frage eines Opfers, und Frieden ist nur im Annehmen der Tatsache zu finden, dass es in dem Ganzen irgendwo eine „göttliche Vollkommenheit" geben wird.

Doch das ließ uns noch immer nicht aufhören, diese Art von Fragen zu stellen – nach irgendeinem Sinn in dem Ganzen zu suchen. Schließlich waren wir tief geschockt – wie alle anderen auf der Welt.

Als ich anschließend meine Tour durch Australien und Neuseeland fortsetzte, wurde ich ständig mit der Bitte konfrontiert, die Ereignisse vom 11. September aus einer Perspektive der Radikalen Vergebung zu interpretieren. Auch in den USA wurde ich gebeten, auf meiner Website oder in Magazinen etwas zu schreiben. Doch es fiel mir sehr schwer, darauf einzugehen. Es war noch viel zu früh.

Ich war immer der Meinung, Radikale Vergebung ist *keine Kriseninterventiоn*. Es hilft nicht, Menschen zu sagen, dass es eine göttliche Vollkommenheit in allem gibt, wenn sie Schmerzen leiden.

Dies würde bedeuten, den natürlichen Ablauf der Radikalen Vergebung zu stören. Denn die zweite und wichtigste Phase – das Zulassen der Gefühle – würde übersprungen. Außerdem wäre es in diesem Fall eine Zumutung für die Familien gewesen, die geliebte Angehörige verloren hatten und noch immer in tiefer Trauer waren. Sie brauchten unser Mitgefühl und unsere liebevolle Unterstützung, keinen spirituellen „Kick".

Ein vorschneller spiritueller „Kick" ist häufig ein unbewusster Versuch, die eigenen Gefühle zu vermeiden. Dies ist jedoch nichts anderes als eine spirituelle Vermeidungsstrategie und wenig hilfreich. Die Kraft, zu heilen und zu transformieren, liegt in unserer Fähigkeit, das Leben in seiner ganzen Fülle auf der Erfahrungsebene wahrzunehmen – nicht darin, es zu erklären. Wenn wir nur darüber reden wollen, würden wir sogar die Radikale Vergebung auf einen hilflosen Versuch reduzieren, das Unerklärliche erklärbar zu machen.

Es war in der Tat offensichtlich, dass sich im Ereignis vom 11. September (sowie in allen ähnlichen Ereignissen, die eventuell noch folgen könnten) eine große und letztlich wundervolle Gelegenheit zur Heilung und zu dramatischen Veränderungen verbarg. Ebenso offensichtlich gab das Universum uns zu verstehen, dass der göttliche Geist in der Situation deutlich wirksam und die Liebe immer gegenwärtig war und weiterhin ist.

Als ich den Epilog über Prinzessin Dianas Tod schrieb, versuchte ich, eine meiner Meinung nach vernünftige Interpretation des Ereignisses in Bezug auf ihre spirituelle Mission zu geben. Im Fall der Ereignisse vom 11. September war ich jedoch noch nicht bereit dazu. Nicht nur, dass ich es für verfrüht hielt. Ich hatte, ehrlich gesagt, auch keinerlei Erklärung, die zum jetzigen Zeitpunkt einen Sinn ergeben würde. Außerdem war Dianas Geschichte ein isoliertes Ereignis. Der 11. September war es nicht. Noch ist es nicht vorbei. Es ist ein Prozess, der sich gegenwärtig noch entfaltet.

Ich will nicht ausschließen, dass ich irgendwann – zu einem passenden Zeitpunkt – die Art von Einsicht erhalte, wie ich sie bei Dianas Geschichte erhielt. Wenn die Zeit dafür reif ist, werde ich mehr über das Thema schreiben – vielleicht sogar ein Buch. Denn ich bin sicher: Wenn der Schleier sich erst einmal gehoben hat, werden wir erkennen, dass die „Geschichte" ein ungeheuerliches Ausmaß hat und voll Bedeutung ist – möglicherweise für unser Überleben als menschliche Rasse oder sogar für das Überleben des gesamten Planeten. Ich glaube, es geht hier um nichts weniger als das.

In der Zwischenzeit jedoch werde ich nichts weiter tun, als das, was ich predige, selbst in die Tat umzusetzen. Das heißt, dass ich das Bedürfnis hinter mir lasse, alles erklären zu wollen oder eine Geschichte zu präsentieren, die mich in einem guten Licht erscheinen lässt (Ego). Stattdessen werde ich die Methoden der Radikalen Vergebung anwenden. Ich werde die vier Schritte zur Radikalen Vergebung (siehe Kapitel 22) einsetzen, um zu zeigen, wie wir durch den Gebrauch dieser Methode die Energie, die diese Situation umgibt, verändern können.

Anwendung des Prozesses der vier Schritte auf die Ereignisse vom 11. September

Der Prozess der vier Schritte ist das Werkzeug, das uns hilft, uns vom „Opferland" fernzuhalten. Wenn etwas „Schlimmes" passiert, setzen wir den Prozess sofort ein, um zu verhindern, so tief in das Drama des Geschehens verwickelt zu werden, dass wir die Wahrheit vergessen. Der Prozess ist Gegenstand von Kapitel 22. Doch ich will an dieser Stelle zusätzlich einige kurze Erläuterungen zu jedem Schritt geben – bevor ich eine Art Selbstgespräch beschreibe, in das man sich beim Durchführen der vier Schritte verwickeln kann. *(Das Selbstgespräch ist in Kursivschrift gedruckt.)*

Achte darauf, wie sich beim Durchlesen der nächsten Abschnitte deine Energie verändert. Möglicherweise wirst du es spüren, vielleicht auch nicht. Aber ich garantiere, dass du auf deine Weise zur Heilung der Welt beitragen kannst, wenn du dich entschließt, bewusst bei dem Prozess zu bleiben und auf deine Gefühle zu achten. Ich danke dir dafür, dass du dazu bereit bist.

Schritt 1: „Schau, was ich kreiert habe!"

Es ist ein spirituelles Gesetz – bestätigt durch die Quantenphysik und andere Wissenschaften –, dass das, was da draußen in der physischen Welt passiert, ein Abbild unseres Bewusstseins ist. Wenn wir uns also sagen: „Schau, was ich kreiert habe!", dann öffnen wir uns für die Möglichkeit, dass wir an der Erschaffung dessen, was geschieht, einen Anteil haben. Wir lassen zu, dass unser Tun unserer Heilung und unserem spirituellen Wachstum dient. Dies ist unser erster Schritt auf dem Weg zur Übernahme von Verantwortung für das, was in unserem Leben geschieht.

> *Schau, was ich gemacht habe! Ist es möglich, dass ich zu einem so furchtbaren Ereignis beigetragen habe? Es muss wohl so sein, denn ich glaube, dass wir alle gemeinsam an der Erzeugung unserer Realität beteiligt sind – doch dieses hier? Sicher nicht. Es wäre so viel bequemer, einfach Osama bin Laden für alles verantwortlich zu machen und keine Verantwortung für dieses schreckliche Ereignis übernehmen zu müssen. Schließlich bin ich doch kein Terrorist. Hoffe ich jedenfalls. Ich denke nicht wie ein Terrorist. Ich würde nie jemanden verletzen. Ich glaube, ich lehne das lieber alles ab und bleibe im „Opferland" – schwöre Rache, mache alles und jeden dafür verantwortlich, einschließlich Amerika. An Argumenten mangelt es wahrlich nicht. Doch das wäre sich davonstehlen ... oder? Ja, das wäre es. Und Amerika verantwortlich zu machen, ist kein Stück besser, als Osama bin Laden die Schuld zu geben. Alle lehnen ihn ab. Warum sollte ich der Einzige sein, der hier bewusst zu sein versucht? Na gut.*

Versuchen will ich es wenigstens. Ich weiß ja, dass es wahr ist. Ich habe dies erschaffen – zusammen mit allen anderen – und ich weiß, dass es dafür einen Grund geben muss. Das ändert jedoch nichts daran, dass ich mich schrecklich fühle – Angst habe, traurig und wütend bin.

Schritt 2: „Ich bemerke meine Gefühle und meine Urteile und liebe mich dennoch."

Dieser Schritt ermöglicht uns, unsere Menschlichkeit anzuerkennen und liebevoll anzunehmen. Als Menschen verbinden wir automatisch eine ganze Reihe von Beurteilungen und Meinungen mit allem, was da draußen passiert. Wenn wir dies jedoch klar erkennen, bewahren wir unser Bewusstsein und können mit unseren Gefühlen und unserem authentischen Selbst in Kontakt bleiben.

Ich bin außer mir! Wie konnte jemand so etwas tun? Religiöse Fanatiker! Abschaum! Die sind ein Grundübel der Menschheit. Wir müssen sie zur Rechenschaft ziehen – oder, besser noch, sie gleich töten. Wie um Gottes willen konnte so etwas passieren? Da werden beim CIA wohl einige Köpfe rollen. So viel steht fest. Osama bin Laden muss gefunden und getötet werden. Er ist ein wildes Tier. Was sind das nur für Urteile! Aber ich werde mich jetzt nicht selbst dafür verurteilen, selbst wenn ich es besser weiß. Im Gegenteil. Ich liebe mich dafür, dass ich ein starkes Bedürfnis nach Vergeltung habe. Das ist es, was ich fühle, und ich werde nicht so tun, als sei es anders. Nach dem, was die uns angetan haben, ist Rache wahrhaft süß. Auge um Auge. Wir kriegen euch. Ich weiß, ich lasse mich von dem oberflächlichen Drama verführen und lasse den Opfer-Archetyp die Oberhand über mich gewinnen. Aber ich bin eben auch nur ein Mensch. Ich liebe mich auch damit, dass ich Angst davor habe, was als Nächstes passieren könnte. Anthrax, Pocken, Atomwaffen ... Mir graut davor, und ich gebe zu, dass ich Angst habe. Und ich liebe mich dafür, dass ich mich schuldig fühle, dass ich alles herbeigeführt habe. Ich weiß, dass Verantwortung zu übernehmen immer auch heißt, dass das, was wir erzeugt haben, letztlich zum Guten dient. Doch ich kann nicht umhin zu denken, dass, wenn mein Bewusstsein etwas spiritueller und reiner gewesen wäre, ich diese Art von Realität niemals erzeugt hätte. Ich sollte Liebe und Licht, Frieden und Harmonie erzeugen und nicht Tod und Zerstörung.

Schritt 3: „Ich bin *bereit,* die Vollkommenheit in der Situation zu sehen."

Dies ist der Punkt, an dem wir uns die Ansicht erlauben, sogar in diesem scheinbar furchtbaren Ereignis könnte möglicherweise eine Art göttliche Vollkommenheit am Werk sein. Und dass wir sie möglicherweise sehen können, wenn wir imstande sind, das ganze Bild zu sehen. Was wir fähig sind zu sehen und zu wissen, ist nur ein winziger Bruchteil dessen, was das Ereignis insgesamt ausmacht. Unsere spirituelle Sichtweise ist noch nicht genügend entwickelt, um das ganze Bild zu sehen. Alles, was wir daher tun können, ist, wenigstens ein klein wenig offen zu sein für die Möglichkeit, dass es darin eine gewisse Vollkommenheit geben könnte. Dies ist der Kern der Radikalen Vergebung und macht die Transformation durch die Radikale Vergebung aus.

Ich möchte jedoch betonen, dass dies *nicht* etwa heißt, wir sollten nichts unternehmen, um zu verhindern, dass solche Ereignisse wiederkehren, oder wir sollten nicht dafür sorgen, dass die Verantwortlichen zur Rechenschaft gezogen werden. Wir leben in der Welt des Menschlichen, und wir müssen den Regeln des Menschseins entsprechend handeln – selbst wenn dies heißt, in den Krieg zu ziehen. Jedoch wird von uns gefordert, dass wir es mit dem Bewusstsein für das wirklich Reale tun.

Ich bin nun bereit, meinen Hass und mein Urteil gegen Osama bin Laden und alle mit ihm verbundenen Terroristen fallen zu lassen

– zumindest für den Moment – und mich für die Möglichkeit zu öffnen, dass dies alles aus einem bestimmten Grund passiert ist. Ich gestehe ein, dass ich, wenn ich imstande wäre, das ganze Bild zu sehen, wohl sehen könnte, dass in diesem Ereignis etwas Vollkommenes liegt – was nicht ausschließt, dass die Politiker alles Menschenmögliche tun müssen, um zu verhindern, dass so etwas noch einmal passiert. Sogar nach dem gegenwärtigen Stand der Dinge merke ich, dass es viele Hinweise darauf gibt, dass das, was am 11. September passiert ist, für die Menschheit von großer Bedeutung war – also hat möglicherweise der göttliche Geist dieses Ereignis auf irgendeine Weise inszeniert. Ebenso wie es das seelische Schicksal von Judas war, Jesus zu verraten, damit seine Mission erfüllt werden konnte, so kann es Osama bin Ladens Schicksal gewesen sein, die Menschheit aufzurütteln aus ihrer Abwehr und sie zu öffnen für die Wahrheit dessen, was wir wirklich sind. Vielleicht war es die seelische Bestimmung der Menschen, die im Verlauf dieses Ereignisses ihr Leben lassen mussten, auf diese Weise zu sterben, damit die Menschheit aus ihrem Traum der Trennung erwachen konnte. Schließlich konnte es keine dramatischere Demonstration des Mythos der Trennung geben als dies. Wenn dies so ist, und obwohl ich weiß, dass der Tod nicht wirklich ist, will ich immer noch diejenigen, die an diesem Tag starben, ehren und all jenen, die ihre geliebten Mitmenschen verloren haben, helfen, eine Bedeutung in dem Ganzen zu finden. Ich erinnere mich, wie Winston Churchill in einer Rede an das britische Unterhaus nach der Schlacht um England den Angehörigen der britischen Luftwaffe, die erfolgreich den Angriff der deutschen Luftwaffe im Luftraum über Südengland abgewehrt hatten, Folgendes sagte:

„Nie zuvor in der Geschichte menschlicher Konflikte haben so viele Menschen so wenigen so viel zu verdanken." Im Gedenken an die Opfer der Ereignisse vom 11. September würde ich diese Worte leicht variieren: ***„Nie zuvor im gesamten evolutionären Prozess der menschlichen Entwicklung hatten so viele Menschen***

Gelegenheit, so wenigen so viel zu verdanken. *" Und ich füge hin zu: „... solange wir wirklich unsere Lektion begreifen und tun, was wir tun müssen und können, um sicherzustellen, dass ihr Opfer nicht vergebens war." Ich spüre, wie sich meine Bereitschaft vergrößert, die Vollkommenheit darin zu sehen. Ich habe das starke Gefühl, dass diese Menschen gestorben sind, damit wir in Frieden leben können, dass wir aufwachen und uns daran erinnern, wer wir sind. Oder dass sie gestorben sind, damit wir genauer hinsehen, wie das Leben wirklich ist, und aufhören, uns etwas vorzumachen. Vielleicht sind sie gestorben, damit wir Bescheidenheit, Toleranz und Vergebung lernen oder damit wir den Trend zu unserer eigenen Zerstörung und der des Planeten umkehren. Oder sie sind gestorben, damit wir sehen, dass wir alle eins sind. Ich fühle mich jetzt anders als noch vor ein paar Minuten, als ich Osama bin Laden am liebsten selbst umgebracht hätte. Ich spüre, wie ich im Bauch etwas weicher werde und mein Herz und meine Seele öffne, in der Hoffnung, wenigstens etwas Gewissheit zu finden, dass hinter diesem Geschehen etwas Wunderbares verborgen ist und dass der göttliche Geist alles lenkt. Ich bin bereit, jetzt eine neue Wahl zu treffen.*

Schritt 4: Ich entscheide mich für die Kraft des Friedens.

Dieser Schritt ist die logische Konsequenz der drei vorangegangenen Schritte. „Frieden" meint hier die Art von Frieden, die wir fühlen, sobald wir bereit sind, uns der Vollkommenheit der Situation hinzugeben. Dies gibt uns die Art von Kraft, die wir brauchen, um in der Welt vollständig bewusst zu handeln – ganz gleich, was wir berufen sind zu tun. Sogar ein Soldat, der in sich die Kraft des Friedens trägt, wird unendlich viel effektiver bei der Ausführung seiner Pflichten sein als einer, der dies nicht hat. Ganz gleich, was wir tun, wenn wir die Kraft des Friedens in unser Tun einfließen lassen, werden wir uns im Zustand der göttlichen Gnade befinden. Von diesem Zustand aus können wir buchstäblich die Welt verändern.

Ich habe die Kraft des Friedens gewählt. Ich habe mich dafür entschieden zuzulassen, dass das Gefühl der authentischen Kraft in mir aufsteigt, das darin seinen Ursprung hat, dass – trotz aller Hinweise auf das Gegenteil – alles in göttlicher Ordnung ist. Ich lasse mein Bedürfnis fallen, andere zu beschuldigen und anzuklagen. Insbesondere lasse ich mein früheres Bedürfnis fallen, Osama bin Laden für unser aller Elend und Schmerz verantwortlich zu machen. Frieden kommt aus dem Wissen, dass es im großen Zusammenhang kein Richtig und kein Falsch gibt. Selbst dort, wo ich in der Welt des Menschlichen zwischen richtig und falsch unterscheiden muss, werde ich nun wahrscheinlich weniger häufig hart und ohne Mitgefühl urteilen, weil ich nun die Wahrheit erkenne. Wir alle sind spirituelle Wesen, die sich dafür entschieden haben, eine menschliche Erfahrung zu machen, und wir tun alle das Beste, was wir können, um unser spirituelles Ziel zu erfüllen. Ich fühle die Liebe, die in dieser Situation fließt, und spüre jetzt in meinem Herzen den Frieden.

Dies ist das Ende des Prozesses. Er dauert nur einige Minuten wenn man sich in einer meditativen Stimmung befindet, vielleicht auch ein oder zwei Stunden. Ganz gleich, wie lange es dauert, der Effekt wird spürbar sein und in der Welt seine Auswirkungen haben. Schließlich handelt es sich um eine Form von Gebet, und Gebete werden immer erhört.

Aus diesem Grund empfehle ich dir, die Gebete fortzusetzen, indem du Arbeitsblätter zu Ereignissen in der Welt, die starke Gefühle in dir hervorrufen, auszufüllen.

Die Kraft des Gebets ist seit unerdenklichen Zeiten bekannt, doch erst vor kurzem hat die wissenschaftliche Forschung gezeigt, worin die Kraft des Gebets wirklich besteht. Sie liegt nicht in den gesprochenen Worten oder den projizierten Gedanken. Sie liegt vielmehr in dem Ausmaß, in dem wir im Moment des Gebets dieselben Gefühle erfahren, die wir fühlen würden, wenn unsere Gebete erhört würden. Dann geschehen Wunder!

Natürlich wollen wir immer Frieden, und viele spirituelle Lehrer und Autoren ermahnen uns zu Recht, Frieden in unserem Herzen zu spüren, um die Welt zu heilen. Doch wie? Es ist nicht leicht, einfach Frieden zu finden, wenn man in Wirklichkeit voller Ärger und Angst ist oder – schlimmer noch – in Abwehr. Wir brauchen Hilfsmittel, die uns dabei unterstützen. Ich gehe davon aus, dass du mittlerweile selbst ein Stück weit erfahren hast, wie die vier Schritte zur Radikalen Vergebung dir helfen können, an diesen Ort des Friedens zu gelangen. Dieser Prozess basiert darauf, dass Frieden zu finden eine Reise ist. Wir beginnen die Reise, indem wir unsere weniger friedlichen Gefühle, Gedanken und Urteile anerkennen und annehmen und dann zu der Bereitschaft finden, eine größere Wahrheit in dem, was geschieht, zu erkennen. Erst dann werden wir imstande sein, wirklichen Frieden zu fühlen.

Eines sollte jedoch dabei klar sein: Frieden heißt nicht Abwesenheit von Krieg. Er hängt auch nicht von einem bestimmten Ergebnis ab. Wenn wir von einem Ergebnis abhängig sind, werden wir keinen Frieden fühlen. Frieden entsteht nur, wenn wir imstande sind, uns dem göttlichen Geist hinzugeben. Wenn wir offen sind für das Wissen, dass alles in göttlicher Ordnung ist. Ich schließe daher diesen Epilog mit der Anrufung der Radikalen Vergebung. Ich bitte dich, dies in deinem Herzen zu bewahren, während sich die Geschichte der Auswirkungen des 11. September entfaltet.

Anrufung

Mögen wir alle vertrauen in das Wissen,
dass alle Dinge hier und jetzt in göttlicher Ordnung sind,
dass sie es immer waren und immer sein werden,
und dass sich alles nach einem göttlichen Plan
entfaltet.

Mögen wir uns dieser Weisheit ganz hingeben,
ob wir sie verstehen oder nicht.

Mögen wir um Unterstützung bitten
für das bewusste Wahrnehmen unserer Verbindung mit
dem göttlichen Teil in uns, in jedem und allem,
sodass wir wahrhaftig sagen und fühlen können:

Wir sind eins.

Text zum Autor

Colin Tipping (1941 bis 2019) hatte viele Gesichter: Er war ein erfolgreicher Hypnotherapeut, Autor und Lehrer. In seiner akademischen Laufbahn war er bis Anfang der achtziger Jahre Lehrbeauftragter an der London University und an der Middlesex University, bis er 1984 er in die USA ging. In Atlanta, Georgia, gründete er gemeinsam mit seiner Frau JoAnn das Help-Programm, ein ganzheitliches Heilzentrum für Krebskranke, und Together-We-Heal, Inc., ein Institut, das sich innovativen psycho-emotionalen Heilweisen widmete. Seine ungewöhnliche Synthese aus spiritueller und psychologischer Arbeit steht in der Tradition der Seelenverwandtschaften von Carolyn Myss und dem Kurs in Wundern.

Der praktische und direkte Ansatz der *Radikalen Vergebung* hat seit Erscheinen des Buches Hunderttausenden von Menschen geholfen, ihre Beziehungsprobleme, ihre innere Zerrissenheit und vermeintlich unüberwindliche Hindernisse im Leben in einem völlig neuen Licht zu sehen: Als Chancen zu innerem Wachstum, Heilung und Öffnung für die wunderbaren Fügungen in unserem Leben.

Neben der Radikalen Vergebung umfasst die Tipping-Methode auch die Radikale Selbstvergebung und die Radikale Manifestation. Zu allen drei Bereichen stehen umfangreiche Materialien zur Verfügung, um das eigene Leben bewusst und kraftvoll zu gestalten.

Infos zum Autor, zu Seminaren, Ausbildung und Coaches im deutschsprachigen Raum, sowie zu kostenlosen Videos und Downloads unter: www.tipping-methode.de.